Collins

Cambridge IGCSE™

French as a Foreign Language

Also for Cambridge IGCSE™ (9–1)

Student's Book

Séverine Capjon
Stuart Glover
Amandine Moores
Robert Pike

William Collins' dream of knowledge for all began with the publication of his first book in 1819.
A self-educated mill worker, he not only enriched millions of lives, but also founded a flourishing publishing house. Today, staying true to this spirit, Collins books are packed with inspiration, innovation and practical expertise.
They place you at the centre of a world of possibility and give you exactly what you need to explore it.

Published by Collins
An imprint of HarperCollins*Publishers*
The News Building, 1 London Bridge Street, London SE1 9GF

HarperCollins*Publishers*
Macken House, 39/40 Mayor Street Upper, Dublin 1,
D01 C9W8, Ireland

Browse the complete Collins catalogue at
www.collins.co.uk

10 9 8 7 6 5 4 3 2 1

A catalogue record for this publication is available from the British Library.

ISBN 978-0-00-878917-6

Authors: Séverine Capjon, Stuart Glover, Amandine Moores and Robert Pike
Series editor and content consultant: Stuart Glover
Publisher: Catherine Martin
Senior product manager: Jennifer Hall
Content editor: Selin Akca
Copyeditor: Just Content Ltd
Proofreaders: Just Content Ltd
Cover designers: Kevin Robbins and James Hunter
Cover pattern: Zaytseva Larisa/Shutterstock
Typesetter: Ken Vail Graphic Design Ltd (1st edition) and PDQ Digital Media Solutions, UK
Production controller: Alhady Ali
Printed in India by Multivista Global Pvt. Ltd.
With thanks to Sara French, Norwich School; Abir Osama Mohamed Shawky Abdelmonem, The British School of Egypt (BSE); Jalloul Jari, The Winchester School Jebal Ali, Dubai; Dalia Sabry, International School of Arab Academy for Science & Technology in English.

MIX
Paper | Supporting responsible forestry
FSC™ C007454
www.fsc.org

This book contains FSC™ certified paper and other controlled sources to ensure responsible forest management.

For more information visit: www.harpercollins.co.uk/green
collins.co.uk/sustainability

Acknowledgements

Cambridge International Education material in this publication is reproduced under licence and remains the intellectual property of Cambridge University Press & Assessment.

The publishers gratefully acknowledge the permission granted to reproduce the copyright material in this book. Every effort has been made to trace copyright holders and to obtain their permission for the use of copyright material. The publishers will gladly receive any information enabling them to rectify any error or omission at the first opportunity.

In some instances we have been unable to trace the owners of copyright material and we would appreciate any information that would enable us to do so.

How to use this course

Welcome to *Collins Cambridge IGCSE™ French*, which has been carefully designed and written to help you develop the knowledge and skills you need to succeed in Cambridge IGCSE French.

Collins Cambridge IGCSE French consists of a Student's Book and a Workbook, with accompanying audio and teacher support materials.

STUDENT'S BOOK

The Student's Book addresses all the requirements of the Cambridge IGCSE French syllabus. It is divided into 10 units, covering the specified vocabulary, grammar and topic areas, and giving comprehensive practice in listening, reading, speaking and writing French. It offers extra support if you have less experience of French and includes additional opportunities if you are looking to extend your learning.

At the start of the book

1. A detailed **Contents map** on pages 4–6 gives you an overview of what's in the course. It allows you to locate specific topics or language areas easily when you are revising.
2. The first section is called **Bienvenue dans le monde francophone**. It welcomes you to the course and to the study of French. It provides a variety of reminders (**aide-mémoires**) and activities to help you gauge your level and refresh your French.

In each unit

1. The **À vos marques !** pages give you a quick way into the topic. The activities here cover key language in preparation for the challenges of the unit. Less experienced learners can use them to get up to speed. More experienced learners can use them as a refresher.
2. A **Starter challenge**, at the start of **Section .1** of each unit, aims to prompt general discussion on the topic of the unit. This helps you reactivate language you already know and gives you a context for new learning.

   ➔ Que pensez-vous des langues ?

3. **Sections .1–.5** then follow the same pattern.

- A list of **learning objectives** outlines the key knowledge and skills you need to acquire.

  Objectifs
  - Describe a school day
  - Give your opinion about your school
  - Use *aller, venir de* and prepositions accurately

- **Activities** to practise all four language skills (listening, reading, speaking and writing) are supplied. The activities are structured to support your understanding and help you consolidate your learning. Language is presented and practised to enable you to move from receptive interaction at the start of the section to active production of language by the end. You are given opportunities throughout the course to build on your knowledge and to apply what you learn in different contexts.

  As well as working on your own, you have the chance to work in pairs and as part of a group. Examples are included where needed to show how the activity is to be done or to start off a discussion or piece of writing.

The activities are also designed to develop reading and thinking skills, and to help you become a more effective and independent learner.

- Key grammar points are explained in **Grammaire** boxes. Each box also contains a cross-reference to the more detailed **Grammar** reference section at the end of the Student's Book.

Grammaire

Adverbs describe a verb and often translate as a word ending in *–ly* in English. They are formed using *–ment* in French. Take the feminine form of the adjective and add *–ment* at the end:

*rapide**ment*** *normale**ment*** *générale**ment***

- **Faire des progrès** boxes offer advice on how to improve your performance and your learning skills.

Faire des progrès

Before answering a question, check the question word and the verb tense. They will give you clues to the information you need to look for and the tense your answer should be in. Remember that some of the words you need are already in the question.

- Tips are supplied in **Conseil-langue** boxes. These can be short reminders of language points or offer advice on how to improve your French.

Conseil-langue

When doing a reading activity, concentrate on words that you understand and on cognates (words that are similar in your own language) and near-cognates. You'll find that you can work out a lot of the meaning. Before doing exercises 1 and 2, see how much of this text you can understand.

4 **Le monde francophone** focuses on a cultural aspect of French-speaking regions, related to the topic of the unit. It provides the opportunity to develop your reading skills with longer and more challenging texts. There are comprehension activities and tasks to encourage further thought and debate on the topic in pairs/groups or as a class.

5 The **Révisions** section offers you the chance to appraise your work in the unit. It starts with a sequence of activities to review the language covered. The **Bilan** (meaning Checkup or Evaluation) is a framework to help you evaluate how you are doing and set yourself challenges for the next unit. This section also includes a **study strategy** feature, which will help you develop independent study skills and offers advice on how to improve your French.

> Get into good study habits from the start. It's better to study regularly and frequently for shorter amounts of time, rather than working for hours and then doing nothing for days. Also, think about when you work best – in the mornings or evenings? Weekdays or weekends? Arrange your study time for when you can be most effective.

6 The **Mots et expressions** pages give a bilingual (French–English) reference list of unit vocabulary. This contains the key language from the unit, plus additional vocabulary for the topic that you can use to extend your range.

Other sections

1 The five **Vérifiez** sections give you the opportunity to review language through listening, reading, speaking and writing practice questions. These could be used in conjunction with past papers and specimen papers, available from Cambridge International Education.

These appear after Units 2, 4, 6, 8 and 10. Each section focuses mainly on the language of the two preceding units (so *Vérifiez* 2, after Unit 4, covers the language of Units 3 and 4), but also brings in and builds on material from earlier in the course.

2 The **Grammar** section at the end of the book gives more information on all the Grammar topics of the Cambridge syllabus, with examples to show the rules in context.

Audio

All the listening material for the Student's Book is available online at www.collins.co.uk.

WORKBOOK

The Workbook provides further practice opportunities in the form of reading, writing and speaking activities. The main parts of the 10 units in the Student's Book (**Sections .1–.5**) has a corresponding section in the Workbook.

The Workbook activities include tasks specifically targetted at consolidating key grammar points, as well as tasks intended to stretch your abilities and to help you develop your higher-order thinking skills. Each unit ends with a speaking activity.

Advice to help you improve your French

Listening

Before you listen

Read the instruction for the listening activity. What is it is about? Who is talking?

What is the activity asking you to do? If there are questions to answer, read them. If there is information to complete, read it. This will give you a context, which will help you understand what you hear.

The first time you listen

Don't expect to understand everything. Listen and pick out words you know to get an idea of the topic.

Think about what you're hearing. Is it a conversation, an interview, a discussion, an announcement, an advertisement, a recorded message or a radio programme?

Listening again

Each time you listen you will understand more. Don't be put off by words or expressions you don't recognise. Focus on what you can understand and use that to work out the main points of what you're listening to.

Outside the classroom

Take advantage of any opportunities you have to listen to French. Try listening to French songs and radio news, or watching French TV and films.

Reading

Before you read

Look at the instructions to find out what information you need to find in the text. What kind of text is it? Look at the heading or title for clues. Look at how the text is presented too. Are there any photos or pictures to illustrate the text? What do they tell you? Also read any questions on the text.

The first time you read

Read through the text quickly to get an idea of what it is about. This is called 'skimming'. Do this first to understand the gist – to get a general idea. At this point, also consider what kind of text it is. Is it a letter, an email, a message, information on a website, a magazine or newspaper article or an extract from a book? This will give you a context, which will help you understand what you read.

Reading again

If the reading activity asks you to find specific information in the text, you can try 'scanning' the text to find it. 'Scanning' means that you look for particular pieces of information in the text.

However, to find all the information you need, you will often need to work out the meaning of words and expressions you don't know. Here are some ideas to help you with this.

- Look at the words and expressions around the words you don't know. Use this context to help you work out the meaning.
- Do the words look or sound like something in your own language or another language you know? This is called looking for cognates. French, Spanish, Italian and Portuguese all developed from Latin, so these languages have many words in common, and many English words have Latin origins too. But watch out for 'false friends' – words that look the same but actually mean something different. For example, the French word *sensible* means sensitive in English (not 'sensible').
- Think about grammar. What is the purpose of the word in the sentence – is it likely to be a noun or an adjective, for example? This will help you narrow down possible meanings. If it's a verb, look carefully at the form to work out whether it refers to the past, present or future.
- Look for time expressions such as *hier, demain, la semaine dernière, l'année prochaine*, and so on, to work out when an action or event takes place.

Sometimes, you might need to look for what is implied in a text. This means an idea is suggested but not stated directly. For example, in this text, the writer doesn't say whether she enjoyed herself or not, but you can work it out. *J'ai passé mes vacances en Espagne et il a plu sans cesse, alors j'ai passé la plupart de mes vacances dans la tente à ne rien faire.*

Speaking

Thinking in French

Try to start to think in French, even when you're not in a French lesson. This will help you to keep words and expressions in your head so that you remember them.

Try not to translate word-for-word from your language into French, but rather think about how an idea is expressed in French.

Making it meaningful for you
Learn French words and expressions in contexts that are relevant to you. Learn them in phrases or sentences rather than as separate vocabulary items. This will help you to use the language more easily and more spontaneously when you speak.

Sounding French
Learn and remember colloquial phrases that you can use in conversation to sound more French, such as *Génial !*, *D'accord*, *Bien sûr.*

Listen to native French speakers as often as you can and imitate their pronunciation. This is especially good for sounds which you don't have in your own language.

Coping when you don't understand or don't know the word
Be prepared for when you don't understand. Learn the language to ask for help. For example, *Désolé(e), mais je ne comprends pas. Pouvez-vous répéter ça, s'il vous plaît ?*

If you can't remember a word you need, try to find a way of describing it in other words. For example, if you want to tell someone your bike has a puncture (*J'ai un pneu crevé.*) but you don't know 'puncture', you could say *J'ai un problème avec mon vélo parce qu'il n'y a plus d'air dans la roue.*

Don't be afraid to make mistakes. Practice helps you to improve and become more fluent.

Writing

Before you write
Read the instructions carefully to find out what you need to write, what details to include and how much to write. Make notes about what you will write and in what order. Think about how you will start and finish the text.

Organising your writing

- Note down and learn words and expressions to introduce and to conclude a topic or an opinion.
- Use a variety of expressions to link similar ideas, for example, *et, aussi, car.*
- Use expressions to add a contrasting idea, for example, *néanmoins, pourtant, mais, par contre.*

Improving your style

- Learn and use synonyms (words with the same or a similar meaning) to avoid repetition. For example, to say that you enjoy something, you could use *c'est super, ça me plaît, ce que j'adore c'est…, c'est formidable*. But remember to use a style which is appropriate. The first and last of these expressions are more suitable for an informal, conversational style.
- Make your writing more expressive by using adjectives with stronger meanings. For example, use:
  – *fascinant/surprenant* instead of *intéressant*
  – *affreux/nul/déprimant* instead of *mauvais*
  However, be careful not to overdo expressive or colloquial language. Using it sparingly will be more effective.
- Contrast longer sentences with shorter ones to make the text more interesting to read.
- Find authentic texts to use as models to adapt for your own writing. They will show you how ideas are expressed in French.
- Learning new vocabulary will always help to improve all aspects of your French.

Checking your work
Always read through what you have written two or three times. Check that:

- sentences make sense and no words are missing
- verb forms have the correct spelling and ending for the correct person and for the tense
- adjectives agree with the noun they describe in number and gender
- accents are in the correct place on words that need them
- spelling is correct throughout. (Remember that days, months, nationality adjectives, languages and school subjects don't start with capital letters in French.)

French pronunciation and stress

Listen and use the following charts to help you acquire the correct pronunciation for French sounds.

Vowels

These are the main ways in which French vowels are pronounced:

Letter(s)	Pronunciation guide (UK English)	Example
a	like *a* in *fat*	*casserole*
	like *a* in *car*	*bas*
	when followed by n: like *en* in *encore*	*dans*
e	like *uh* at the start of *about*	*le*
	like e in *set*	*merci*
	when followed by n: like *en* in *encore*	*cent*
	when followed by r: like *ay* in *bay*	*parler*
	The letter e in French is sounded like *ay* in English when followed by a consonant at the end of a word (*un volet*) or by a double consonant within a word (*il jette*).	
é	like *ay* in *bay*	*région*
è	like *ai* in *air*	*père*
i	like ee in *seem*	*billet*
	when followed by n: like *a* in *sang*	*matin*
o	like o in *spot*	*donner*
	like o in *coat*	*mot*
u	when followed by n: like *u* in *sung*	lundi
	To make the **u** sound for words like **rue** and **pure**, place your lips as if you were going to whistle.	

Two words you will often hear – **oui** (*yes*) and **lui** (*him*) are examples of a breathy *w* sound – they're pronounced rather like *hwee* and *lwhee*.

Vowel combinations

These are the main ways in which French vowel combinations are pronounced:

Letter(s)	Pronunciation guide (UK English)	Example
ai	like e in *set*	*mais*
	when followed by n: like *a* in *sang*	*pain*
au	like *o* in *goat*	gauche
eu	*euh*	*peu*
eau	*oh*	*couteau*
ou	*oo*	*genou*

Consonants

Most French consonants are pronounced the same as in English. Some consonants, however, are pronounced differently depending on which vowel follows:

Letter(s)	Pronunciation guide (UK English)	Example
c	*k* as in *keen* when it is followed by **a**, **o** or **u**	*cadeau*, *copain*
	when a cedilla (**ç**) is added to the **c**, it will sound like *s* in *sit*	*garçon*
	s as in *ceiling* when it is followed by **e**, **i** or **y**	*séance*, *citron*, *cypress*
ch	*sh* as in *shop*	*chemise*

g	*g* as in *gate* when it is followed by **a**, **o** or **u**	*gaz*, *gorge*, *aigu*
	s as in *leisure* when it is followed by **e**, **i** or **y**	*juge*, *gilet*, *gym*
gn	*ni* as in *onion*	oignon
j	*s* as in *leisure*	*jeter*
q, qu	*k* as in *keen*	*question*
s	*z* as in *zoo* when it is between vowels	oiseau
	s as in *sit* when it is before another consonant or when it is doubled	*historique*, *cassé*
th	*t* as in *take*	théâtre
t in -tion	*s* as in *sit*	*natation*
h	when it begins a word, it can be 'silent'	*l'homme*, *un* hôtel
	Sometimes you need to 'breathe' it out	*les haricots*
r	*rr*: a rolling sound in the back of the throat	*rouge*
ll	*y* as in *yes*	*fille*

Stress

In many languages, certain parts of words are stressed. For example, in English, a particular syllable is stressed in some words: ***con**cert*, ***den**tist*. In French, each syllable has its own length and each is pronounced with the same intensity: **malheureusement, cadeau.**

Silent letters

Not all the letters in French words are pronounced – especially final consonants. The final consonant is not sounded in the following, for example:

vert (*green*)

grand (*tall*)

petit (*small*)

ouvert (*open*)

However, if the final consonant is followed by an **e**, for example in the feminine form of the adjective, the consonant is pronounced. The feminine forms **verte**, **grande**, **petite**, and **ouverte** all end with consonant sounds.

Liaison

Liaison is what happens when a French word ending in a consonant, which would usually be silent, for example, **petit** (*small*), **les** (*the*), comes before a word starting with a vowel or a 'silent' **h**. The silent consonant is sounded to make the words flow more easily.

petit ami (*boyfriend*) is pronounced puh-teet-ah-mee (the **t** at the end of **petit** is sounded)

les hôtels (*hotels*) is pronounced layz-oh-tel (the **s** at the end of **les** sounds like a *z*)

Bienvenue dans le monde francophone

Ici on parle français

1 **Écoutez et lisez le texte, et répondez aux questions en français.** 1

Salut! Je m'appelle Mariam et j'ai quinze ans. J'habite en Guadeloupe dans une ville qui s'appelle Sainte-Anne. Il fait très chaud ici, même en hiver. J'ai trois frères aînés et une sœur cadette, Hawa, qui a neuf ans. Dans mon collège, on parle français, mais ma matière préférée, c'est le dessin car je suis vraiment créative. Mon ambition est d'aller à l'université en France ou en Belgique.

Mariam

1 Quel âge a Mariam ?
2 Où est-ce qu'elle habite ?
3 Quel temps fait-il chez elle ?
4 Mariam a combien de sœurs ?
5 Quelle est sa matière préférée ?
6 Où est-ce qu'elle veut étudier ?

2 **Écrivez un e-mail à Mariam.**

Mentionnez :

- votre nom
- votre âge
- où vous habitez
- votre famille
- votre collège et votre matière préférée
- votre ambition

Aide-mémoire

Je m'appelle means I am called or I call myself, and it is the normal way to say your name in French.

To ask someone's name you can say *Comment tu t'appelles ?, Tu t'appelles comment ?* or *Comment t'appelles-tu ?*

To give your age in French, use *j'ai* (which normally means I have), followed by a number such as *quinze/seize ans* (15/16 years).

3 **Regardez les photos. Pour chaque phrase, choisissez la bonne photo.**

1 J'habite dans une petite maison bleue au Maroc.
2 Moi, j'habite dans un appartement au Luxembourg.
3 Ma maison au Canada se trouve au bord de la mer.
4 Mes parents habitent à la montagne en Suisse.
5 J'habite dans une ferme en Normandie.

a.

b.

c.

d.

e.

4 **Écoutez Justin qui décrit sa vie en Belgique. Choisissez a, b ou c.** 2

1 Justin a…
  a un frère.
  b une sœur.
  c un animal.

2 Il habite…
  a près de Bruxelles.
  b à la campagne.
  c dans une grande maison au centre-ville.

3 Son passe-temps favori, c'est…
  a la natation.
  b la pêche.
  c faire du VTT.

4 Son père fait…
  a du yoga.
  b du vélo.
  c de la musique.

5 La chambre de Justin est…
  a assez grande.
  b normalement propre.
  c généralement en désordre.

Aide-mémoire

Gender

In French all nouns are either masculine or feminine. It is important to know which gender a noun is so that you can use the right form of any adjectives, pronouns or articles that accompany the noun.

To make most nouns plural you add an –*s* but sometimes –*x* is used in the plural.

e.g. *les copains*, *les animaux*

The French for 'the' is *le* for masculine words, *la* for feminine and *l'* for words starting with a vowel or silent h. *Les* is used for all plural nouns.

e.g. *le golf, la télé, l'hiver, les copains*

The French for 'a' is either *un* (masculine) or *une* (feminine) and the plural, 'some' is *des*.

e.g. *un sport, une piscine, des copains*

5 **Travaillez avec votre partenaire. Posez et répondez aux questions.**

1 Tu habites dans quel pays ?
2 Décris ta maison/ton appartement.
3 Que fais-tu le weekend ou le soir ?
4 Tu aimes quels sports ?

6 **Lisez le message de Mohammed. Écrivez vrai (V) ou faux (F).**

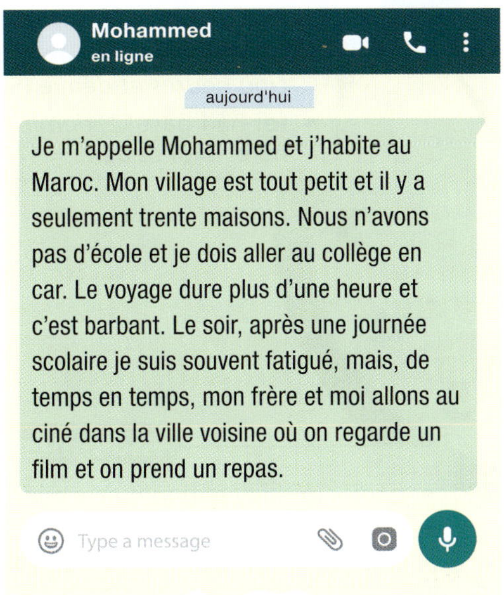
Mohammed
en ligne
aujourd'hui

Je m'appelle Mohammed et j'habite au Maroc. Mon village est tout petit et il y a seulement trente maisons. Nous n'avons pas d'école et je dois aller au collège en car. Le voyage dure plus d'une heure et c'est barbant. Le soir, après une journée scolaire je suis souvent fatigué, mais, de temps en temps, mon frère et moi allons au ciné dans la ville voisine où on regarde un film et on prend un repas.

Type a message

1 Mohammed habite dans une ville.
2 Il va au collège en autobus.
3 Il aime le voyage au collège.
4 Il est fatigué le soir.
5 Il mange en ville de temps en temps.
6 Il y a un cinéma dans le village.

La vie dans le monde francophone

1 **Écoutez et lisez. Écrivez vrai (V) ou faux (F).** 3

Moi je m'appelle Ousmane, j'ai quinze ans et mon anniversaire c'est le onze novembre. J'habite en Tunisie et je parle arabe et français. Je me passionne pour la musique et mon genre préféré, c'est le hip-hop, mais j'aime bien le rap aussi. Je joue de la batterie et de la guitare et à l'avenir je voudrais être musicien professionnel. On dit que je suis doué et que je chante bien, mais c'est un métier difficile. Le week-end dernier, je suis allé à un concert de Djappa Man avec un groupe de mes amis proches. J'admire Djappa Man parce que ses chansons sont toujours optimistes.

1 Ousmane only speaks French.
2 He doesn't like rap music.
3 He plays drums.
4 He is going to a concert next weekend.
5 He likes Djappa Man's songs.

2 **Relisez le texte et trouvez l'équivalent français de ces verbes.**

1 I live
2 I'm passionate about
3 I'd like
4 people say
5 I sing
6 I went

Aide-mémoire

When you give a date in French, you use *le* followed by the number and then the month (which does not need a capital letter).

e.g. *le cinq mai* (the 5th of May)

However, the French for first is *premier*, not *un*.

e.g. *le premier avril* (the first of April)

Aide-mémoire

- the French use *heures* (hours) to say the time: *une heure, deux heures* (1 o'clock, 2 o'clock, etc.)
- for minutes past the hour, add the number: *trois heures dix* (3.10)
- for minutes to the hour, use *moins* plus the number of minutes to the hour: *six heures moins dix* (5.50)

Aide-mémoire

- for a quarter past, add *et quart: quatre heures et quart* (4.15)
- for a quarter to the hour, use *moins le quart*: *sept heures moins le quart* (6.45)
- for half past, add *et demie*: *cinq heures et demie* (5.30)
- for half past 12, *demie* has no e: *midi et demi* = 12.30

Aide-mémoire

- *midi* = midday and *minuit* = midnight
- the French usually use the 24-hour clock so *vingt heures* is 20.00 or 8pm

3 **Écoutez Flavie qui parle de sa routine le matin. Recopiez et complétez la grille.** 4

Heure	Activité
1 6h15	
2	Elle se lève.
3 6h30	
4	Elle se brosse les dents.
5	Elle arrive au collège.
6 8h40	

4 **Travaillez avec votre partenaire. Décrivez votre routine le matin à tour de rôle.**

Je me réveille à sept heures, je me lève à sept heures dix…

5 **Lisez l'e-mail de Dassa du Burkina Faso. Choisissez a, b ou c.**

Chaque matin je me réveille très tôt, je fais ma toilette et, après avoir pris le petit déjeuner, je range mes affaires. Je vais à l'école à pied. Normalement il fait chaud et je bois de l'eau en route. Dans ma classe il y a cinquante élèves, mais tout le monde travaille bien. J'ai des cours jusqu'à midi et je rentre chez moi où ma mère prépare le déjeuner. Les cours recommencent à quatorze heures et on finit à dix-sept heures.

Le soir, je change de vêtements et je joue au foot pendant une heure. Je prends le dîner et tout de suite après, je révise mes leçons et je me couche vers neuf heures et demie.

1 Le matin avant le collège, Dassa…
  a se lève tard.
  b mange le petit déjeuner.
  c regarde la télé.

2 Il boit de l'eau…
  a au collège.
  b pendant son trajet au collège.
  c chez lui.

3 Les cours finissent le matin…
  a à douze heures.
  b à midi et quart.
  c à onze heures cinquante.

4 Il déjeune…
  a au collège.
  b à quatorze heures.
  c à la maison.

5 Le soir, il…
  a fait du sport.
  b ne fait pas de travail scolaire.
  c dîne vers neuf heures et demie.

6 **Écrivez un e-mail à un(e) correspondant(e) au sujet de votre routine le matin.**

Aide-mémoire

Subject pronouns 1

In French, the subject pronouns are:

je (I)	*nous* (we)
tu (you)	*vous* (you)
il (he/it)	*ils* (they – masculine or a mixed group)
elle (she/it)	
on (one/you/we/they)	*elles* (they – feminine)

Aide-mémoire

Subject pronouns 2

Use *tu* for you when you are talking to someone you know, someone younger or about the same age as you or to a member of your family or a friend. It is a friendly term of address.

Use *vous* for you when you are talking to more than one person or to someone you don't know. It is a polite form of address.

On is used like the English 'one' but it is far more common. e.g. *ici on parle français* (here we/they speak French).

Ils is used for they when you are talking about a mix of males and females.

Les régions, la culture et les activités

1 **Écoutez et lisez. C'est qui ? Écrivez Aïcha, Malika ou Selma.** 5

A Je vous propose 'Le poulet Kedjenou'– c'est un plat traditionnel de la Côte d'Ivoire qui se compose de poulet cuit avec des légumes, notamment des petits pois, des aubergines et de l'oignon. On le sert toujours avec du riz. **Aïcha, 15 ans**

B Mon plat préféré, c'est un tajine d'agneau aux abricots et aux pruneaux du Maroc. Je trouve ça vraiment délicieux, servi avec du couscous. **Malika, 14 ans**

C Moi je vous offre la glace à la noix de coco, servie avec des biscuits secs, des raisins et aussi de la sauce aux pommes. Miam-miam ! **Selma, 16 ans**

1 Who suggests a dish with grapes?
2 Who includes lamb in the dish?
3 Who mentions a cold dish?
4 Who has a dish which includes vegetables?
5 Who has a dish served with rice?
6 Who suggests a dish with meat and fruit?

Aide-mémoire

Numbers 1 to 20

1 un, une	11 onze
2 deux	12 douze
3 trois	13 treize
4 quatre	14 quatorze
5 cinq	15 quinze
6 six	16 seize
7 sept	17 dix-sept
8 huit	18 dix-huit
9 neuf	19 dix-neuf
10 dix	20 vingt

2 **Lisez cet article sur l'île Maurice. Trouvez les 4 phrases qui sont vraies.**

www.ilemauricevacances.fr

Des vacances inoubliables

L'île offre aux touristes des plages de sable fin, des paysages superbes et des cascades inoubliables. Vous pouvez faire des randonnées afin de découvrir une île Maurice authentique et pour les sportifs, il y a une gamme d'activités à faire. Essayez une gamme de sports nautiques comme le kayak, la planche à voile, le surf ou le ski nautique. Il y a aussi beaucoup de cultures différentes – on y voit des temples, des églises, des pagodes et des mosquées et c'est un coin où la cuisine de cinq continents se réunit. De plus, le climat est doux et il ne fait jamais froid, même en hiver ; en été, il y a plein de fêtes y compris celle de la danse. Les habitants sont vraiment chaleureux et accueillants.

1 On peut faire beaucoup de sports nautiques sur l'île Maurice.
2 Il n'y a pas de cascades là-bas.
3 Les touristes peuvent y faire des promenades.
4 La cuisine y est variée.
5 Il fait froid en hiver.
6 Il y a une fête de danse en hiver.
7 Les habitants accueillent tout le monde.
8 On ne voit pas de mosquées sur l'île Maurice.

3 **Écoutez Julien qui a passé ses vacances à Sainte-Marie à la Réunion. Répondez aux questions en anglais.** (6)

1 How long did Julien spend in Sainte-Marie?
2 Where was the villa?
3 What did he do a lot of?
4 Where did he go walking?
5 What else did he do?

4 **Faites des recherches et préparez une présentation orale sur un pays ou une ville francophone de votre choix. Vous pouvez travailler en groupe.**

5 **Écrivez un e-mail au sujet d'une visite dans un pays francophone que vous avez faite.**

Mentionnez :

- les activités
- le temps
- les repas
- le logement

6 **Lisez cette description d'un samedi passé à Paris. Remplissez les blancs avec les mots de l'encadré. Il y a des mots en trop !**

Samedi dernier, je suis allé à Paris avec deux copains. Nous **1** ______ visité la tour Eiffel et l'Arc de Triomphe bien sûr, mais j'ai **2** ______ la promenade en bateau sur la Seine. Mon ami, Paul a **3** ______ un porte-clés comme cadeau pour sa petite **4** ______ . Nous avons mangé un **5** ______ délicieux juste en face du Louvre dans un **6** ______ café. C'était une journée **7** ______ .

vendu a acheté petit nulle glace fantastique
avons amie allé préféré grande sommes repas

Aide-mémoire

Numbers 21 to 1000

21	vingt et un
22	vingt-deux
30	trente
40	quarante
50	cinquante
60	soixante
70	soixante-dix
71	soixante et onze
72	soixante-douze
80	quatre-vingts
81	quatre-vingt-un
90	quatre-vingt-dix
91	quatre-vingt-onze
100	cent
1000	mille

Être francophone, c'est génial !

1 **Écoutez et lisez. Quelles activités font Jamel et Audrey ? Recopiez et complétez la grille.** 7

Jamel et Audrey habitent à Bruxelles en Belgique. Jamel parle au téléphone avec son amie, Audrey.

- Audrey, tu voudrais aller au ciné mardi soir ?
- Je ne peux pas, je vais faire de l'équitation avec ma sœur. Mercredi après-midi, je vais aller à la patinoire mais je suis libre le soir.
- Désolé, mais mon père et moi allons faire de l'escalade mercredi soir au centre sportif, mais l'après-midi on va aller au centre commercial.
- Ah bon, alors je vais rester chez moi mercredi soir. Peut-être jeudi ?
- Oui bien sûr, on va dîner après en ville. Ça va ?
- Parfait. À jeudi alors.

	Jamel	**Audrey**
mardi soir		*équitation*
mercredi après-midi		
mercredi soir		

2 **Réécoutez et trouvez l'équivalent français des expressions 1–8.** 7

1 I can't
2 with my sister
3 I'm free
4 sorry
5 perhaps
6 ok?
7 perfect
8 until Thursday

3 **Lisez ce que disent les jeunes sur les festivals. C'est qui (1–6) : Lucie, Aline, Salika ou Théa ?**

Cet été j'ai passé une semaine au Festival du film à Montréal au Québec. C'était fascinant de regarder les films produits par les étudiants de mon âge et j'ai amélioré mes compétences.
Lucie, 18 ans

Moi, je suis allée au Festival de la lecture à Agadir au Maroc en avril. J'ai rencontré beaucoup de jeunes qui aiment les livres de toutes sortes et je me suis fait de bons amis. C'était génial.
Salika, 19 ans

Je vais assister au Festival de la musique folklorique qui va avoir lieu à Nantes en Bretagne cet été. Ce genre de musique me plaît bien et j'habite au centre-ville, alors ça va être pratique.
Aline, 17 ans

Je vais aller au Festival de l'art africain contemporain qui va se passer à Dakar en novembre. J'aimerais bien regarder de près les peintures des artistes célèbres dans ce domaine qui me passionne.
Théa, 16 ans

1 Elle va visiter un festival dans la ville ou elle habite.
2 Elle a trouvé de nouveaux copains.
3 Elle s'intéresse au dessin.
4 Elle va assister à un festival en été.
5 Elle a passé sept jours au festival.
6 Elle s'intéresse au ciné.

4 **Posez et répondez aux questions avec votre partenaire.**

- Qu'est-ce que tu aimes faire quand tu es libre ?
- Qu'est-ce que tu as fait le weekend dernier ?
- Qu'est-ce que tu vas faire le weekend prochain ?

5 **Écrivez un e-mail au sujet d'un festival auquel vous avez assisté.**

Mentionnez :

- le genre de festival
- les dates
- les activités
- votre opinion

6 **Écoutez Max qui parle d'un festival spécial. Écrivez vrai (V) ou faux (F).** 8

1 Max a assisté à un festival en France.
2 Il adore lire les bandes dessinées sur les trains.
3 Il est fan de bandes dessinées depuis l'âge de dix ans.
4 Il n'aime pas les bandes dessinées mystérieuses.
5 Il aimerait faire une bande dessinée.
6 Il voudrait étudier le dessin à l'université.

On se rencontre

1 **Écoutez et répondez aux questions en anglais.** 9

Marine, qui habite à Rouen, parle au téléphone avec son ami Max.

1 When did Marine chat online to her friend, Sandra?
2 What is Nouméa?
3 When is Sandra planning to visit Marine?
4 What is she hoping to do when she visits France?
5 Who lives in Dijon?
6 What does Sandra's cousin do in Brittany?

2 **Lisez l'e-mail de Félix, un jeune Français qui a passé 2 mois comme volontaire en Mauritanie. Trouvez les 4 phrases qui sont vraies.**

Je viens de faire du bénévolat pendant deux mois en Mauritanie dans un collège sur la côte. J'ai logé chez Ousmane, un collégien de quinze ans qui habite dans une petite maison avec ses deux sœurs aînées et ses parents, Maatallah et Aïcha.

Le matin, j'aidais les jeunes de onze ans en maths et en sciences à l'ombre d'un arbre et l'après-midi, j'enseignais le tennis aux élèves de treize et quatorze ans. Il y avait un nouveau centre de sports, mais il n'était pas bien équipé.

Le weekend, je sortais en bateau avec le père d'Ousmane qui est pêcheur. On attrapait plein de poissons, mais un jour j'ai eu vraiment peur des vagues qui étaient très hautes !

En tout, j'ai trouvé mon séjour intéressant mais aussi un peu triste car nous avons plus d'équipements en France et les étudiants en Mauritanie étaient plus travailleurs, à mon avis.

1 Félix habite en Mauritanie.
2 Félix a passé deux mois chez une famille en Mauritanie.
3 Ousmane n'a pas de frères.
4 Le matin, Félix jouait au tennis.
5 Le centre de sports du collège en Mauritanie était bien équipé.
6 Le père d'Ousmane travaille au collège.
7 Felix n'aimait pas les grandes vagues.
8 Felix pense que les élèves en France sont moins travailleurs que les élèves en Mauritanie.

3 **Relisez l'e-mail et trouvez tous les adjectifs dans le texte. Il y en a 8.**

4 **Imaginez que vous allez passer un mois dans un pays différent. Travaillez avec votre partenaire. Quelles questions est-ce que vous allez poser aux jeunes dans ce pays ? Faites une liste.**

5 **Lisez cet article sur les Jeux de la Francophonie et choisissez a, b ou c pour compléter les phrases.**

Les Jeux de la Francophonie se passent tous les quatre ans et représentent une aventure pour les jeunes dans plusieurs domaines, y compris le sport, la culture et le tourisme. En 2017, les Jeux ont eu lieu à Abidjan en Côte d'Ivoire. Il y avait beaucoup d'événements sportifs – les sports individuels comme la lutte, le cyclisme, le judo et l'athlétisme, mais aussi des sports d'équipe comme le hand et le tennis de table. Il n'y avait pas de sports typiquement britanniques comme le cricket et le rugby !

Quatre-vingt-quatre états ont participé, ce qui a vraiment contribué à la solidarité francophone et la valeur de l'amitié. La compétition n'est pas importante.

En ce qui concerne la culture, il y avait des expositions sur le ciné au Burkina Faso, la musique rap marocaine et les arts dramatiques au Sénégal. Le grand prix a été remporté par une exposition sur la mode au Gabon.

On va se réunir encore en 2027 en Arménie.

1 Les Jeux de la Francophonie ont lieu…
- a chaque année.
- b en Côte d'Ivoire.
- c tous les quatre ans.

2 En 2017, on pouvait participer…
- a seulement aux sports individuels.
- b à des sports d'équipe et des sports individuels.
- c au cricket et au rugby.

3 Les Jeux créent…
- a une ambiance amicale.
- b un lien entre la France et la Grande Bretagne.
- c une atmosphère de compétition.

4 L'exposition qui a gagné le concours culturel était…
- a du Gabon.
- b du Maroc.
- c du Sénégal.

5 Les prochains Jeux vont se passer…
- a au Burkina Faso.
- b en Arménie.
- c en France.

6 **Imaginez que vous avez participé aux Jeux de la Francophonie. Écrivez un e-mail à un(e) ami(e).**

Mentionnez
- ce que vous avez fait
- vos opinions sur les Jeux
- les jeunes que vous avez rencontrés

Le français parlé partout dans le monde

1 **Lisez les avis de cinq jeunes qui parlent de Genève, leur ville. Écrivez vrai (V) ou faux (F).**

A Le lac Léman est fantastique. On peut faire une croisière en bateau, mais malheureusement il n'est pas du tout pratique de s'y baigner.
Sandrine

B J'adore la cathédrale Saint-Pierre. Pour 4 euros, on peut monter au sommet de la cathédrale afin de prendre des photos merveilleuses de toute la ville.
Luc

C Mon coin préféré c'est la Place du Bourg-de-four au milieu de la ville. J'adore regarder les vieilles maisons et la fontaine est très impressionnante.
Carole

D Je suis fier du Palais des Nations, le siège de l'Organisation des Nations Unies. Il y a plus de deux mille bureaux et la visite guidée est superbe.
Joël

E Pour moi, l'horloge fleurie est non seulement un symbole de Genève, mais aussi le plus beau monument de la ville. Situé dans le jardin anglais, le cadran est formé de fleurs qu'on change régulièrement.
Laure

1 Il est facile de nager dans le lac Léman.
2 On peut acheter des photos de la cathédrale pour 4 euros.
3 Il y a des bâtiments anciens sur la Place du Bourg-de-four.
4 Joël recommande une visite guidée du Palais des Nations.
5 Les fleurs de l'horloge sont souvent changées.

2 **Relisez les avis et trouvez l'équivalent français des expressions 1–6.**

1 unfortunately
2 my favourite spot
3 very impressive
4 I'm proud
5 more than
6 not only

3 **Travaillez avec votre partenaire. Décrivez votre coin préféré dans votre ville/village/région. Donnez les raisons de votre choix.**

4 **Écoutez Virginie qui parle d'une visite au Sénégal en Afrique. Répondez aux questions en anglais.** 10

1 When did Virginie visit Senegal?
2 How long did she spend there?
3 Where was the village which she visited?
4 What two things did the houses not have?

5 **Écrivez un paragraphe au sujet de la vie dans un pays francophone. Vous devez faire des recherches en ligne ou à la bibliothèque !**

1 Ma région et moi

À vos marques !

- Describe your morning routine
- Discuss the area where you live
- Discuss what you can do/see in the area

1 **Lisez le texte et écrivez vrai (V) ou faux (F).**

J'habite dans une assez grande maison dans le nord-ouest de la France. Ma ville s'appelle Brest et c'est une ville industrielle de taille moyenne, mais il y a aussi une université populaire où l'on peut faire des études. Naturellement, il y a un centre commercial et un grand centre sportif mais pour les touristes il y a un musée maritime, un château intéressant et une tour historique.

Moi je fais souvent des promenades au bord de la mer et j'aime regarder les bateaux dans le port, surtout en été quand il fait beau. **Rose**

1 Brest est une très grande ville.
2 Brest est situé dans le nord-ouest de la France.
3 L'université de Brest n'est pas populaire.
4 On peut faire les magasins à Brest.
5 La ville a des sites historiques.
6 Rose préfère sa ville en été.

Vocabulaire

la ville	les bateaux
le nord-ouest	la mer
l'université	la région
le centre sportif	la semaine
le centre commercial	se promener
le château	

2 **Écoutez Salma qui habite en Belgique. Répondez aux questions en anglais.** 11

1 How does Salma describe the flat where she lives?
2 Who is Bruno?
3 What is Salma's mother like? (2 details)
4 Who has blue eyes?
5 What does Salma say about the kitchen?
6 What does she say the flat hasn't got?

3 **Lisez cet extrait d'un magazine canadien. C'est qui ? Écrivez Marthe, Romain, Julie ou Frank.**

Chez moi je nettoie la maison le lundi. Je travaille dans le jardin le weekend.

(Marthe, 16 ans)

Je range ma chambre tous les matins et je recycle le papier, le verre et le plastique.

(Julie, 14 ans)

Je passe l'aspirateur le mardi, et le vendredi et le samedi je prépare le repas du soir.

(Romain, 15 ans)

Moi, je fais la lessive, je mets la table dans la salle à manger et je sors les poubelles le dimanche.

(Frank, 17 ans)

1 Je fais du jardinage.
2 Je fais du recyclage.
3 Je fais la cuisine une fois par semaine.
4 Je mets ma chambre en ordre chaque jour.
5 J'aide dans la salle à manger.

4 **Écoutez Saïd qui parle de sa routine. Répondez aux questions en français.** 12

1 À quelle heure se lève Saïd ?
2 Qu'est-ce qu'il fait dans la salle de bains ?
3 Qu'est-ce qu'il boit pour le petit déjeuner ?
4 Que fait-il dans le parc ?
5 Comment est-ce qu'il va au collège ?

5 **Posez et répondez aux questions avec votre partenaire.**

1 Où habites-tu ?
2 Tu as des frères ou des sœurs ?
3 Décris un membre de ta famille.
4 Comment est ta maison ou ton appartement ?
5 Que fais-tu le matin ?

6 **Écrivez un paragraphe sur votre région. Mentionnez :**

- votre ville/village
- les activités dans votre région
- le shopping

Grammaire

On is often used in French and does not have an exact equivalent in English. It is mostly translated as a less informal 'we' but can also be translated as 'one/people/you/they'. It depends on the context of a sentence. *On* uses the same verb ending as il/elle.

Dans ma ville, ***on*** *peut aller au cinéma.* (In my town, we can go to the cinema.)

Dans mon pays, ***on*** *roule à droite.* (In my country, people drive on the right.)

Plus ? → Grammar p. 241

1.1 Ma famille, mes animaux et moi

Objectifs
- Describe yourself and your family
- Understand descriptions of other people
- Use adjectives correctly

Vous êtes comment ? Et votre famille ?

1 **Lisez l'e-mail de Yolande et trouvez l'équivalent français des expressions 1–8.**

Salut. Je m'appelle Yolande et j'ai quinze ans. Je suis française et j'habite en Guyane avec ma famille. Je suis petite et mince et j'ai les cheveux longs, raides et bruns et les yeux noisette.

J'ai une sœur aînée qui s'appelle Jasmine et un petit frère, Michel. Jasmine est belle et drôle, mais Michel est timide et très poli. Nous avons un chat noir, cinq poissons rouges, un iguane et une tortue verte.

Je cherche un(e) correspondant(e) en Afrique !

Yolande

1 My name is
2 I'm 15
3 I'm short and thin
4 I have long, straight brown hair
5 hazel eyes
6 I have an older sister
7 Michel is shy
8 We have a black cat

Traduisez la dernière phrase de l'e-mail en anglais.

Vocabulaire

je suis...
petit(e)
mince
beau/belle
de taille moyenne
j'ai les cheveux...
raides
courts
frisés
je porte...
des lunettes
j'ai...
une barbe
une moustache

2 **Écoutez Marine qui parle de sa famille. Complétez les phrases avec les bons mots.** 13

1 Marine habite avec **sa mère/son père/son beau-père**.
2 Son frère **aide à la maison/est paresseux/est gentil**.
3 La mère de Marine **habite à Nantes/a les yeux bruns/a les cheveux frisés**.
4 Le beau-père de Marine **a une barbe noire/a une moustache brune/est très grand**.

Grammaire

Most French adjectives come **after** the noun they describe: *un chat noir.*

Some common adjectives that come **before** the noun are: *grand, petit, joli, beau, vieux, jeune, bon, mauvais.*

Adjectives in French must **agree** with the noun: *un garçon intelligent, une barbe brune, les cheveux longs, des filles travailleuses*

Plus ? ➜ Grammar pp. 237–238

Grammaire

The French words for 'the' are:

le livre but *l'hôpital*
la table but *l'addition*
les filles

The French words for 'a' (singular) and 'some' (plural) are:

un livre *une table* *des filles*

Plus ? ➜ Grammar p. 237

Grammaire

The French words for 'some' are:

du pain but *de l'ananas*
de la confiture but *de l'eau*
des pommes

In negative sentences, use **de** or **d'** on its own:

Je n'ai pas de pain / d'eau / de pommes / d'amis.

Plus ? ➜ Grammar p. 237

3 Complétez avec la forme correcte de l'adjectif.

J'ai une (petit) sœur. = J'ai une petite sœur.

1 J'ai une (grand) maison.
2 Les cochons sont (petit).
3 J'ai une souris (blanc).
4 Elle est (content).
5 Ils sont (heureux).
6 Ils ont des poissons (gris).
7 Elle a les cheveux (long).
8 J'ai les yeux (bleu).
9 Elles sont (poli).
10 Ils sont (marrant).

Faire des progrès

Learn adjectives in 'families'. Make a list of adjectives which end in *-f* (e.g. *actif, sportif, vif*). Remember that they all follow the same pattern in the feminine: *-ve*.

4 Présentez-vous en français. Mentionnez :

- votre description physique – taille, cheveux, yeux
- votre personnalité
- votre famille

5 Lisez le blog de Daniel. C'est qui : sa sœur, son frère, son père, sa mère ou son grand-père ?

Je ne m'entends pas bien avec mon frère. Il m'énerve quand il entre dans ma chambre sans permission et il est très désagréable.

Ma sœur, par contre, elle est vraiment aimable. Elle m'aide avec mes devoirs et me respecte.

Mon père est strict et il est souvent de mauvaise humeur.

J'adore ma mère. Elle est toujours heureuse et calme, même quand mon frère est stupide.

Mon grand-père est toujours raisonnable et nous sommes de bons amis.

1 Daniel pense que cette personne est aussi un bon copain.
2 Daniel dit que cette personne est rarement de bonne humeur.
3 Daniel dit que cette personne est toujours contente.
4 Daniel pense que cette personne l'agace.
5 Daniel pense que cette personne est serviable.

Conseil-langue

Add adjectives to make your description of your family more interesting, but don't forget to make the adjectives agree.

6 Écrivez un paragraphe sur votre famille et vos rapports.

1.2 La vie quotidienne

Objectifs

- Talk about daily routine
- Describe where your house/flat is
- Use regular and reflexive verbs

1 **Écoutez et lisez. Dessinez la maison et le jardin de Sylvie et répondez aux questions.** 14

J'habite en Suisse dans une petite ville. Ma maison est très grande. Au rez-de chaussée, il y a un salon où l'on regarde la télé, une salle à manger où l'on mange, un bureau où ma mère travaille pendant la journée, une cuisine et l'entrée. Au premier étage, on a quatre chambres, un balcon et une salle de bains. Il y a aussi une cave et un garage au sous-sol. Notre jardin est assez petit mais mon père cultive des fleurs et je joue souvent sur la pelouse avec mon chat, Thierry. Il adore rester à l'ombre d'un grand arbre, surtout en été.

1 Que fait Sylvie dans le salon ?
2 Qui travaille dans le bureau ?
3 Que fait le père de Sylvie dans le jardin ?
4 Que fait Sylvie dans le jardin ?

2 **Décrivez votre maison ou votre appartement. Mentionnez :**

- les pièces
- les activités
- votre opinion

Vocabulaire

la maison
au rez-de-chaussée
au premier étage
il y a...
un salon
un bureau
dans l'entrée
le matin
se lever
se doucher
s'habiller
se brosser les dents
s'appeler

3 **Conjuguez les verbes entre parenthèses au présent.**

Nous (travailler) dans le jardin. = Nous travaillons dans le jardin.

1 Elle (écouter) de la musique dans sa chambre.
2 Je (finir) mes devoirs dans le bureau.
3 Ils (manger) dans la cuisine.
4 Nous (vendre) notre maison.
5 Les enfants (jouer) dans le jardin.
6 Tu (passer) beaucoup de temps dans le salon.

Grammaire

Regular verbs follow these patterns in the present tense:

	jouer	*finir*	*attendre*
je	*joue*	*finis*	*attends*
tu	*joues*	*finis*	*attends*
il/elle/on	*joue*	*finit*	*attend*
nous	*jouons*	*finissons*	*attendons*
vous	*jouez*	*finissez*	*attendez*
ils/elles	*jouent*	*finissent*	*attendent*

Plus ? → Grammar p. 243–245

4 **Lisez le message de Lucie et répondez aux questions en anglais.**

Le samedi pendant les grandes vacances, j'ai la même routine le matin. Je me lève à huit heures, je me douche, je me brosse les dents et je m'habille. Après le petit déjeuner, je vais au centre-ville en bus avec mes copines qui s'appellent Émilie et Victorine. Victorine achète toujours un magazine de mode, Émilie essaie souvent des chaussures, mais elle n'achète rien et moi j'achète des bonbons. Nous nous amusons bien ensemble. Vers midi nous mangeons et nous rentrons à pied. Je me couche tard, à vingt-trois heures.

1 When does this routine take place?
2 What does she do at 8 o'clock?
3 What does Victorine buy in town?
4 What does Émilie buy?
5 What do they do after lunch?
6 When does she go to bed?

5 **Posez et répondez aux questions avec votre partenaire.**

- Tu te réveilles à quelle heure ?
- Qu'est-ce que tu manges le matin ?
- Tu te douches quand ?
- Tu te couches à quelle heure normalement le weekend ?

6 **Écoutez Lionel qui décrit sa chambre. Répondez aux questions en français.** 15

1 Pourquoi est-ce que Lionel adore sa chambre ?
2 Son lit est comment ?
3 Que fait-il dans son fauteuil ?
4 Qu'est-ce qu'il regarde de sa fenêtre ?
5 De quelle couleur est son tapis ?
6 Que fait-il dans sa chambre le matin ? (2 détails)

Conseil-langue

When you answer the questions, try to add a detail to make your answers more interesting.

Grammaire

Reflexive verbs indicate an action that you do to yourself. They have a reflexive pronoun that goes before the verb.

***se** lever* (to get up)

*je **me** lève*

*tu **te** lèves*

*il/elle/on **se** lève*

*nous **nous** levons*

*vous **vous** levez*

*ils/elles **se** lèvent*

Watch out for reflexive verbs that start with a vowel or silent h:

*je **m'**habille, tu **t'**appelles, il/elle/on **s'**endort*

Plus ? → Grammar p. 246

Faire des progrès

When you learn reflexive verbs, focus mainly on the *je* and *nous* forms as you are likely to use them a lot more than the other forms when you speak and write French.

1.3 La vie en famille

Objectifs

- Describe family interactions
- Describe what you do around the house to help out
- Use the most common irregular verbs in the present tense correctly

1 **Lisez et choisissez a, b ou c pour compléter chaque phrase.**

1 Le frère de ma mère est
 a mon neveu. **b** mon oncle. **c** mon grand-père.
2 La fille de mon fils est
 a ma petite-fille. **b** ma nièce. **c** ma cousine.
3 La femme de mon père est
 a ma tante. **b** ma sœur. **c** ma mère.
4 Le mari de ma sœur est
 a mon frère. **b** mon beau-frère. **c** mon demi-frère.
5 Le fils de mon frère est
 a mon neveu. **b** mon oncle. **c** mon fils.
6 La mère de mon père est
 a ma tante. **b** ma cousine. **c** ma grand-mère.
7 Le fils de ma mère et de mon beau-père est
 a mon grand-père. **b** mon demi-frère. **c** mon frère.
8 La fille de ma tante est
 a ma nièce. **b** ma sœur. **c** ma cousine.

Vocabulaire

tous les jours
jamais
normalement
d'habitude
seulement
souvent
toujours
une/deux/trois fois par semaine/mois

2 **Écoutez les cinq jeunes. Décidez si leurs relations sont positives (P), négatives (N) ou positives et négatives (P/N).** 16

3 **Lisez les textes et répondez aux questions en anglais.**

Lisa : Moi j'aide vraiment beaucoup à la maison, surtout dans la cuisine. Je prépare le dîner tous les jours, je fais la vaisselle après les repas, je mets et je débarrasse la table une fois par semaine et je sors les poubelles de temps en temps. Je fais trop de choses par rapport à ma sœur, qui est fainéante.

Robert : Je n'aide pas du tout mes parents ! Par contre, le recyclage est très important pour moi, alors je trie les déchets car mes parents s'en fichent… Ils sont d'une autre génération et n'ont pas l'habitude de trier, quel dommage !

Roussoune : Je suis assez paresseuse mais quelquefois, j'aide ma mère et mon beau-père avec les tâches ménagères. Ça leur fait plaisir ! Je range ma chambre et je nettoie la salle de bains une fois par semaine. Une fois par mois, je passe l'aspirateur dans toute la maison, ça me fatigue.

Marie : Je vais à des cours de cuisine et de jardinage le weekend. J'adore ça ! Alors, je pratique ce que j'ai appris à la maison. Je jardine avec ma sœur ; on plante et on arrose les fleurs et on coupe les petits arbres. Cela nous permet aussi de parler de notre semaine. Pour la cuisine, j'aime faire des gâteaux, et je fais cuire beaucoup de choses au four et parfois au four à micro-ondes.

Léon : On se partage les tâches ménagères chez moi. Moi, je m'occupe du linge : je fais la lessive, je l'étends et je repasse les chemises pour toute la famille. Notre fer à repasser est à vapeur, donc ça va très vite.

1 Who helps out the most at home?
2 Why don't Robert's parents recycle?
3 Which two chores does Roussoune do every week?
4 What does Lisa do from time to time?
5 Which two kitchen appliances does Marie use most?
6 What three tasks does Léon do at home?
7 Who does Roussoune live with?
8 What does Marie do at the weekend?

4 **Conjuguez les verbes entre parenthèses au présent.**

Nous (aller) → Nous allons

1 Je ________ (aller) à la pêche.
2 Tu ________ (mettre) la table tous les jours.
3 Nicole et moi ________ (faire) des courses au supermarché.
4 Esmée ________ (être) petite et jolie.
5 Elles ________ (avoir) des frères jumeaux.
6 Vous ________ (aller) au cinéma le dimanche.
7 On ________ (mettre) un pull parce qu'il fait froid.
8 Marc et Antoine ________ (faire) le ménage à la maison.

Grammaire

Irregular verbs in the present tense do not follow the rules you have learnt. Many of the most commonly used verbs like *être*, *avoir*, *aller*, *faire* and *mettre* are irregular, so you need to make sure you learn these.

+ Traduisez les phrases de l'exercice 4 en anglais.

5 **Faites un sondage dans la classe. Recopiez et complétez la grille. Préparez-vous à présenter vos réponses devant la classe.**

Personne A : Qu'est-ce-que tu fais, Alfie, pour aider à la maison ?
Personne B (Alfie) : Je fais la lessive une fois par semaine et je trie les déchets tous les jours.

Tâches				
Alfie				✓
Tâches				
Alfie	✓			

Vocabulaire

les tâches ménagères
préparer le dîner
mettre la table
débarrasser la table
sortir les poubelles
trier les déchets
ranger sa chambre
passer l'aspirateur
nettoyer la salle de bains
jardiner
faire la lessive
repasser

6 **Écrivez un paragraphe pour décrire qui dans votre famille fait quelles tâches ménagères à la maison. Vous pouvez utiliser des expressions de fréquence et mentionner :**

- ce que vous faites pour aider à la maison
- votre opinion sur les tâches ménagères
- ce que les autres membres de la famille (frère, sœur, parents) font pour aider à la maison
- leurs opinions sur les tâches ménagères

Conseil-langue

For this exercise, you have to switch from *je* to *il/elle* when you're writing about other family members. Make sure that you also change your verbs, for example, *je mets* becomes *il/elle met*.

1.4 Ma maison

Objectifs

- Describe your house
- Give details about furniture in your rooms
- Use some more irregular verbs and negative verb forms correctly

1 **Lisez les textes et choisissez les quatre phrases qui sont vraies.**

J'habite dans un petit appartement au nord-ouest de Montréal. Dans mon appart, j'ai une chambre, une salle de bains, une cuisine, un salon et un couloir. Je n'ai pas de salle à manger, ni de salle de jeux. **Mélanie**

J'habite à Can Toh au Vietnam. Ma maison est énorme. Au sous-sol, il y a la cave et le garage. Au rez-de-chaussée, il y a la cuisine, la salle à manger et le salon. On monte à l'escalier et au premier étage, nous avons quatre chambres, deux salles de bains avec une douche et des toilettes, et un bureau. Il n'y a pas de jardin. **Vinh**

J'habite près d'une rivière dans un grand immeuble au vingtième étage. On monte en ascenseur ! Mes parents et moi avons une grande entrée qui donne sur une cuisine américaine et au fond de la pièce il y a de grandes fenêtres. Nous n'avons presque rien comme meubles. **Irvan**

J'habite à Bora Bora en Polynésie française. J'ai beaucoup de meubles dans mon salon : un fauteuil, un canapé, une table avec des chaises et des étagères pour mes livres. Je n'ai pas de tapis car le sol est en bois. Ma chambre est petite et je n'ai plus de lampe, elle est cassée ! **Ahomana**

J'habite dans une petite maison de ville à 50 kilomètres du château de Chenonceau. J'ai deux chambres, une véranda toute en verre et un balcon au premier étage. J'ai aussi un petit grenier, mais le plancher n'est pas stable. **Mimi**

1 Mélanie a une salle à manger.
2 Dans la maison de Vinh, il y a plusieurs chambres.
3 Irvan a peu de meubles chez lui.
4 Mélanie habite dans une grande maison.
5 Mimi n'a pas de balcon.
6 Ahomana pense qu'il n'est pas nécessaire d'avoir un tapis dans son salon.
7 Ahomana a une lampe dans sa chambre.
8 Vinh a une pièce où il peut travailler.

+ Dans quel genre de logement habitez-vous ?

2 **Jouez à deux. Recopiez la grille et choisissez dans quelle pièce se trouve chaque personne. Posez des questions pour trouver où sont les membres de la famille de votre partenaire.**

Personne A : Ta mère est dans l'entrée ?
Personne B : Non, ma mère n'est pas dans l'entrée.
Personne B : Ton frère est dans le grenier ?
Personne A : Oui, mon frère est dans le grenier !

	le bureau	l'entrée	le grenier	la salle de bains	le balcon	la cuisine	le salon
ma mère							
mon frère			✗				
ma cousine							
mon grand-père							
ma tante							

3 **Réécrivez ces phrases dans le bon ordre.**

1 jamais Elle mange de fruits ne
2 Nous pas ne prenons bus le
3 ne Je critique personne
4 Martin font de plus sport Ahmed et ne
5 rien Elle boit ne

Grammaire

Note the position of the negative expressions:

*Il **n'**y a **pas** de garage.*
*Je **ne** dis **rien**.*
*Je **ne** vois **personne**.*
*Il **ne** telephone **jamais**.*
*Elle **ne** joue **plus** au basket.*
*Il **n'**y a **ni** jardin **ni** balcon.*

Plus ? → Grammar p. 245–246

4 **Écoutez et lisez le texte. Mettez les images dans l'ordre du texte.** 17

a
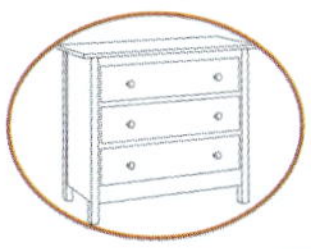
b

c
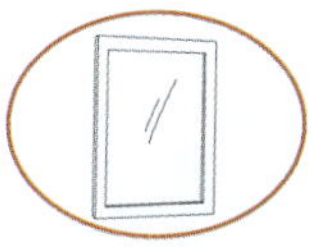
d

e
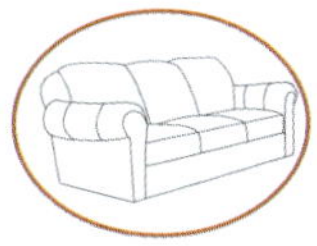
f
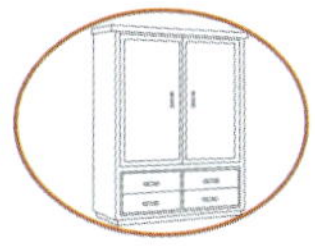
g

h
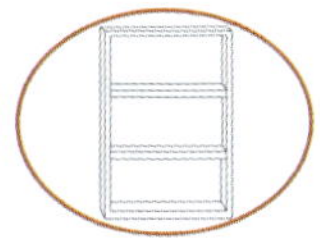

Bonjour et bienvenue dans notre maison pour la journée portes ouvertes. Voici notre salle de bains avec le grand miroir inclus dans le prix et les robinets sont en marbre. Dans la chambre, nous vous laissons certains meubles comme la commode, l'armoire, le tableau au mur et notre grand lit avec les oreillers. Nous prenons les étagères avec nous. Voici le salon, et le canapé est aussi inclus dans le prix ainsi que la grande lampe ! Vous avez de la chance ! Dans la cuisine, l'évier est en inox et nous avons beaucoup de placards de rangements.

Vocabulaire

un appartement	une cave
une chambre	un escalier
une salle de bains	un meuble
	un fauteuil
un couloir	un canapé
une salle à manger	une étagère
	un tapis

5 **Écoutez Christelle parler de sa maison. Choisissez une option pour compléter les phrases.** 18

1 Christelle habite au **nord/centre/sud** de Port-Louis.
2 Dans son jardin, Christelle a une grande **pelouse/piscine/fontaine**.
3 La salle de bains est à **côté/au-dessus/au-dessous** de la chambre.
4 Dans la cuisine, elle n'a pas de **frigo/congélateur/lave-vaisselle**.
5 Dans la salle de bains, elle se sert surtout du **déodorant/dentifrice/gel douche**.
6 Elle prend un bain **tous les matins/tous les soirs/tous les weekends**.
7 Elle écrit des lettres à sa sœur dans son **bureau/salon/grenier**.
8 Elle reçoit **rarement/quelquefois/souvent** ses amis

6 **Écrivez un paragraphe pour décrire votre maison. Vous pouvez mentionner :**

- le style de votre maison
- une description des pièces de votre maison :
  Ma salle à manger est grande. Mon salon est petit.
- où sont les meubles dans une des pièces :
  Le lit est au fond de ma chambre.
- ce qu'il n'y a pas, ce que vous n'aimez pas dans votre maison
- votre opinion sur votre maison
- si vous recevez souvent des invités ou de la famille

Conseil-langue

For a better paragraph, alternate between *je* and *nous* as subject pronouns. This will add variety and will show that you are able to use verbs in different forms.

1.5 Mon quartier

Objectifs

- Describe your neighbourhood
- Give pros and cons of living in your area
- Ask questions and use *pouvoir* and *vouloir* accurately

1 **Écoutez cette interview avec Enzo. Il parle de sa région en France. Répondez aux questions.** (19)

1 Pourquoi Enzo aime-t-il sa ville ?

2 Quelles activités nautiques mentionne-t-il ? (3)

3 En quoi l'île Sainte-Marguerite est-elle différente de l'île Saint-Honorat ?

4 Pourquoi la région PACA est-elle très touristique ?

5 Que préfère faire Enzo pendant l'été ?

6 Que veut faire Enzo en septembre ?

Grammaire

Here are two ways of asking questions:

- Swap the verb and pronoun: *Aimes-tu la France ?*
- Add a question mark and raise your voice at the end: *Tu aimes la France ?*

Plus ? → Grammar p. 246

2 **Travaillez à deux. Choisissez 3 questions de l'exercice 1 et posez-les à votre partenaire <u>sur votre région</u>. Préparez-vous à présenter votre travail devant la classe.**

Quelles sont tes activités préférées dans ta ville ?

Grammaire

To ask 'which', 'who' or 'what', use the correct form of the interrogative adjective *quel*:

Quel *est ton* ***chanteur*** *préféré?*

Quelle jupe *préfères-tu?*

Quels *sont les* ***avantages****?*

Quelles activités *peut-on faire?*

Plus ? → Grammar p. 243

3 **Écrivez une question pour chaque réponse.**

1 Oui, j'aime le chocolat.

2 Non, elle ne part pas en vacances.

3 Oui, ils vont en Inde cet été.

4 Oui, nous aimons danser.

5 Non, il ne fait pas de ski nautique.

4 **Reliez les débuts et les fins de phrase.**

1 Quelle couleur…	a … quels jours cet été ?
2 Quels animaux…	b … préfères-tu ?
3 Quelles sont…	c … resto as-tu aimé ?
4 Quel…	d … les activités en juillet ?
5 Vous ouvrez…	e … as-tu ?

Conseil-langue

For this exercise, you need to identify whether the noun is masculine, feminine, singular or plural. This will help you choose which form of *quel* should be used.

5 **Travaillez en groupe. Choisissez une région ou une capitale francophone. Écrivez un paragraphe ou préparez un poster. Vous pouvez mentionner :**

- où la région est située dans le monde
- ce que vous pouvez y faire
- les bâtiments et magasins

Vocabulaire

les magasins
le musée
la gare
la gare routière
le bâtiment
le quartier
la place du marché
l'autoroute

6 **Lisez l'opinion de Mahdi sur sa ville et répondez aux questions en français.**

J'habite à Abidjan qui est une ville située au sud-est de la Côte d'Ivoire en Afrique. J'aime beaucoup ma ville dans l'ensemble parce qu'on peut y faire plein d'activités, mais mon endroit préféré, c'est le parc du Banco. C'est principalement une forêt avec un lac au milieu et si l'on veut, on peut faire une visite guidée. C'est un endroit où l'on peut se ressourcer, loin de la pollution et du brouhaha de la ville. Ma ville est très diverse, avec beaucoup de bâtiments, une belle architecture et des beaux quartiers résidentiels, comme Cocody. À Cocody, il y a de très belles villas avec de grands jardins et des piscines – c'est un endroit idéal pour ceux qui peuvent se le payer !

Il y a aussi beaucoup de choses à faire pour les touristes qui veulent visiter notre ville. Par exemple, on peut visiter des musées, la place du marché, la cathédrale Saint Paul, la Pyramide et le Plateau, qui est le centre d'affaires et le centre commercial de la ville. Là, les touristes peuvent trouver plusieurs bars, cafés, fast-foods, et magasins s'ils veulent faire du shopping. Les touristes les plus riches peuvent rester au magnifique Hôtel Ivoire.

Par contre, il y a des points négatifs à ma ville. Abidjan est une ville très polluée et n'est pas très propre, il y a beaucoup de bruit… Il y a trop de monde sur les routes, et les gens conduisent trop vite sur les autoroutes ! Si vous voulez louer une voiture, il faut faire très attention à la circulation.

Grammaire

Two very useful irregular verbs are *pouvoir* (to be able to) and *vouloir* (to want). They are often followed by an infinitive:

*Je **peux aller** au cinéma.*

*Nous **voulons sortir** ce soir.*

Plus ? → Grammar p. 245

1. Donnez trois choses positives sur la ville d'Abidjan.
2. Que peut-on voir dans le quartier de Cocody ?
3. Donnez trois choses que les touristes peuvent visiter.
4. Donnez trois points négatifs sur la ville.

7 **Écoutez les opinions de chaque personne. Écrivez si elles sont positives (P) ou négatives (N), et notez les raisons en anglais.** 20

Aimeriez-vous visiter la ville d'Abidjan ? Pourquoi ?

8 **Discutez avec votre partenaire des aspects positifs et négatifs de votre ville ou de votre région.**

Vivre dans les cités

La France compte plus de six millions d'étrangers qui habitent en France. Ces immigrés viennent de beaucoup de pays comme les États-Unis, le Canada, les pays européens, mais plus de 3.5 millions d'immigrés sont d'origine maghrébine ; ils viennent de l'Algérie, du Maroc ou de la Tunisie.

Beaucoup de ces immigrés habitent dans les cités des banlieues des grandes villes comme Paris, Marseille ou Lyon par exemple. Dans les banlieues, on trouve beaucoup de logements sociaux comme les HLM qui sont de petits appartements dans de très grands immeubles, aussi appelés des barres ou des tours. Il y a beaucoup d'immigrés qui habitent dans ces logements car les loyers sont peu chers.

Ces cités sont souvent construites près de routes et autoroutes bruyantes et polluantes, et elles manquent d'espaces verts. De plus, la pauvreté et les tensions raciales causent beaucoup de frustration et parfois de violences entre les habitants. La vie en cité est plutôt triste et peut être dangereuse ; il est difficile d'en sortir car les enfants et adolescents de cités ont souvent des problèmes à l'école. C'est souvent à travers des associations pour les jeunes, ou des centres sportifs, que les adolescents réalisent qu'ils peuvent accéder un jour à une vie plus heureuse en dehors de la cité.

un(e) immigré(e) – immigrant
un HLM – social housing
les tensions raciales – ethnic tensions
la banlieue – suburb
la cité – council estate

1 **Lisez le texte. Écrivez vrai (V), faux (F) ou pas mentionné (PM).**

1 La plupart des immigrés français viennent de l'Afrique du Nord.
2 Les banlieues sont composées de grands appartements et maisons individuelles.
3 Il y a 10 000 appartements par cité.
4 Ça coûte très cher de vivre dans les cités.
5 Il y a beaucoup de bruit et de pollution dans les appartements des cités.
6 La vie en cité est plutôt calme et sereine.
7 Il y a de gros problèmes de vol dans les cités.
8 Il y a beaucoup d'écoles privées dans les cités.
9 Il est facile pour les jeunes de se sortir de la vie de banlieue.
10 Certaines associations aident les enfants et adolescents des cités.

Recherche
Que signifie l'abréviation HLM ?

Pareil…
Comment sont organisés les logements sociaux dans votre pays ?
mais différent

Vivre à Montréal en hiver

Les hivers québécois sont très rudes et très longs, il fait très froid de novembre à avril. Le mois de février est en général le plus froid et les températures peuvent descendre jusqu'à –45°. Il est très important d'être bien équipé pour affronter ces hivers. À Montréal au Québec, il existe une ville souterraine appelée Réso qui est utilisée par plus de 180 millions de personnes chaque année. Le Réso fait 32 kilomètres et dans ses tunnels, nous trouvons le métro, des restaurants, des magasins. Les tunnels relient aussi les bureaux, les hôtels ou encore les quartiers résidentiels.

Certaines personnes n'ont pas le choix que de sortir, il est donc essentiel d'avoir de bons vêtements avec des écharpes épaisses, des gants, des bonnets, des manteaux et des bottes. On peut utiliser les routes et les trottoirs mais la plupart des habitants québécois ont un chauffe-moteur pour faire démarrer leurs voitures.

Certaines personnes préfèrent se déplacer en luge, en ski ou en patin à glace plutôt qu'à pied et il n'est pas rare de voir des personnes monter dans le métro avec leurs skis de fond !

Malgré le froid glacial, Montréal est une ville magique en hiver avec sa neige scintillante, ses illuminations et marchés de Noël et ses patinoires à travers la ville.

rude – tough
affronter – to face
une ville souterraine – underground city
un chauffe-moteur – block heater

2 **Lisez le texte et répondez aux questions en français.**

1 Quelle est la température minimale au mois de février ?
2 Comment le Réso aide-t-il les habitants de Montréal ?
3 Quels accessoires sont essentiels pour sortir à l'extérieur en hiver ?
4 Comment les québécois font-ils démarrer leurs voitures ?
5 Par quels moyens de transports se déplacent les gens au lieu de marcher ?
6 Pourquoi est-ce une bonne idée de visiter Montréal en décembre ?

Connexions
Aimeriez-vous passer l'hiver dans un endroit très froid, comme au Canada ? Pourquoi ?

Révisions

Salut Mathilda,

Comment vas-tu ? Moi, je ne vais pas très bien car je viens de me disputer avec mon frère Théo ! Il a deux ans de moins que moi et on ne s'entend pas très bien ; on aime des choses différentes, il veut toujours avoir raison et il est souvent de mauvaise humeur ! Heureusement que j'ai ma petite sœur Amélie avec qui je m'entends très bien. Elle aime le shopping, le cinéma et la lecture, comme moi ! Nous jouons aussi dans l'orchestre de l'école ensemble. C'est génial car on peut parler de tout ensemble et on rigole bien… Nous habitons avec ma mère et mon beau-père donc Amélie est en fait ma demi-sœur. Mon beau-père Jacques a aussi un fils qui s'appelle Martin mais il est plus âgé que nous et on ne le voit pas très souvent… Je m'entends assez bien avec mon beau-père car il s'occupe bien de maman et de Théo et moi. Je crois qu'il y a des avantages à faire partie d'une famille recomposée. Et toi, tu t'entends bien avec ta famille ?

À bientôt.
Aurélie

1 **Lisez l'e-mail d'Aurélie à sa correspondante Mathilda et choisissez a, b ou c.**

1 Aurélie a…
   a un frère et une sœur. **b** deux sœurs. **c** un frère et une demi-sœur.
2 En général, Théo n'est pas…
   a de mauvaise humeur. **b** de bonne humeur. **c** pessimiste.
3 Amélie et Aurélie…
   a ont les mêmes centres d'intérêts. **b** aiment le sport. **c** sont sœurs jumelles.
4 Aurélie s'entend bien avec…
   a Amélie et Jacques. **b** Théo. **c** Théo et Jacques.
5 Martin est…
   a le demi-frère d'Aurélie. **b** le demi-frère de Théo. **c** le demi-frère d'Amélie.

2 **Posez et répondez aux questions avec votre partenaire.**

1 As-tu des animaux à la maison ?
2 Comment sont tes frères/tes sœurs/tes parents ?
3 T'entends-tu bien avec ta famille ?
4 Parle-moi de ta routine.
5 Comment est ta maison/ton appartement ?
6 Quels meubles as-tu dans ta chambre ?
7 Qu'est-ce-que tu fais pour aider à la maison ?
8 Qu'est-ce-qu'on peut faire dans ta ville ?
9 Aimes-tu ton quartier ?

3 **Écoutez les six descriptions et choisissez un adjectif pour décrire chaque personne.** 21

pessimiste gentil amusant fidèle modeste
arrogant généreux patient honnête jaloux

4 **Écrivez un paragraphe sur votre vie à la maison et dans votre quartier. Vous pouvez mentionner :**

- avec qui vous habitez
- comment est votre famille
- vos relations familiales
- votre routine
- ce que vous faites pour aider à la maison
- si vous aimez votre maison/appartement et pourquoi
- si vous aimez votre quartier et pourquoi

Bilan

Lisez et recopiez les phrases. Vous pensez avoir réussi chaque objectif ? Écrivez oui/un peu/pas du tout. Révisez pour vous améliorer.

Maintenant, je peux :	**oui**	**un peu**	**pas du tout**
• me décrire, décrire ma famille et mes relations familiales			
• parler de ma routine			
• décrire où j'habite – la maison/l'appartement et les meubles			
• dire ce que je fais pour aider à la maison			
• décrire mon quartier et en donner les avantages et les inconvénients			
Je peux reconnaître et utiliser :			
• les adjectifs			
• les verbes réguliers au présent			
• les principaux verbes irréguliers au présent			
• les verbes réfléchis au présent			
• les expressions négatives			
• les articles définis, indéfinis et partitifs			
• les questions avec *est-ce que* ou avec inversion verbe-sujet			
• l'adjectif interrogatif *quel/quelle/quels/quelles*			

Get into good study habits from the start. It's better to study regularly and frequently for shorter amounts of time, rather than working for hours and then doing nothing for days. Also, think about when you work best – in the mornings or evenings? Weekdays or weekends? Arrange your study time for when you can be most effective.

Mots et expressions – Unité 1

La famille	Family
la mère	mother
le père	father
les parents	parents
le beau-père	stepfather
la belle-mère	stepmother
le fils/la fille	son/daughter
le frère	brother
la sœur	sister
plus jeune	younger
plus âgé(e)	older
l'enfant unique	only child
le demi-frère	stepbrother
la demi-sœur	stepsister
les jumeaux (m pl)/ jumelles (f pl)	twins
le grand-père	grandfather
la grand-mère	grandmother
l'oncle	uncle
la tante	aunt
mes cousins (m pl)/ cousines (f pl)	cousins
le neveu	nephew
la nièce	niece
le bébé	baby
la femme	wife
le mari	husband
monsieur, madame, mademoiselle	Mr, Mrs, Miss
le nom de famille	surname
le prénom	first name

Les rapports familiaux	Family relationships
je m'entends (bien/ mal avec …)	I get on (well/badly with …)
il m'énerve	he gets on my nerves
nous nous amusons bien	we have good fun together
nous sommes de bons amis	we are good friends
elle m'aide avec …	she helps me with …
elle me respecte	she respects me
ressembler, sembler	look like,seem
mentir	lie, tell lies

Les descriptions	Descriptions
le sexe	sex, gender
la taille	size
la voix	voice
grand(e)	big, tall
petit(e)	small, short
de taille moyenne	medium height
mince	slim
gros(se)	fat
les cheveux (m pl) …	hair
courts	short
longs	long
raides	straight
blonds, marron, noirs	blond, brown, black
bouclés/frisés	wavy
une barbe	a beard
une moustache	a moustache
les yeux	eyes
porter des lunettes	wear glasses
porter un appareil auditif	wear a hearing aid
beau (m)/belle (f)	beautiful
bête	stupid
calme	calm, quiet
fâché(e), en colère	angry
méchant(e)	naughty
drôle	funny
semblable	similar
assez	quite
très	very

Les animaux	Animals
un chat	a cat
un chien	a dog
un cochon	a pig
un éléphant	an elephant
une girafe	a giraffe
un lapin	a rabbit
un lion	a lion
une mouche	a fly
un mouton	a sheep
un oiseau	a bird
un poisson	a fish
un rat	a rat
un singe	a monkey
une souris	a mouse
une tortue	a tortoise
un tigre	a tiger

Chez moi	At home
au premier/deuxième étage	on the first/second floor
au rez de chaussée	on the ground floor
Il y a …	there is/there are …
un balcon	a balcony
un bureau	a study/office (at home)
une cave	a cellar
une chambre	a bedroom
un couloir	a hallway
une cuisine	a kitchen
une entrée	an entrance
l'escalier	stairs/staircase
un garage	a garage
un grenier	an attic
un jardin	a garden
une salle de bains	a bathroom
une salle à manger	a dining room

un salon	a lounge
une toilette	a toilet

La routine quotidienne — Daily routine

je me reveille	I wake up
je me lève	I get up
je me douche	I have a shower
je m'habille	I get dressed
je me brosse les dents	I brush my teeth
je me lave le visage	I wash my face
je me couche	I go to bed

Les tâches ménagères — Household tasks

pendant la semaine …	during the week …
préparer le diner	make dinner
mettre la table	set the table
débarrasser la table	clear the table
sortir les poubelles	take the bins out
trier les déchets	separate the waste
ranger la chambre	tidy the bedroom
passer l'aspirateur	hoover
jardiner	garden
faire la lessive	do the washing
repasser	iron
faire le recyclage	do the recycling
planter des fleurs	plant flowers
pousser/faire pousser	grow

Dans la maison et le jardin — In the house and the garden

un ascenseur	a lift
une armoire	a wardrobe
un arbre	a tree
un canapé	a sofa
une clôture	a fence
une chaise	a chair
une commode	a chest of drawers
une couverture	a blanket
une douche	a shower
une étagère	a shelf
des étagères	shelves
un évier	a sink
un fauteuil	an armchair
une fenêtre	a window
des fleurs	some flowers
une lampe en verre	a glass lamp
un lit	a bed
un meuble	a piece of furniture
un miroir	a mirror
un mur	a wall
la pelouse	the lawn
un placard	a cupboard
un robinet	a tap
un tapis	a rug/carpet
une table	a table
un tableau	a painting
une télévision	a TV
un oreiller	a pillow

Où j'habite — Where I live

une ville	a town
un appartement	a flat
une maison	a house
c'est dans …	it's in …
le centre	the centre
nord/sud/est/ouest	the north/south/east/west of
la région	the region
s'appelle	it is called
moderne	modern
silencieux/silencieuse	silent
simple	simple
vieux/vieille	old

En ville — In town

un aéroport	an airport
une aire de jeux	a playground
une autoroute	a motorway
des bateaux	boats
un bâtiment	a building
une bibliothèque	a library
une boucherie	a butcher's shop
une boulangerie	a bakery
le cabinet dentaire	the dentist's
des cafés	cafés
un centre sportif	a sports centre
un centre commercial	a shopping centre
un château	a castle
un centre/complexe de loisirs	a leisure centre/complex
un collège	a secondary school
les collines	the hills
un commissariat	a police station
un école primaire	a primary school
une gare	a train station
une gare routière	a bus station
un hôpital	a hospital
un lac	a lake
des magasins	shops
la mer	the sea
la montagne	the mountains
un musée	a museum
la place du marché	market square
la pollution	pollution
la poste	post office
un quartier	a neighbourhood
une rivière	a river
un stade	a stadium
une station service	a service station
un supermarché	a supermarket
une université	a university
une usine	a factory

2 Mes études et ma vie d'adulte

À vos marques !

- Talk about your school subjects
- Describe someone
- Discuss extra-curricular activities and part-time jobs

1 **Jouez en groupe ! Vous avez une minute pour écrire sur une feuille toutes les matières que vous connaissez. Après une minute, échangez votre feuille avec votre voisin(e). Continuez quatre fois. Chaque matière vaut un point. Le groupe avec le plus de points gagne. Maintenant, fermez le livre !**

2 **Regardez l'emploi du temps. Lisez les commentaires 1–4 : c'est quel jour ?**

	LUNDI	MARDI	MERCREDI	JEUDI	VENDREDI
8h	Maths *salle 2*	Anglais *salle 13*	Économie *salle 8*	Maths *salle 2*	Chimie *labo 3*
9h	Français *salle 5*		EPS *gymnase*		Anglais *salle 13*
10h	RÉCRÉATION				
10h30	EPS *gymnase*	Dessin *salle 11*	Latin *salle 24*	Musique *salle 14*	Histoire-géo *salle 10*
11h30		Physique *labo 2*		Biologie *labo 1*	Maths *salle 2*
12h30	DÉJEUNER				
14h	Histoire-géo *salle 10*	Français *salle 5*		Français *salle 5*	Espagnol *salle 17*
15h				Théâtre *salle polyvalente*	Informatique *salle d'informatique*
16h	RÉCRÉATION				
16h15	Technologie *salle 6*	Espagnol *labo de langues*		Économie *salle 8*	EPS *gymnase*

1 Aujourd'hui, nous avons deux heures d'anglais. Puis, après la récré, nous avons le dessin et les sciences. L'après-midi, nous avons deux heures de français et une heure d'espagnol : ______

2 Ce matin, nous avons sciences et l'anglais. Après la récré, nous avons l'histoire-géo et les maths. L'après-midi, c'est l'espagnol, l'informatique et une heure de sport : ______

3 Cet après-midi nous n'avons pas d'école, on se relaxe à la maison : ______

4 Nous commençons par les maths et après c'est le français. Il y a deux heures de sport après la récréation. L'après-midi, nous avons deux heures d'histoire-géo et une heure de technologie : ______

Vocabulaire

la chimie
la physique
la biologie
l'EPS
la technologie
le théâtre
l'informatique
l'histoire-géo
le dessin
la salle de classe
la récréation
la salle d'informatique

3 **Utilisez l'emploi du temps et discutez avec votre partenaire.**

Personne 1 : *Le jeudi à 10h30, tu as quelle matière ?*
Personne 2 : *J'ai…*
Personne 1 : *C'est en quelle salle ?*
Personne 2 : *C'est en salle…*
… (continuez la conversation)

4 **Écoutez Émilie parler de son école. Reliez les images aux opinions.** 22

a c'est chouette
b c'est immense
c c'est beau
d c'est pratique
e c'est vieux
f c'est trop petit

1

le dortoir

2

la piscine

3

la bibliothèque

4

la cour de récréation

5

la cantine

6

la salle de classe

5 **Regardez les photos de 4 professeurs et complétez les descriptions avec les bons mots.**

+ Notez les autres détails en français.

1 Je m'appelle M. Bernard et j'enseigne les maths. J'ai les cheveux bruns et je porte un _____ vert et bleu. J'ai aussi une _____ et une moustache. J'ai les yeux _____. Je porte aussi une _____ bleue. Je pense que je suis très _____.

2 Je suis prof de sport et je m'appelle Mlle Dupont. Je suis très _____. J'ai les cheveux bruns et _____ et j'ai les yeux _____.

3 Moi, je suis M. Bouvier. Je suis mince et _____. J'ai les cheveux _____ et raides et les yeux _____. Je suis prof de chimie.

4 Je m'appelle Mme Pivoine et je suis prof de dessin. Je suis petite et _____. J'ai les cheveux _____ et longs. J'ai des _____ et aussi un _____ à main.

Vocabulaire

je suis...
petit(e)
mince
beau/belle
de taille moyenne
j'ai les cheveux...
raide(s)
court(s)
frisé(s)
j'ai...
une barbe/des lunettes

6 **Faites un sondage dans votre classe. Posez et répondez aux questions. Utilisez le vocabulaire pour vous aider.**

- Tu fais partie d'un club au collège ? *Oui, je fais partie de... Non, je ne fais pas partie de...*
- C'est comment ? *C'est...*
- C'est important pour toi les sorties scolaires ? Pourquoi ? *Oui c'est important parce que... Non, ce n'est pas important parce que...*

Vocabulaire

je suis membre de/d'
je fais partie de/d'
un club de basket/théâtre
un orchestre
une chorale
une sortie scolaire
une visite au château
une activité extra-scolaire

7 **Choisissez un jour de la semaine. Décrivez votre emploi du temps et vos activités extra-scolaires. N'oubliez pas d'ajouter des opinions.**

2.1 Au collège

Que pensez-vous des langues ?

Objectifs
- Talk about your school subjects
- Explain why languages are important
- Express opinions accurately

1 **Lisez et écoutez la conversation. Écrivez toutes les opinions positives et négatives mentionnées.** 23

Asif

Marc

Tu penses quoi de tes matières scolaires, Marc ?

Ça dépend desquelles ! J'aime bien les matières scientifiques comme les maths et la biologie. Je trouve qu'elles sont assez faciles. En plus, le prof des sciences de la vie et de la terre est super sympa. Et toi, tu aimes les sciences ?

Mouais… moyen. Je préfère plutôt les études littéraires et les langues. Je trouve qu'elles sont intéressantes et je suis plutôt fort en langues. J'adore apprendre l'espagnol et le chinois. L'histoire, tu en penses quoi ?

Je n'aime pas trop ça. C'est assez ennuyeux et je suis faible en histoire, en plus, on a trop de devoirs. Et toi, que penses-tu de l'histoire ?

Moi, c'est ma matière préférée. Je trouve que c'est très important de comprendre le passé pour améliorer le futur !

Oui, c'est vrai. Ma matière préférée, c'est le dessin. C'est passionnant et je suis doué ! C'est super de pouvoir être créatif… Par contre, je déteste l'EPS, je pense que c'est très difficile et le prof est sévère !

Ah non ! J'adore l'EPS, c'est bon pour la santé et on n'a pas de devoirs !

+ Traduisez la dernière phrase de la conversation.

Opinions positives	Opinions négatives
J'aime bien…	*Je n'aime pas trop ça…*

2 **Relisez le texte et répondez aux questions.**

1 Que dit Marc au sujet des matières scientifiques ?
2 Pourquoi Asif aime-t-il les langues ? (2 détails)
3 Dans quelle matières y a-t-il beaucoup de devoirs ?
4 Dans quelle matière le prof est-il sévère ?
5 Pourquoi Asif pense-t-il que c'est bien, l'EPS ?

3 **Recopiez les phrases et complétez les blancs avec des opinions de votre choix.**

1 Elle est ______ en histoire.
2 Je pense que le théâtre est ______.
3 Il ______ les cours de langues.
4 Nous détestons l'informatique car le prof est ______.
5 Je ______ l'anglais car c'est trop ______.

Grammaire

To express opinions, you can use:
- *aimer, adorer, détester* or *préférer* + a noun or an infinitive:
  J'aime les maths. J'adore jouer avec mes copains.
- *c'est* + an adjective:
  C'est génial/super/ennuyeux.
- *je suis/il est/elle est…* + an adjective:
  Je suis forte en maths. Il est nul en géographie.

4 **Travaillez à deux. Donnez vos opinions sur les matières scolaires. Préparez-vous à présenter votre conversation devant la classe.**

Personne A : Que penses-tu du français ?

Personne B : Je pense que c'est génial. Le prof est très sympa. Et toi ?

Personne A : Moi, j'adore le français, c'est facile. Que penses-tu de… ?

Personne B : …et toi, que penses-tu de…. ?

Vocabulaire

les matières (scientifiques)
Je trouve que…
Je trouve ça…
les devoirs
les langues
les sciences
l'interprète
le traducteur/la traductrice
apprendre
voyager
étudier/travailler à l'étranger
rencontrer
découvrir

5 **Écoutez les opinions positives sur les langues vivantes. Reliez les prénoms (1–5) aux raisons (a–e).** 24

1 Françoise

2 Annie

3 Keziah

4 Emmanuel

5 Pierre

Quelles langues sont mentionnées ?

a

devenir interprète

b

rendre visite à ma famille

c

visiter le pays

d

me faire de nouveaux amis

e

étudier à l'étranger

6 **Écrivez un article pour un magazine sur les avantages d'apprendre des langues vivantes. Aidez-vous d'un dictionnaire/traducteur en ligne. Mentionnez les points suivants :**

- pourquoi il est important d'apprendre des langues (2 raisons)
- quelles langues vous avez choisies et pourquoi
- votre opinion sur les langues que vous apprenez

Faire des progrès

Use a dictionary or a translator with care! If you look up the French for 'match', you'll find the noun 'a match' which in French is *un match* (in sports) or *une allumette* (for lighting a fire), and the verb 'to match' which can be *assortir* (to match clothing) or *associer* (to join something up). So make sure you pick the right one!

2.2 Ma vie de collégien(ne)

Objectifs

- Describe a school day
- Give your opinion about your school
- Use *aller*, *venir de* and prepositions accurately

1 **Écoutez et lisez l'e-mail d'Aziz à son ami Thomas. Il décrit une journée scolaire. Remettez les images dans le bon ordre.** 25

Salut Thomas,

Comment vas-tu ? Je viens de passer un super weekend avec ma famille et demain, je vais retourner à l'école ! Voici ma journée du lundi. Demain, je vais me réveiller à sept heures du matin et après ma douche, je vais manger mon petit déjeuner avec mes parents. En général, le matin, je finis mes devoirs, mais je n'avais pas de devoirs ce weekend. Après m'être brossé les dents, je vais sortir de la maison à huit heures moins le quart. J'habite à dix minutes de mon collège à pied, c'est pratique. Beaucoup de mes amis doivent prendre le bus ou venir en voiture car ils habitent plus loin.

Je vais avoir sept cours demain. On va commencer avec deux heures d'histoire-géo et ensuite c'est la récréation. Pendant la récré, mes amis et moi, nous allons acheter un pain au chocolat à la cantine. Ils sont délicieux. Ensuite, nous aurons maths et biologie ! Quelle horreur ! Je n'aime pas du tout les matières scientifiques, et les profs ne sont pas très gentils. La pause déjeuner est mon moment préféré de la journée. Demain, nous allons aller au stade pour faire un match de foot contre les quatrièmes, ça va être chouette. L'après-midi, nous aurons trois cours : musique, anglais et latin. J'adore l'anglais car je m'entends bien avec la prof, elle est géniale. Après l'école, je vais aller au club d'échecs et ensuite je vais rentrer à la maison pour réviser pour mes examens avant le dîner. Dans l'ensemble, j'aime bien le lundi…

Et toi, comment va être ta journée demain ?

A bientôt,
Aziz

1

2

3

4

5

6

7

8

2 **Relisez le texte et répondez aux questions.**

1. Il est huit heures moins le quart. Que vient de faire Aziz ? *Il vient de…*
2. C'est la récréation. Quel cours vient-il d'avoir ?
3. C'est la récré. Que va-t-il faire ?
4. Aziz est en cours de biologie. Quel cours vient-il d'avoir ?
5. C'est la fin de la pause déjeuner. Que vient-il de faire ?
6. Aziz sort de son cours de musique. À quel cours va-t-il aller maintenant ?
7. C'est la fin de l'école. Que va-t-il faire ?
8. C'est l'heure du dîner. Que vient-il de faire ?

Grammaire

To say that someone **has just done** something, use a present tense form of *venir de* + an infinitive.

*Maryse **vient de partir**.* (Maryse has just left.) **Plus ?** → Grammar p. 250

To say that someone **is in the process of doing** or **is in the middle of doing** something, use a present tense form of *être* + *en train de* + an infinitive.

*Je **suis en train de faire** mes devoirs.* (I'm in the middle of doing my homework.) **Plus ?** → Grammar p. 250

To say that something **is going to happen**, use the near future tense: a present tense form of *aller* + an infinitive.

*Je **vais manger** une pizza.* (I am going to eat a pizza.) **Plus ?** → Grammar p. 248

Vocabulaire

se réveiller
le bus
la voiture
un cours
le stade
la rentrée scolaire
le tableau
la table
la chaise
le cahier
le dictionnaire
le copain de classe

3 **Réécrivez ces phrases dans le bon ordre**

1 de vient Elle de la sortir classe
2 Il aller au va gymnase
3 manger Ils la à cantine vont
4 devoirs ? Viens-tu finir tes de
5 d'avoir d'informatique cours un viens Je

Traduisez les phrases de l'exercice 3 en anglais.

4 **Choisissez un jour dans votre emploi du temps. Posez et répondez à des questions comme dans les exemples.**

Personne A – Il est 11 heures. Que viens-tu de faire ?
Personne B – Je viens de finir la récré.
Personne B – Il est midi. Que vas-tu faire ?
Personne A – Je vais aller manger à la cantine.

Faire des progrès

Where possible, include more than one verb tense in your writing. In exercise 6, you could use the near future tense (*aller* + infinitive) in the first bullet point, if you describe tomorrow as your typical day: *Je vais te décrire une journée typique à mon collège. Demain, je vais aller...*

5 **Bruno décrit son école en Suisse à son correspondant anglais. Lisez le texte et écrivez vrai (V), faux (F) ou pas mentionné (PM).**

adamsmith@gmail.com

Salut Adam,

Je vais dans une école privée près de Genève en Suisse qui s'appelle le collège Saint Martin. C'est bientôt la rentrée, donc on va commencer un nouveau trimestre. Moi, je passe en classe de troisième. Dans mon collège il y a 550 élèves âgés d'entre onze et seize ans. Nous avons 40 salles de classes dans le bâtiment principal. En face de ce bâtiment, il y a un très grand gymnase et juste à côté, c'est la cantine. Derrière la cantine, il y a le stade où j'adore jouer au basket avec les surveillants pendant la récré. Mon école est catholique, et il y a une chapelle entre la cantine et le stade. Derrière mon école, il y a les écoles maternelle et primaire Saint Martin.

Les salles de classe sont très bien rangées, car notre directrice est sévère avec les étudiants et les professeurs ! Dans une classe typique, on trouve le tableau devant les tables et les chaises. La poubelle est à côté de la porte, et nos cahiers et les manuels scolaires sont tout autour de la classe sur des étagères. Les dictionnaires et les feuilles de papier sont sous les fenêtres, et les ordinateurs portables sont vers le fond de la classe.

J'adore mon collège car j'ai de bons copains de classe et je travaille bien, donc j'ai de bons résultats. J'espère réussir mes examens cette année ! Et toi Adam, comment est ton école ?

Bruno

1 Il y a cinq cents étudiants au collège Saint Martin.
2 Le gymnase est à côté du bâtiment principal.
3 La nourriture à la cantine est bonne.
4 Le stade est devant la cantine.
5 Il y a une petite église au collège.
6 Les cahiers restent dans la classe.
7 Il y a des iPads dans les classes.
8 Bruno a des bonnes notes en classe.

Corrigez les phrases fausses.

6 **Inventez-vous un(e) correspondant(e) au Québec. Écrivez-lui un e-mail pour lui décrire votre collège. Vous pouvez mentionner :**

- une journée typique (utilisez votre emploi du temps)
- les locaux et équipements
- votre opinion sur vos matières et sur les professeurs

Vocabulaire

chez
contre
dans
entre
sur
vers
sous
jusqu'à
devant
à côté de
derrière
en face de

2.3 Mes activités extra-scolaires

Objectifs

- Describe extra-curricular activities
- Explain why extra-curricular activities are important
- Use conjunctions accurately

www.monecole.gouv

Institut Stanislas : Notre collège est réputé pour les sports, surtout les arts martiaux. Nous avons un centre sportif au collège donc les étudiants peuvent s'entraîner régulièrement. Ce centre est important pour nous, puisque une équipe de cinquièmes est championne régionale de karaté. Ils ont gagné contre le collège Carnot la semaine dernière.

Collège Jacques Brel : Nous sommes renommés pour notre excellence en musique, danse et art dramatique. Si vous voulez poursuivre une carrière dans ces domaines, n'hésitez pas à nous demander des informations. Tous les ans, notre orchestre et notre chorale organisent un concert pour Noël et nos acteurs vont régulièrement voir des pièces de théâtre à Bruxelles.

Lycée Charles V : Notre lycée est spécialisé dans les langues européennes et asiatiques. Nos terminales organisent des clubs de langues quand ils sont disponibles, au moins trois fois par semaine. Avant de passer vos examens de langues, nous vous proposons de faire un échange avec un(e) correspondant(e) ou de visiter le pays pendant une semaine. C'est génial !

Internat Lemaître : Nous écoutons toujours nos élèves parce qu'il est très important de leur apprendre le respect mutuel. Nous avons des délégués de classe de la sixième à la seconde qui représentent leur classe au conseil d'administration. S'il y a des problèmes au collège, le conseil se réunit pour discuter et trouver des solutions.

1 **Lisez ces extraits publiés sur un site d'éducation belge. Quelles écoles proposent quelles activités ? Écrivez Stanislas, Jacques Brel, Charles V ou Lemaître.**

1 Si vous aimez chanter, il faut venir ici.
2 Dans cette école, on peut apprendre le japonais.
3 Cette école est parfaite pour rester en bonne forme.
4 Si vous aimez argumenter, il faut venir ici.

2 **Écoutez Adrienne faire un sondage. Trouvez la fin de phrase pour chaque personne.** 26

1 Emma aime son club de langues parce que…
2 Mamadou fait du théâtre au collège car…
3 Frank a adoré son échange scolaire mais….
4 Arnaud aime les films donc…
5 Laëtitia est déléguée de classe puisque….
6 Samia n'aime ni le chant ni la musique mais…

a. …il a créé un club de cinéma.
b. …elle a de bonnes idées.
c. …il aimerait devenir acteur.
d. …elle adore la danse.
e. …ses amis y vont aussi.
f. …il n'a pas aimé la ville où il est allé.

3 **Réécoutez la conversation. Répondez aux questions.** 26

1 Apart from the language club, what other activity does Emma mention?
2 Why did Frank not like Valencia in Spain?
3 Who helped Arnaud with his club? Why?
4 Why is Laëtitia a representative of the school council?
5 Does Samia like the activities at her school?
6 When does Samia go to her club?

4 **Complétez les phrases avec la bonne conjonction.**

1 J'aime les sorties scolaires _______ elles sont intéressantes.
2 Il fait du dessin _______ de la peinture.
3 _______ je travaillais plus, je réussirais mes examens.
4 Il va aller en France _______ pas en Italie.
5 Je vais avoir 18 ans _______ je vais être un adulte.
6 _______ je passerai mes examens, je serai stressée.

5 **Vous allez faire un sondage. Choisissez dix personnes dans la classe ; posez et répondez à la question : Quelles activités extra-scolaires fais-tu? C'est comment ?**

Préparez-vous à partager vos réponses devant la classe.

6 **Lisez Antoine qui décrit une sortie scolaire. Choisissez les 4 phrases qui sont vraies.**

La semaine dernière, j'ai participé à une sortie scolaire avec une autre école de ma région. Nous avons visité deux châteaux de la Loire : Chambord et Chenonceau. Les professeurs d'histoire-géo ont organisé cette sortie et c'était vraiment fascinant. On a voyagé en bus et on a pique-niqué dans un jardin. Je pense que les sorties scolaires sont une excellente idée parce qu'on apprend beaucoup de choses et on se fait de nouveaux amis, parfois dans d'autres écoles. Certaines personnes pensent que les sorties sont trop chères, mais je ne suis pas d'accord. Je suis pour les activités extra-scolaires car elles nous permettent de nous relaxer, de développer notre créativité et d'approfondir nos connaissances.

1 Antoine a visité les châteaux l'année dernière.
2 Une autre école a aussi participé à cette sortie.
3 Ils n'ont pas mangé de déjeuner.
4 Il a aimé sa sortie scolaire.
5 Il a appris des choses.
6 Il trouve que les sorties scolaires sont trop chères.
7 Il soutient les activités extra-scolaires.
8 Il prévoit de visiter un autre pays l'année prochaine.

7 **Écrivez un e-mail à un(e) ami(e) francophone pour parler de vos activités extra-scolaires. Mentionnez :**

- quelles activités extra-scolaires votre école propose
- quelles activités extra-scolaires vous faites
- votre opinion justifiée (utilisez les conjonctions) sur vos activités
- pourquoi ces activités sont importantes

Vous pouvez utiliser un dictionnaire pour vous aider.

Grammaire

Conjunctions are linking words.

- Coordinating conjunctions link two words or phrases.
- Subordinating conjunctions link two parts of a sentence.

Some frequently used conjunctions are:

mais (but) *ou* (or)
et (and) *donc* (so)
or (yet) *quand* (when)
car/*parce que* (because)
puisque (since/as)
si (if)

Plus ? ➜ Grammar p. 251

Lorsqu'un(e) camarade de classe vous pose une question, justifiez votre réponse. Utilisez *car*/*parce que*/*puisque*.

Vocabulaire

passer un examen
le/la délégué(e) de classe
le conseil d'administration
le lycée
l'orchestre
la chorale
la pièce de théâtre
la cinquième
la sixième
la seconde
la terminale

Conseil-langue

To link your sentences together into a coherent paragraph, use connectives such as *de plus* (besides), *par contre* (on the contrary), *cependant* (however), *aussi* (also). Use introductory phrases such as *je pense que*, *à mon avis*, *il me semble que*, *pour moi*, when you are asked to give your opinion on something (bullet points 3 and 4).

2.4 Ma vie d'étudiant(e)

Objectifs
- Describe someone
- Describe your life as a student
- Use comparative and superlative adjectives accurately

1 **Écoutez les descriptions de chaque personne dans cette famille. Notez la bonne lettre pour chaque numéro (1–9).** 27

Utilisez des phrases complètes pour faire le questionnaire et donner des raisons.
La qualité la plus importante pour moi est la gentillesse.

2 **Faites ce questionnaire à deux sur votre famille, vos amis et vos préférences.**

Questionnaire du jour !

1 Quelle est la qualité la plus importante pour toi ?
- a. la gentillesse
- b. l'optimisme
- c. la patience
- d. la générosité

2 Quel est le pire défaut pour toi ?
- a. l'infidélité
- b. l'arrogance
- c. la paresse
- d. l'impolitesse

3 Tes amis sont…
- a. plus drôles que toi ?
- b. plus fous que toi ?
- c. moins intelligents que toi ?
- d. moins beaux que toi ?

4 Ta famille est…
- a. la plus heureuse ?
- b. la plus curieuse ?
- c. la moins inquiète ?
- d. la moins ennuyeuse ?

5 Dans ta famille, tu es…
- a. le plus grand ?
- b. le plus petit ?
- c. le plus mince ?
- d. le plus gros ?

3 **Lisez ce forum et trouvez l'équivalent français des expressions 1–10 à la page suivante.**

Tu préfères quoi entre l'école primaire, le collège, le lycée et l'université ?

[Vince88] J'ai trente ans et j'ai fini mes études. Pour moi, le collège était mieux que le lycée parce que c'était moins stressant.

[ElleBelle] Je suis à l'université en ce moment. C'est ce que je préfère. On est plus indépendant qu'au collège ou au lycée, et on peut étudier comme on veut !

[MamieClown] Je suis retraitée. De toutes mes études, j'ai préféré l'école primaire. On joue plus qu'au secondaire et on apprend les choses moins vite – c'est plus relaxant !

[M@rion] Je suis en seconde. Jusqu'à présent le lycée est ma période scolaire préférée. On fait plus de recherches sur Internet pour nos devoirs, et les profs sont moins barbants qu'au collège.

[JeannotLapin49] Je suis électricien depuis dix ans. Les quatre ans de collège ont été mes préférés. Je me suis fait trois meilleurs amis que je continue de voir aujourd'hui, et le lycée et l'université, j'ai trouvé ça plus dur que le collège.

[AbdulDabuDhabi] Je suis dans un lycée français à Abu-Dhabi. J'ai passé mes meilleurs moments à l'école primaire car c'était plus intéressant et moins difficile pour moi. Au collège les autres enfants se moquaient de moi à cause de mon apparence.

1 sixth form
2 less stressful
3 we can study as we want
4 we do more research
5 we play more
6 less boring
7 best friends
8 harder
9 less difficult
10 other children were making fun of me

4 **C'est qui ? Écrivez V (Vince88), E (ElleBelle), MC (MamieClown), M (M@rion), J (JeannotLapin49) ou A (AbdulDabuDhabi). Vous pouvez utiliser la même personne plusieurs fois.**

1 Je suis toujours en contact avec mes copains.
2 J'adore l'école primaire car c'est plus facile.
3 J'aime choisir comment étudier.
4 J'habite à l'étranger.
5 Au lycée, les professeurs sont plus intéressants.

5 **Choisissez 8 personnes dans votre classe. Utilisez les adjectifs de l'encadré et faites des phrases au comparatif et au superlatif. N'oubliez pas d'accorder vos adjectifs au féminin et au pluriel si nécessaire.**

Mary est plus marrante que Luke.

marrant petit grand généreux curieux fou sportif aimable poli impoli

Grammaire

Irregular comparative and superlative adjectives:
meilleur(e)(s) (better) *le meilleur/la meilleure/les meilleur(e)s* (the best)
pire(s) (worse) *le pire/la pire/les pires* (the worst)

6 **Préparez une présentation d'une minute pour décrire vos expériences et faire des comparaisons entre l'école maternelle, l'école primaire et le collège. Vous avez 5 minutes pour faire un plan à l'écrit.**

l'école maternelle

l'école primaire

le collège

Faire des progrès

When you are given time to write a plan before speaking, you must use this time wisely. You could begin by jotting down some points to cover (in French). Then write some connectives, like *mais*, *en plus*, to remind you to develop what you say. Finally, write out your opening sentence.

Grammaire

Use comparative adjectives to compare people or things ('more …', 'less …' or '–er' than).

- *plus* + adjective + *que* → more … than
  *Le français est **plus** facile **que** le chinois.* (French is easier than Chinese.)
- *moins* + adjective + *que* → less … than
  *Adèle est **moins** généreuse **que** Théo.* (Adèle is less generous than Théo./Adèle is not as generous as Théo.)

Remember to make your adjective agree with the noun.

Plus ? → Grammar p. 239

Grammaire

Use superlative adjectives to say 'the most …', 'the least …' or 'the –est'.

- *le/la/les plus* + adjective → the most …/the –est
  *Elle est **la plus** petite.* (She is the smallest.)
  *Ils sont **les plus** difficiles.* (They are the most difficult.)
- *le/la/les moins* + adjective → the least …
  *Il est **le moins** bête.* (He is the least stupid.)

Remember to make your adjective agree with the noun.

Plus ? → Grammar p. 239

Vocabulaire

il/elle est...
drôle
fou/folle
heureux (-euse)
curieux (-ieuse)
inquiète
ennuyeux (-euse)
grand(e)
gros(se)
poli(e)
impoli(e)
paresseux (-euse)
gentil(le)

2.5 Mon petit boulot

Objectifs

- Describe a part-time job
- Give pros and cons of working while studying
- Use the perfect tense accurately

1 **Écoutez et lisez le texte. Remettez les thèmes 1–7 dans l'ordre du texte.** 28

Je m'appelle Émeric, j'ai dix-sept ans et j'habite à Montréal au Québec. Je suis en classe de première à l'institut Stanislas. Je suis très occupé avec mes études, mais cette année, j'ai décidé de travailler certains soirs et weekends ainsi que pendant les vacances scolaires. Plus tard, j'aimerais devenir cuisinier dans un restaurant étoilé Michelin. En ce moment, je travaille dans le resto de mon quartier trois fois par semaine et un weekend sur deux. Le weekend dernier, j'ai travaillé le vendredi et le samedi de 18h à 22h en cuisine et j'ai préparé toutes les salades du menu. Pendant les grandes vacances, j'ai travaillé le midi et le soir et j'ai fait tous les desserts et surtout beaucoup de glaces. Le pire c'est que j'ai eu mal à la main tout l'été à cause des glaces !

Il est difficile d'étudier et de travailler en même temps. Par exemple, dimanche dernier, j'ai dû réviser pour le baccalauréat que je vais passer cette année, mais je me suis couché tard samedi, donc, je n'avais pas la motivation de travailler le lendemain… Mais, ce travail m'apporte une bonne expérience et un peu d'argent. Avec mon argent, avant-hier, j'ai acheté une nouvelle paire de lunettes de soleil, elles sont vraiment très belles.

1 ce qu'il a fait dimanche dernier
2 ce qu'il a fait samedi soir le weekend dernier
3 les avantages de son travail
4 son année scolaire cette année
5 ce qu'il aimerait faire à l'avenir
6 ce qu'il a acheté récemment
7 le pire dans son travail

Grammaire

Perfect tense = auxiliary verb (present tense of *avoir* or *être*) + past participle

Most verbs use *avoir* as an auxiliary.

To form the past participle of regular verbs:

jouer → *joué*   *finir* → *fini*   *vendre* → *vendu*
*elle **a** joué*   *j'**ai** fini*   *ils **ont** vendu*

Some common irregular past participles:

avoir → *eu*   *être* → *été*   *faire* → *fait*
pouvoir → *pu*   *devoir* → *dû*   *voir* → *vu*

Plus ? → Grammar pp. 246–247

2 **Relisez le texte. Écrivez les 9 verbes qui sont au passé composé.**

3 **Conjuguez les verbes entre parenthèses au passé composé.**

1 Hier, j'______ ______ mes devoirs (finir).
2 La semaine dernière, elle ______ ______ au cinéma (aller).
3 Nous ______ ______ jusqu'à minuit (travailler).
4 Dimanche dernier, elles ______ ______ en ville (sortir).
5 Il ______ ______ prendre un boulot à mi-temps (devoir).
6 Tu ______ ______ à l'internat tout le weekend ? (rester).

Grammaire

Common verbs that use *être* in the perfect tense include:
aller, arriver, devenir, partir, rester, sortir

Remember that with *être*, the past participle must agree with the subject of the verb.
elle est sortie   *ils sont arrivés*

All reflexive verbs use *être* in the perfect tense:
je me suis habillé(e)   *elles se sont levées*

Plus ? → Grammar pp. 246–247

4 **Lisez ces phrases sur les avantages et les inconvénients d'avoir un boulot l'été. Reliez les phrases qui ont le même sens.**

1 Je gagne de l'argent.
2 Je suis fatigué.
3 J'ai moins de temps libre.
4 J'apprends beaucoup.
5 Je suis très utile dans mon travail.
6 Je crée des relations professionnelles.
7 Je suis stressée.
8 Je visite un autre pays.

a Je suis très occupé.
b J'acquiers des compétences professionnelles.
c Je reçois un salaire.
d Je suis indispensable.
e Je suis épuisé.
f Je pars à l'étranger.
g Je développe un réseau de contacts.
h Je suis sous pression.

Trouvez un autre avantage et un autre inconvénient des petits boulots. Écrivez un synonyme pour chaque phrase, comme dans l'exercice 4.

Vocabulaire

gagner de l'argent
les études
la première
les vacances scolaires
devenir
cuisinier
la cuisine
le baccalauréat
se coucher
une bonne expérience
l'argent
avant-hier

5 **Que pensent ces jeunes du travail après l'école ou pendant les vacances ? Écrivez pour (P), contre (C) ou ni pour ni contre (NPNC).** 29

6 **Imaginez que vous avez travaillé le weekend dernier.**

- mentionnez quel travail vous avez fait
- donnez votre opinion sur votre boulot
- décrivez votre journée de samedi dernier

7 **Jeu de rôle. Vous discutez avec votre ami(e) suisse qui s'appelle Claude à propos de votre travail l'été dernier. Votre partenaire est Claude. Vous avez 5 minutes pour préparer la conversation.**

1 Saluez votre ami(e).
2 Dites-lui quel travail vous avez fait et donnez une opinion.
3 Dites combien d'argent vous avez gagné. Demandez-lui s'il/si elle a travaillé cet été.
4 Répondez à l'opinion de Claude.
5 Dites que vous être content(e). Saluez Claude.

Idées pour Claude :
As-tu travaillé cet été ?
Tu as gagné beaucoup d'argent ?
Je n'ai pas travaillé. Les boulots d'été sont une bonne/mauvaise idée.
Je travaillerai l'année prochaine.

Faire des progrès

Each prompt in a role-play has at least one word you can reuse in your answer. For example, for this prompt: *Demandez-lui s'il/si elle a travaillé cet été*, the question you have to ask is almost the same: *As-tu travaillé cet été ?* or *Est-ce que tu as travaillé cet été ?*

Le monde francophone

Une journée typique dans un collège français

Les collégiens en France ont entre 25 et 30 heures de cours par semaine. Une journée typique commence à huit heures et finit à dix-sept heures. Il y a en général six heures de cours par jour, une récréation et la pause déjeuner qui dure entre une heure et demie et deux heures, selon les écoles. Les cours durent une heure et les élèves ainsi que les professeurs changent de classe pendant l'intercours. Les élèves ont une dizaine de matières scolaires répartie sur quatre jours et demi parce qu'il n'y a pas de cours le mercredi après-midi.

Certains jours, les élèves ont une heure ou deux de libre et ils vont travailler à la bibliothèque ou dans une salle de classe. Ils peuvent faire leurs devoirs à ce moment-là.

Au collège, beaucoup d'élèves rentrent chez eux pour manger le midi s'ils n'habitent pas trop loin. Sinon, ils restent à la cantine où ils mangent souvent une entrée, un plat, du fromage et un dessert. Après ils jouent dans la cour de récré ou ils font du sport dans le stade.

Il y a beaucoup de devoirs en France, et les enfants passent entre cinq et huit heures par semaine à faire leurs devoirs. En conclusion, la journée scolaire en France est vraiment longue, mais il y a plus de vacances que dans d'autres pays, comme l'Angleterre.

1 **Lisez le texte et choisissez les 4 phrases qui sont vraies.**

1 Les collégiens français ont peu d'heures de cours par jours.
2 La pause déjeuner est assez longue.
3 Il n'y a pas de cours le mercredi.
4 Les élèves étudient 8 matières en moyenne.
5 Parfois, les élèves n'ont pas cours toute la journée.
6 Les élèvent peuvent déjeuner à la maison.
7 Il n'y a pas beaucoup à manger à la cantine.
8 La France donne beaucoup d'importance aux devoirs.

un collégien – a school pupil
l'intercours – the time between lessons
une heure de libre – a free period

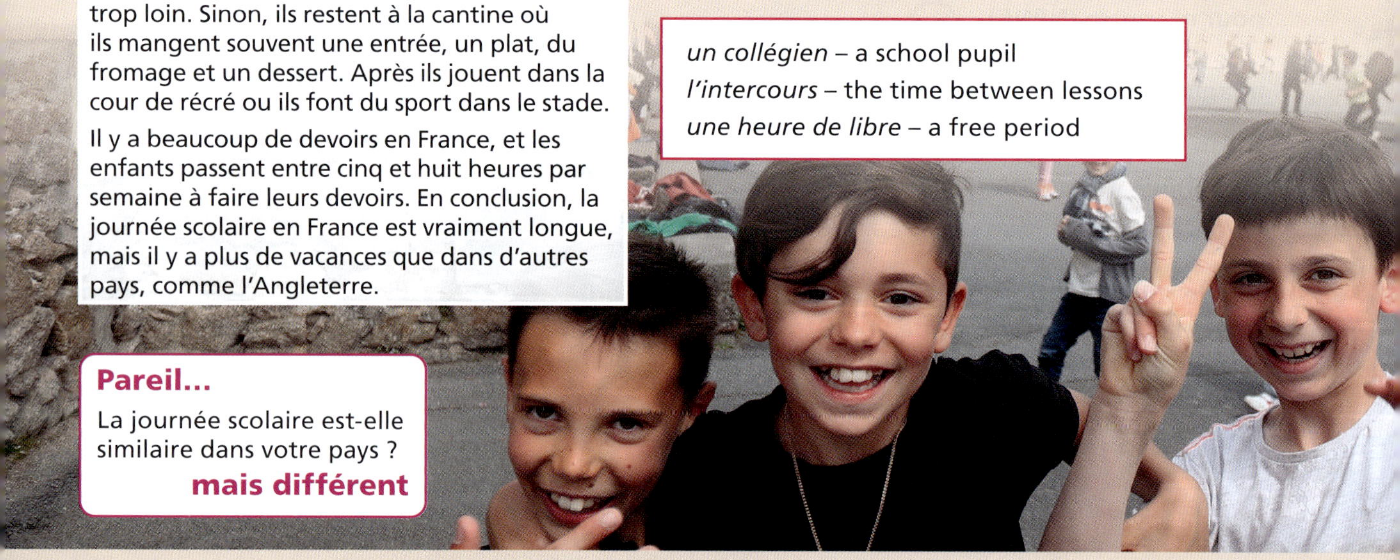

Pareil...
La journée scolaire est-elle similaire dans votre pays ?
mais différent

Education multilingue au Luxembourg

Le Luxembourg est un tout petit pays de moins de 600 000 habitants. On parle trois langues au Luxembourg car le pays est entre la France, la Belgique et l'Allemagne. Les élèves à l'école primaire apprennent le luxembourgeois, le français et l'allemand et quand ils arrivent au collège ils sont trilingues. Les enfants passent la moitié de leurs cours à apprendre ces trois langues, ainsi que l'anglais qui est obligatoire ! Ils peuvent choisir d'apprendre une cinquième langue, entre le latin, l'espagnol et l'italien.

Si on compare les pays francophones occidentaux, il y a beaucoup plus de bilingues et trilingues au Luxembourg, en Belgique ou au Canada qu'en France. En France seulement 20 pour cent de la population est bilingue et ce sont souvent les immigrés qui parlent une autre langue.

Par conséquent, les Luxembourgeois ont un avantage incroyable sur beaucoup d'autres pays européens, et c'est une des raisons pour laquelle le Luxembourg a un des taux de chômage les plus faible d'Europe.

bilingue – bilingual
trilingue – trilingual
obligatoire – compulsory
le taux de chômage – the unemployment rate

2 **Relisez le texte et répondez aux questions.**

1 Quels sont les pays qui entourent le Luxembourg ?
2 Combien de langues peut-on apprendre dans un collège luxembourgeois ?
3 Quel est le pourcentage de personnes monolingues en France ?
4 Pourquoi le taux de chômage au Luxembourg est-il faible ?

Connexions

Combien de langues parlez-vous ? Est-il important pour vous d'être bilingue ou trilingue ?

L'école au Cameroun

Le Cameroun est l'un des rares pays où l'on peut étudier en deux langues, le français et l'anglais. Les examens et les sections scolaires sont les mêmes qu'en France ou au Royaume-Uni. Pour les études en français, il y a d'abord l'enseignement maternel pendant trois ans, puis l'enseignement primaire pendant six ans. Ensuite, il y a le collège pendant quatre ans qui se termine par le brevet à la fin de la troisième. Le lycée dure trois ans et se termine par le baccalauréat.

Le Cameroun est un pays très pauvre et selon une étude de 2014, 90 pour cent des personnes en zones rurales sont analphabètes, qui veut dire qu'ils ne peuvent pas lire ou écrire. Or, presque tout le monde dans les grandes villes sait lire, écrire et compter. Seulement un pour cent des personnes qui sont allées à l'école continuent à l'université et l'année dernière, 46 pour cent des élèves de primaire ont abandonné les études et n'ont pas continué au collège.

Malheureusement, l'éducation au Cameroun et en Afrique en général est pire que dans les pays occidentaux. Cependant, il y a un aspect positif au Cameroun : il y a moins d'élèves par classe qu'au Sénégal où il y a parfois 80 élèves par classe !

une section – a pathway
l'enseignement maternel – nursery education
l'enseignement primaire – primary education
le brevet – an exam taken at 16
le baccalauréat – an exam taken at 18
un analphabète – an illiterate person

3 **Lisez le texte. Choisissez la bonne option pour compléter chaque phrase.**

1 Au Cameroun, les élèves commencent par **la maternelle/le primaire**.
2 À la fin de la troisième, on passe **le brevet/le baccalauréat**.
3 Le Cameroun n'est pas un pays **pauvre/riche**.
4 Au Cameroun à la campagne, beaucoup de personnes **savent/ne savent pas** lire et écrire.
5 Au Cameroun, il y a **plus/moins** de 80 élèves par classe.

Recherche

L'éducation au Cameroun est-elle payante ?

Révisions

1 **Lisez ce texte sur la journée de travail de Thomas. Répondez aux questions en faisant des phrases complètes.**

Je m'appelle Thomas, j'ai dix-sept ans et je vais encore au lycée mais cet été, j'ai décidé de travailler pour gagner un peu d'argent. J'essaie d'économiser pour m'acheter une voiture car l'année prochaine, je vais passer le permis de conduire.

Je travaille au restaurant Néapolis six jours sur sept, et hier c'était ma première journée. J'ai commencé le travail à seize heures et j'ai fini à minuit. L'après-midi, j'ai travaillé à la machine à café et j'ai servi des cafés et des jus de fruits aux clients. Certains ont commandé des glaces, alors j'ai aussi dû les préparer. Parler aux clients m'a aidé à avoir plus confiance en moi.

Le soir, nous avons servi les clients à partir de dix-neuf heures. J'ai pris les commandes des gens donc j'ai fait des allers-retours entre les tables et la cuisine. J'ai couru toute la soirée car à vingt heures, le restaurant était plein ! Après avoir servi les gens, j'ai préparé les desserts : j'ai compté, j'en ai fait soixante-dix en tout ! Je pense que c'est une bonne expérience de travailler à plusieurs postes dans le restaurant.

Malgré la fatigue, j'ai vraiment adoré ma première journée au Néapolis et j'ai hâte d'y retourner demain.

1. Pourquoi Thomas a-t-il décidé de travailler cet été ?
2. Combien d'heures a-t-il travaillé hier ?
3. Qu'est-ce-qui lui a donné plus confiance en lui ?
4. Qu'est-ce-que Thomas a fait le soir ? (2 détails)
5. A-t-il aimé travailler à plusieurs postes dans le restaurant ?
6. Quelle est son opinion de sa journée d'hier ?

2 **Travaillez à deux. Préparez une présentation d'une minute sur les différences et les similarités entre l'école dans un pays francophone et l'école dans votre pays. Utilisez le vocabulaire de l'unité (pages 60–61) et le dictionnaire pour vous aider.**

3 **Écoutez ces jeunes parler de leur vie au collège. Écrivez ce qu'ils préfèrent et pourquoi.** 30

les maths – le prof est sympa

4 **Écrivez un article sur les aspects positifs et négatifs de votre vie d'étudiant(e). Vous pouvez mentionner :**

- vos matières
- votre emploi du temps
- vos activités extra-scolaires
- les infrastructures/bâtiments
- les langues vivantes
- vos camarades de classe
- vos professeurs

Bilan

Lisez et recopiez les phrases. Vous pensez avoir réussi chaque objectif ? Écrivez oui/un peu/pas du tout. Révisez pour vous améliorer.

Maintenant, je peux :	**oui**	**un peu**	**pas du tout**
• donner mes opinions sur mes matières scolaires			
• expliquer pourquoi il est important d'apprendre des langues vivantes			
• décrire une journée scolaire et donner mes opinions sur mon école			
• décrire mes activités extra-scolaires et expliquer pourquoi elles sont importantes			
• décrire mon physique et ma personnalité			
• décrire ma vie d'étudiant(e)			
• décrire un travail à mi-temps, et donner mes opinions sur le travail et les études			
Je peux reconnaître et utiliser :			
• le futur proche : *aller* + infinitif			
• *venir de* + infinitif			
• les prépositions, en particulier les prépositions de lieu			
• les conjonctions			
• les adjectifs de comparaison			
• les adjectifs superlatifs			
• le passé composé			

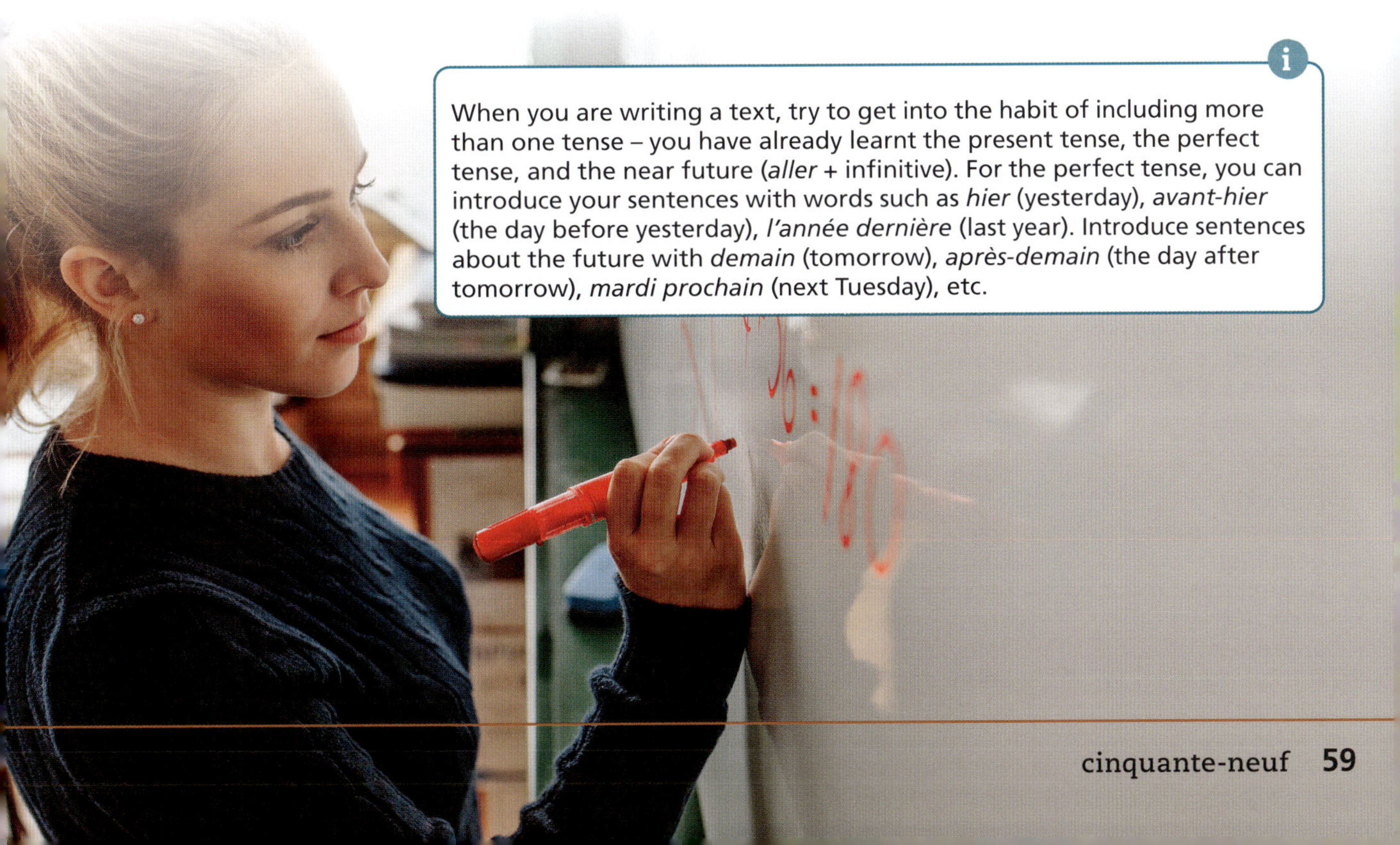

When you are writing a text, try to get into the habit of including more than one tense – you have already learnt the present tense, the perfect tense, and the near future (*aller* + infinitive). For the perfect tense, you can introduce your sentences with words such as *hier* (yesterday), *avant-hier* (the day before yesterday), *l'année dernière* (last year). Introduce sentences about the future with *demain* (tomorrow), *après-demain* (the day after tomorrow), *mardi prochain* (next Tuesday), etc.

Mots et expressions – Unité 2

Les matières scolaires	School subjects
la religion	religious education
les langues vivantes	languages
les maths	mathematics
la musique	music
les sciences	science
la chimie	chemistry
la physique	physics
la biologie	biology
les matières (scientifiques)	(scientific) subjects
l'EPS (f)	PE
la technologie	technology
le théâtre	drama
l'informatique (f)	IT
l'histoire (f)	history
la géographie	geography
le dessin	art

À mon avis …	In my opinion …
je trouve ça	I find it
c'est ma matière préférée	it's my favourite subject
c'est genial	it's great
c'est …	it is …
surtout	especially
vraiment	really
facile	easy
difficile	difficult
utile	useful
nécessaire	necessary
passionnant(e), palpitant(e)	exciting, thrilling
je suis fort(e)	I'm good at
je suis faible	I'm weak at
je suis doué(e)	I'm gifted in/I have a talent for

Mes professeurs	My teachers
le/la prof est sympa	the teacher is nice
animé(e)	lively
fou/folle	crazy/mad
heureux/heureuse	happy
curieux/curieuse	curious
fantastique	fantastic
ennuyeux/ennuyeuse	boring
grand(e)	big/tal
inquiet (-iète)	worried
jeune	young
malheureux (-euse)	unhappy/fed up
poli(e)	polite
impoli(e)	impolite
paresseux (-euse)	lazy
gentil(le)	kind
raisonnable	sensible
accueillir	greet
apprécier	enjoy
comprendre	understand
corriger	correct
crier	scream/shout
décrire	describe
dire, raconter	tell, say
parler	speak, talk
adorer	adore
apprendre	learn
connaître, la connaissance	know, knowledge
demander, poser une question	ask, ask a question
détester	hate
étudier	study
expérimenter, faire une expérience	experiment
expliquer	explain
lire	read
passer un examen	take an exam
prendre des notes	take notes
rater/échouer	fail
répondre	answer
réviser	revise
savoir	know
surveiller	supervise
travailler, s'exercer, s'entraîner	practise

Les langues sont importantes	Languages are important
je voudrais devenir /être …	I would like to become/be …
interprète (m/f)	an interpreter
traducteur (m)/une traductrice (f)	a translator
prof de langues (m/f)	a language teacher
voyager	travel
étudier, travailler à l'étranger	study/work abroad
rencontrer	meet
découvrir	discover

Une journée scolaire	A school day
jamais	never
normalement, d'habitude	normally, usually
rarement	rarely
seulement	only
souvent	often
toujours	always
tous les jours	daily, every day
je me réveille	I wake up
je vais au collège …	I go to school …
en bus	by bus
en voiture	by car
en vélo	by bike
en train	by train
à pied	on foot
un cours/une leçon	a lesson
on fait des recherches	research
la récréation	breaktime
l'intercours (m)	time between classes

la pause déjeuner	the lunch break
une heure de libre	a free period
les devoirs (mpl)	homework
le/la professeur	teacher
le directeur/la directrice	headteacher
un/une élève	student

Les équipements scolaires — School equipment

une bibliothèque	a library
une cantine	a canteen
une cour	a playground
une chaise	a chair
un gymnase	a gymnasium
un tableau	a blackboard/a whiteboard
un manuel scolaire	a textbook
une salle de classe	a classroom
un stade	a stadium
une salle d'informatique	an IT suite
un cahier	an exercise book
un carnet	a notebook
la colle	glue
un dictionnaire	a dictionary
une fenêtre	a window
une feuille (de papier)	paper (pages)
une gomme	a rubber
un ipad	an iPad
un livre	a book
un ordinateur	a computer
une porte	a door
une poubelle	a waste paper basket/bin
une règle	a ruler
la sonnerie	the bell
un stylo	a pen
une tablette	a tablet
une trousse	a pencil case

La vie scolaire — School life

l'école maternelle	nursery school
l'école primaire	primary/junior school
le collège	lower secondary School
le lycée	upper secondary school
la sixième	age 11–12
la cinquième	age 12–13
la quatrième	age 13–14
la troisième	age 14–15
la seconde	age 15–16
la première	age 16–17
la terminale	age 17–18
l'université (f)	university
l'école privée	private school
le jardin d'enfants	kindergarten
l'internat (m)	boarding school
le/la surveillant(e)	supervisor
le moniteur/la monitrice	supervisor
le trimestre	term
les études (fpl)	studies
un copain/une copine de classe	a classmate
un(e) délégué(e) de classe	class representative
un conseil d'administration	school council
réussir	succeed
se faire de nouveaux amis	make new friends
approfondir ses connaissances	deepen one's knowledge
la classe	class (group of students)
le cours	lesson
les devoirs	homework
l'emploi du temps (m)	timetable
l'examen (m), l'épreuve (f), le contrôle	exam, test
l'exemple (m)	example
l'exercice (m)	exercise
les instructions (fpl)	instructions
la note	mark
la pause déjeuner, la pause de midi	lunch break
le projet scolaire	school project
le dossier	project
la question	question
la récréation	breaktime
le programme	course, curriculum
le dortoir	dormitory

Activités extra-scolaires — Extra-curricular activities

notre école/collège propose …	our school offers …
nous pouvons faire …	we can do …
des clubs de langues/sports/théâtre/cinéma	language/sports/drama/cinema clubs
je suis membre de / d'…	I'm a member of…
je fais partie de/d'…	I'm a part of…
un club de foot	a football club
un club de basket	a basketball club
un club de poésie	a poetry club
un club de littérature	a literature club
un club d'échecs	a chess club
un orchestre	an orchestra
une chorale	a choir
un club de théâtre	an acting club
elles nous occupent	they keep us busy
on se fait de nouveaux amis	we make new friends
on s'amuse bien	we have fun
on reste en forme	we keep fit

Un petit boulot — A part-time job

c'est une bonne expérience	a good experience
les vacances scolaires	school holidays
je gagne de l'argent	I earn money
j'ai moins de temps libre	I have less free time
je suis plus indépendant	I am more independent
j'apprends beaucoup	I learn a lot
travailler	work
gagner de l'argent	earn money

Vérifiez 1

Lire

1 **Lisez les textes (A–D), puis les 8 affirmations (a–h). Faites correspondre chaque affirmation (a–h) avec un des textes (A–D). Pour chaque affirmation, cochez (✓) la bonne case.**

A Baptiste, jeune professionnel

Je commence à travailler, je n'ai pas beaucoup d'argent. Je dois trouver un logement car je change de région. Je déménage à la campagne.

B La famille Buet

Nous adorons habiter en centre-ville. C'est important pour nous de sortir le weekend. Il faut des attractions pour tous les âges, près de chez nous.

C Miguel et Carmen, retraités

Nous devons être près des commerces, si possible dans un appartement ou une maison sur un seul étage. Il nous faut plusieurs chambres pour accueillir nos petits-enfants.

D Simon et Mina, étudiants

C'est notre première année d'université et nous avons choisi de vivre ensemble. Nous devons avoir accès aux transports en communs. On aime les restaurants, les boîtes de nuit et le cinéma.

Quelle option convient le mieux à chaque personne ?

a Petite maison bon marché située près d'un village de campagne.

A ☐ **B** ☐ **C** ☐ **D** ☐ [1]

b Petit appartement à Paris avec plein de choses à faire à proximité.

A ☐ **B** ☐ **C** ☐ **D** ☐ [1]

c Quartier animé le jour et la nuit près de la gare et de la gare routière.

A ☐ **B** ☐ **C** ☐ **D** ☐ [1]

d Petite maison, pas chère avec des fermes aux alentours.

A ☐ **B** ☐ **C** ☐ **D** ☐ [1]

e Maison de plain-pied avec magasins et hôpitaux pas loin.

A ☐ **B** ☐ **C** ☐ **D** ☐ [1]

f Une localisation parfaite pour que toute la famille s'occupe en semaine ou le weekend.

A ☐ **B** ☐ **C** ☐ **D** ☐ [1]

g Appartement au rez-de-chaussée avec cinq chambres et quatre salles de bains.

A ☐ **B** ☐ **C** ☐ **D** ☐ [1]

h Appartement de trois pièces près des facultés.

A ☐ **B** ☐ **C** ☐ **D** ☐ [1]

[Total : 8]

2 **Lisez le texte. Pour chaque question, cochez (✓) la case qui correspond à la bonne réponse.**

Ma réunion d'orientation : une catastrophe !

Mon cher correspondant,

Comme tu le sais, je suis en troisième à l'école Dubois qui est une école mixte qui date des années 50. Il y a environ sept cent élèves agés de onze à dix-huit ans. Cette semaine, on a eu une réunion d'orientation avec nos parents et nos professeurs. Nous sommes en train de réfléchir sur notre avenir – quelles matières choisir au lycée… ? Nous pouvons nous spécialiser selon nos matières préférées et nous pouvons choisir trois spécialités qui nous aideront à poursuivre la carrière qui nous intéresse. Bref, durant notre soirée d'orientation, mes parents se sont disputés avec mon professeur de maths ! Il ne veut pas m'autoriser à choisir les maths comme spécialité car il dit que je ne suis pas capable. Mais moi je veux devenir médecin, alors je n'ai pas trop de choix…

Mes parents voient que je travaille très dur à la maison et je fais toujours mes devoirs mais il est vrai que j'ai des difficultés en maths. Je trouve cette matière vraiment difficile et le prof n'est pas très sympa… Enfin, ils ont élevé la voix ; mes parents ont dit qu'un professeur doit motiver ses élèves au lieu de les critiquer et M. Bonnard leur a répondu de ne pas faire de commentaires sur sa manière de travailler. Après quelques minutes, le directeur est arrivé et a calmé la situation ! Quelle honte pour moi !

Avec tout cela, je suis sorti encore plus confus sur mon avenir scolaire… Quelles matières dois-je choisir d'après toi ?

a Comment est l'école de Bertrand ?

A C'est une école pour les garçons seulement. ☐

B Il y a des élèves de onze à dix-huit ans. ☐

C Il y a trois bâtiments à l'école Dubois. ☐

D Dans l'école, il y a 50 élèves. ☐ [1]

b Comment les élèves peuvent-ils se spécialiser pour le lycée ?

A Ils choisissent entre trois matières. ☐

B Leurs matières préférées jouent un rôle important dans leur choix. ☐

C Ils vont à la soirée d'orientation pour parler à des professionnels. ☐

D Les anciens élèves les aident à choisir leurs options. ☐ [1]

c Qu'est-ce qui s'est passé pendant la soirée d'orientation ?

A Bertrand a décidé d'étudier la médecine. ☐

B Son prof de maths était absent. ☐

C Les parents de Bertrand n'étaient pas d'accord avec le prof de maths. ☐

D Bertrand a décidé de ne pas étudier les maths. ☐ [1]

d Pourquoi les parents de Bertrand trouvent la décision du prof injuste ?

A Ils pensent que Bertrand travaille bien mais il trouve les maths difficile. ☐

B Ses parents croient que M. Bonnard ne connaît pas bien Bertrand. ☐

C Les parents disent que M. Bonnard est un bon professeur. ☐

D Il ne veulent pas que Bertrand étudie les maths. ☐ [1]

e Pourquoi M. Bonnard s'est-il énervé ?

A Il n'aime pas Bertrand. ☐

B Il n'est pas d'accord avec les commentaires des parents. ☐

C M. Bonnard sait qu'il doit changer la façon dont il travaille. ☐

D Il a eu une dispute avec le directeur. ☐ [1]

f Qu'est-ce que Bertrand a fait pendant la dispute ?

A Il s'est fâché avec ses parents. ☐

B Il s'est énervé contre son prof. ☐

C Il a trouvé la situation difficile. ☐

D Il est allé chercher le directeur. ☐ [1]

g Quel est le problème de Bertrand maintenant ?

A Il a perdu tous ses copains. ☐

B Le directeur l'a réprimandé. ☐

C Ses parents ne sont vraiment pas contents de ses efforts. ☐

D Il ne sait pas du tout quoi faire au lycée. ☐ [1]

[Total : 7]

Écouter

3 **Vous allez entendre une interview avec Alphonse, qui parle sa vie de famille recomposée. L'interview a deux parties. Il y a une pause entre les deux parties de l'interview.**
Première partie : Questions 1–4.
Vous allez entendre la première partie de l'interview deux fois. Pour les Questions 1–4, cochez (✓) la bonne case A, B ou C. Vous avez d'abord un peu de temps pour lire les Questions 1–4. 31

1 Alphonse vient de se marier avec...
- **A** Laëtitia. ☐
- **B** Béatrice. ☐
- **C** Stéphanie. ☐ [1]

2 Sa nouvelle femme a les cheveux...
- **A** blonds. ☐
- **B** noirs. ☐
- **C** bruns. ☐ [1]

3 Sa nouvelle femme aime...
- **A** travailler. ☐
- **B** faire des voyages. ☐
- **C** rester à la maison. ☐ [1]

4 Les deux fils de sa femme ont...
- **A** douze et quinze ans. ☐
- **B** quatorze et dix-huit ans. ☐
- **C** dix et onze ans. ☐ [1]

[PAUSE]

Deuxième partie : Questions 5–9.
Vous allez entendre la deuxième partie de l'interview deux fois. Pour les Questions 5–9, cochez (✓) la bonne case A, B ou C.
Vous avez d'abord un peu de temps pour lire les Questions 5–9.

5 Dans leur maison, ils vivent à...
- **A** six. ☐
- **B** quatre. ☐
- **C** huit. ☐ [1]

6 À la maison les enfants...
- **A** ne font pas le ménage. ☐
- **B** aident les parents. ☐
- **C** cuisinent. ☐ [1]

7 Il est difficile pour Alphonse de régler les disputes car...
- **A** il est timide. ☐
- **B** il ne sait pas gérer les conflits. ☐
- **C** il n'est pas le vrai père de ses beaux-fils. ☐ [1]

8 Alphonse donne comme conseil...
- **A** d'être honnête. ☐
- **B** de s'entraider. ☐
- **C** de parler ensemble. ☐ [1]

9 Souvent leurs conflits se terminent par des...
- **A** rires. ☐
- **B** pleurs. ☐
- **C** bisous. ☐ [1]

[Total : 9]

4 **Vous allez entendre une conversation entre Morgane et son amie au sujet des matières scolaires.**
Vous allez entendre la conversation deux fois.
Pour les Questions 1–5, choisissez l'affirmation (A–F) qui correspond à chaque matière scolaire. Pour chaque question, indiquez votre réponse en écrivant la bonne lettre (A–F) dans l'espace approprié. Vous avez d'abord un peu de temps pour lire les informations suivantes. 32

Matières scolaires		**Affirmations**
L'espagnol	________	**A** Le prof n'est pas sympa.
Les arts plastiques	________	**B** Elle a de bonnes notes.
Les maths	________	**C** Elle veut choisir cette matière au baccalauréat.
L'EPS	________	**D** Il y a un mauvais comportement des élèves dans cette classe.
Le français	________	**E** C'est une matière barbante.
		F Il y a trop de devoirs dans cette matière.

[Total : 5]

Parler

5 **Répondez aux questions de votre professeur sur la famille.**

1 Faites une description de votre famille.

Vocabulaire

Dans ma famille, il y a …/nous sommes …
Il y a mon père, ma mère, mon (demi-/grand/petit) frère, ma (demi-/grande/petite) sœur.
D'habitude, on s'entend bien./on fait beaucoup ensemble./on aime les mêmes choses.
Parfois/Quelquefois, on se dispute car mon frère/ma sœur m'énerve./mes parents sont trop sévères.

2 Qu'est-ce que vous faites le matin avant de partir à l'école ?

Vocabulaire

Avant de partir, je me lave/je me coiffe/je m'habille …
Je prends mon petit déjeuner./Je mange …
Je pars à 8 heures.

3 Parlez-moi de ce que vous faites pour aider à la maison.

Vocabulaire

J'aide beaucoup/souvent à la maison. Je n'aide jamais chez moi.
Je fais mon lit. Je range ma chambre. Je fais la vaisselle. Je lave la voiture.
Je n'aime pas ça car c'est ennuyeux. J'aime aider mes parents.

4 Pensez-vous qu'il est important d'avoir un jardin ? [PAUSE] Pourquoi ?

Vocabulaire

Je pense qu'il est important d'avoir un jardin car... (on peut jouer dehors/on peut cultiver des fleurs/on peut faire un barbecue quand il fait beau).
Je n'ai pas de jardin. J'aimerais un grand jardin car j'adore être en plein air.

5 Comment pouvez-vous améliorer votre quartier ?

Vocabulaire

Je voudrais plus de parcs/de restaurants/de magasins dans mon quartier.
Il n'y a rien à faire pour les jeunes, donc je voudrais... (un skatepark/un club de jeunes).
J'aime mon quartier, mais c'est un peu sale. Je voudrais encourager les gens à mettre les déchets dans la poubelle.

Écrire

6 **Écrivez un e-mail à un(e) ami(e) français(e) à ce sujet. Écrivez deux ou trois phrases pour chaque point.**

Quelles matières avez-vous étudiées cette année ? *Cette année, j'ai étudié* ______
Décrivez une visite scolaire que vous avez faite. *L'année dernière, je suis allé(e)* ______
Que pensez-vous de votre école ? Expliquez pourquoi. *À mon avis, mon école est grande et* ______
Quelles matières est-que vous n'aimez pas ? Donnez vos raisons. *Je n'aime pas le dessin parce que* ______
Qu'est-ce que vous allez faire l'année prochaine ? *L'année prochaine, je vais* ______

Conseil-langue

- Read each point carefully, ensuring you understand the information you need to include.
- Identify the main tense needed for each point.
- Add opinions and justification throughout.
- Can you add a variety of structures and phrases to add complexity? For example:
  - Quelles matières avez-vous étudié cette année ?

  Cette année j'ai étudié plein de matières comme l'anglais, les maths et les sciences. J'ai choisi d'étudier deux langues vivantes car je les trouve utiles.

3 Comment prendre bien soin de soi

À vos marques !

- Explain if you are healthy or not by describing your diet and your exercise routine
- Discuss family relationships
- Understand the use of partitive articles

1 **Organisez les aliments dans les catégories suivantes :**

les fruits	les légumes	les protéines	les desserts

1 du jambon
2 des fraises
3 du chocolat
4 une mangue
5 un melon
6 des champignons
7 une aubergine
8 de la glace
9 des haricots
10 des cerises
11 un chou-fleur
12 des framboises
13 des tomates
14 du bœuf
15 un citron
16 du poulet
17 des saucisses
18 de la gelée
19 des carottes
20 des crevettes

2 **En bonne santé ou en mauvaise santé ? Écoutez et décidez.** 33

1 Pascal
2 Maryam
3 Aziz
4 Caroline
5 Marie-Claire
6 Marc

3 **Dessinez une partie du corps et votre partenaire dit quelle partie du corps c'est. Utilisez le vocabulaire pour vous aider.**

Vocabulaire

la tête
le bras
l'œil/les yeux
la main
le nez
les doigts
la bouche
la jambe
le dos
le pied
le ventre
les doigts de pied/les orteils

4 **Écrivez 5 phrases pour décrire votre mode de vie. Incluez une description de votre régime alimentaire et quel sport vous faites.**

Je mange des fruits et des légumes tous les jours et je joue au tennis deux fois par semaine avec mes copains.

5 **Faites correspondre le français et l'anglais.**

1 Ma mère
2 Mon père
3 Mon frère
4 Ma sœur
5 Mon grand-père
6 Ma grand-mère
7 Mon oncle
8 Ma tante

a My sister
b My auntie
c My grandad
d My mum
e My brother
f My grandma
g My uncle
h My dad

6 **Faites correspondre les phrases (1–6) avec les images (a–f).**

1 La chambre de ma sœur est toujours en désordre.
2 Ma mère écoute toujours mes problèmes.
3 Mon petit frère veut toujours regarder la télé quand je fais mes devoirs.
4 Le seul ordinateur de la maison est dans le salon.
5 Mon père vient de m'acheter un téléphone portable.
6 Mes parents ont divorcé quand j'avais 12 ans et maintenant, j'ai un beau-père.

Vocabulaire

s'entendre bien/ mal avec...
se disputer avec...
se confier à...
gronder
parler à/avec...
s'amuser avec...
comprendre

7 **Choisissez une phrase de l'exercice 6 et, avec votre partenaire, vous en parlez pendant une minute en faisant des phrases courtes.**

8 **Écoutez les 5 jeunes qui parlent de leurs relations familiale. Notez de qui ils parlent, et comment sont leurs relations. Recopiez et complétez la grille.** (34)

Speaker	Membre(s) de la famille mentionné(e)(s)	Détail(s) de leurs relations
1		
2		
3		
4		
5		

9 **Écrivez un paragraphe pour décrire vos relations familiales. Vous pouvez mentionner:**

- une brève présentation de votre famille
- si vous vous entendez bien avec vos parents, vos frères et sœurs, et pourquoi

3.1 Un régime sain et équilibré

Objectifs

- Describe meal routines
- Identify reasons to eat healthily
- Use partitive articles and adverbs accurately

Vous mangez un régime équilibré ?

Quel est ton repas préféré ?

Je crois que le petit déjeuner est un repas important. Généralement, je mange du pain grillé avec de la confiture et du beurre ou des céréales car ça me donne de l'énergie. Je bois aussi du jus de fruits et un chocolat chaud. Si je ne prends pas de petit déjeuner, j'ai faim à 10h alors je grignote et c'est mauvais pour la santé. *Fabienne*

Pour moi, le dîner est le meilleur repas de la journée. J'essaie de manger une entrée, un plat principal et un dessert. Normalement, je prends de la salade ou des crudités comme entrée et puis de la viande, comme un steak d'agneau avec du riz ou des légumes et pour finir, un fruit. Je mange assez tôt pour avoir le temps de digérer avant de me coucher. *Patricia*

Je ne prends jamais de petit déjeuner car je n'ai pas le temps. Ce n'est pas très sain mais tôt le matin je n'ai pas faim. Alors, je mange plus au déjeuner. Par exemple, je mange des pâtes ou un sandwich aux œufs car je suis végétarien et comme boisson, je bois de l'eau minérale. Comme dessert, je mange souvent un yaourt et une pomme ou une banane. Un bon repas équilibré me donne de l'énergie pour le reste de la journée et je me concentre plus facilement. *Sylvain*

Vocabulaire

prendre…
- le petit déjeuner
- le déjeuner
- le dîner

le repas
l'entrée
le plat principal
le dessert
les légumes
grignoter
essayer de…
digérer
meilleur
tôt
des céréales

1 **Reliez les images au bon texte : Fabienne, Sylvain ou Patricia.**

1

2

3

2 **C'est qui ? Fabienne, Sylvain ou Patricia ?**

1 Je ne mange pas au petit déjeuner.
2 C'est plus facile de me concentrer.
3 Le petit déjeuner me donne de l'énergie.
4 Je mange des légumes.
5 Je n'ai pas faim quand je me lève.
6 Je mange trois plats.
7 J'ai faim rapidement si je ne mange pas assez le matin.
8 Je ne mange pas de viande.

Grammaire

When talking about what you eat or drink, use partitive articles:

*Je mange **du** chocolat.*
*Je mange **de la** confiture.*
*Je prends **des** céréales.*
*Je bois **de l'**eau minérale.*

*Je déteste **les** pommes* BUT *je mange toujours **des** pommes.*

Plus ? → Grammar p. 237

3 **Relisez les textes de Fabienne, Sylvain et Patricia, notez les exemples d'articles partitifs et dites si le nom est masculin ou féminin, singulier ou pluriel.**

du pain grillé (masculin, singulier)

4 **Recopiez et complétez chaque phrase avec *du, de la, des* ou *de l'*.**

1 Mon frère mange ________ céréales avec ________ lait tous les matins.

2 Nous prenons ________ salade avec ________ pastèque et ________ fromage pour déjeuner.

3 Tu manges ________ viande tous les jours ?

4 Mes parents sont végétariens et donc ils mangent ________ fruits et ________ légumes à chaque repas.

5 Il faut mélanger ________ œufs, ________ farine, ________ lait et ________ sucre pour faire des crêpes.

5 **Écoutez le Dr Ramahad et remettez les photos dans le bon ordre.** 35

a

b

c
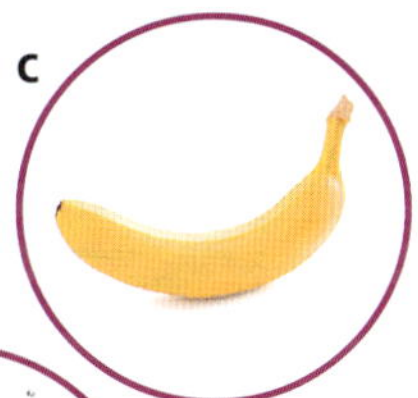

d

e

6 **Faites correspondre les débuts et les fins de phrase.** 35

1 On devrait boire des boissons…
2 Le Dr Ramahad pense que…
3 Pour s'hydrater, il faut boire…
4 La technologie a un effet…
5 Les fruits sont plus…
6 Si on a faim entre les repas, on doit manger…

a … sucrées rarement.
b … un en-cas sain.
c … manger équilibré est important pour un mode de vie sain.
d … négatif sur les habitudes alimentaires des jeunes aujourd'hui.
e … riches en vitamines que les gâteaux.
f … de l'eau.

7 **Préparez une présentation de 30 à 60 secondes sur votre régime alimentaire. Vous pouvez mentionner les points suivants :**

- ce que vous mangez au petit déjeuner, au déjeuner et au dîner
- ce que vous buvez normalement
- si vous préférez grignoter (chips, chocolat) ou manger des fruits et légumes

8 **À votre avis, que faut-il faire afin d'être en pleine forme ? Est-ce que vous avez un régime alimentaire sain ? Écrivez un paragraphe de 50 à 60 mots.**

Grammaire

Adverbs describe a verb and often translate as a word ending in *–ly* in English. They are formed using *–ment* in French. Take the feminine form of the adjective and add *–ment* at the end:

rapidement *normalement* *généralement*

Plus ? → Grammar pp. 239–240

Faire des progrès

To tackle gap-fill or matching exercises, use the meaning and the grammar to help you get the right answer. Think about whether the word you need is a verb, a noun or an adjective, and what form it should be in (verb tense, plural, feminine...). You will be able to eliminate some options and find the right answer.

Vocabulaire

avant
après
alors
bientôt
quelque part
partout
là
ici

Utilisez au moins 5 adverbes dans votre paragraphe.

3.2 Je suis malade !

Quel est le problème ?

Objectifs

- Describe different illnesses and symptoms
- Describe aches and pains
- Use *avoir* expressions accurately

1 **Lisez les phrases et reliez les symptômes (1–4) aux images (i–iv) et aux conseils du médecin (a–d).**

1 J'ai mal au ventre et j'ai envie de vomir. Quelquefois, j'ai froid mais après, j'ai chaud et je transpire. Qu'est-ce qui ne va pas ?

2 Je suis tombée de vélo hier après-midi et je me suis fait mal à la jambe. J'ai mal quand je marche et je crois que ma cheville est enflée. Est-ce que ma jambe est cassée ?

3 J'ai mal à la tête et j'ai le nez qui coule. J'ai mal à la gorge et quand je respire, j'ai mal dans la poitrine. C'est grave ?

4 J'ai très chaud et je crois que j'ai de la fièvre. Mes yeux me grattent et je suis fatiguée. J'ai passé le weekend à la campagne, et depuis que je suis rentrée, je me sens comme ça.

i

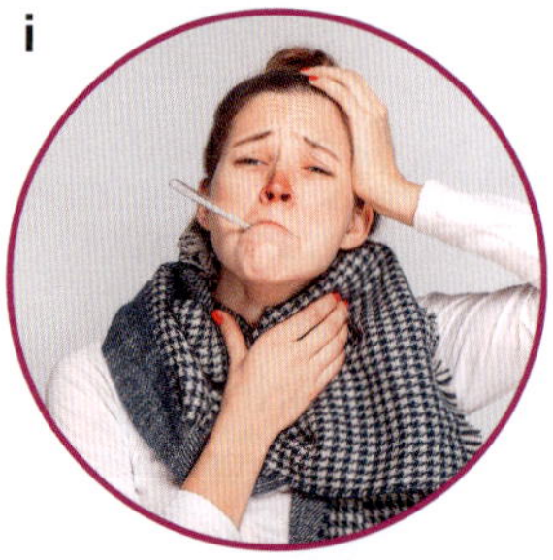

ii

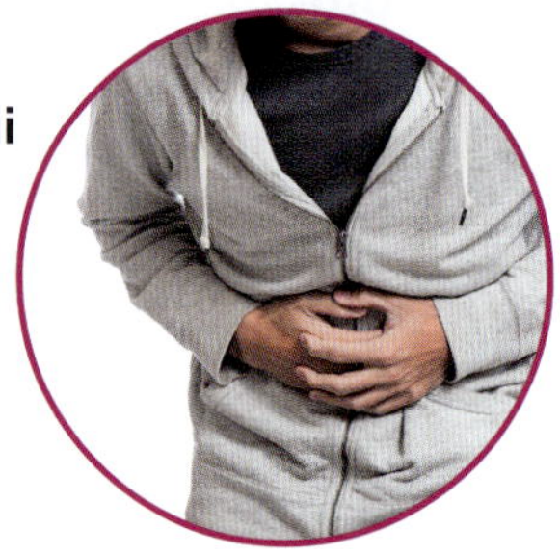

iii

iv

a On dirait que vous avez un rhume ou peut-être la grippe. Reposez-vous, buvez beaucoup d'eau et prenez des comprimés.

b Je pense que vous avez mangé quelque chose que vous avez du mal à digérer. Ça devrait aller mieux demain.

c On dirait que vous avez une allergie, peut-être aux fleurs ou à l'herbe. Restez chez vous et prenez des comprimés.

d Non, elle n'est pas cassée mais elle est sûrement foulée. Il faut faire un bandage et ne pas aller à pied.

Vocabulaire

vomir	couler
transpirer	la gorge
tomber	avoir mal à/au/ aux/ à l'
se faire mal	respirer
marcher	la poitrine
la cheville	être fatigué(e)
enfler	(se) gratter
(se) casser	

2 **Recopiez et remplissez les blancs avec le bon mot.**

prendre cassée rhume boire yeux ventre cheville chaud

1 Si vous avez mal au ________, c'est une indigestion.

2 Le conseil est de ________ des comprimés et de ________ beaucoup d'eau si vous avez un ________.

3 Si vous avez ________ et vos ________ vous grattent, restez chez vous !

4 Quand la ________ enfle, elle est peut-être foulée ou ________.

Faire des progrès

For matching activities, look out for words linked with the key idea. For example, if you see a picture of a bike, you would be looking for words such as *un vélo*, *le cyclisme*, *le sport*.

3 **Recopiez et complétez les phrases avec la bonne forme du verbe *avoir*.**

1 J'________ mal à la tête et j' ________ chaud, c'est un rhume ?
2 Ta sœur ________ mal au ventre.
3 Vous ________ de la fière ?
4 Nous sommes tombés et maintenant nous ________ mal au bras.
5 Ils ________ froid et ils transpirent.
6 Est-ce que tu ________ soif ?
7 Mon frère n'________ pas faim.
8 Je suis fatiguée et j'________ sommeil.

Traduisez les phrases 1, 3 et 4.

Grammaire

A lot of French expressions are formed with *avoir* but often do not translate as *to have*:

avoir froid (to be cold)
avoir chaud (to be hot)
avoir faim (to be hungry)
avoir soif (to be thirsty)
avoir de la chance (to be lucky)
avoir mal (to hurt/to be in pain)
avoir sommeil (to be sleepy)
avoir peur (to be afraid)

J'ai	Nous avons
Tu as	Vous avez
Il/elle/on a	Ils/ elles ont

Plus ? → Grammar p. 245

4 **Écoutez les dialogues. Recopiez et remplissez la grille.** 36

	symptômes	conseils
1		
2		
3		
4		

5 **Jeu de rôle**

Vous êtes en vacances en Martinique avec votre ami qui ne parle pas français. Il s'est fait mal à la jambe. Vous allez à l'hôpital. Votre partenaire est le médecin.

1 Saluez le docteur et dites pourquoi vous êtes là.
2 Expliquez comment votre ami s'est fait mal.
3 Répondez à la question.
4 Demandez combien de temps votre ami doit rester à l'hôpital.
5 Dites ce qu'il voudrait pour la douleur.

Idées pour le médecin:

Bonjour, comment est-ce que je peux vous aider ?

Et comment s'est-il fait mal à la jambe ?

Cet incident s'est passé où et quand ?

Est-ce qu'il voudrait quelque chose contre la douleur ?

6 **Travaillez en groupe de 3 ou 4 et écrivez 10 phrases pour décrire des symptômes et des maux. Utilisez 10 sujets différents.**

3.3 Restons actifs !

Objectifs

- Discuss healthy lifestyles
- Identify reasons why you may want to be fit
- Recognise and form the imperfect tense

1 **Lisez le commentaire de Pauline sur son mode de vie et choisissez la bonne option dans chaque phrase.**

Santé pour les jeunes

Pourquoi rester en forme ?

J'essaie de avoir un mode de vie actif car je sais que ça peut aider à se sentir en meilleure forme. Quand j'avais 12 ans, je ne faisais pas d'exercice parce que je préférais regarder souvent la télévision. En plus, je buvais beaucoup de boissons sucrées. Je n'avais pas beaucoup d'énergie et je me sentais toujours fatiguée. En plus, j'allais au lit assez tard parce que j'aimais regarder des vidéos sur YouTube jusqu'à minuit au moins. Le matin, c'était difficile de me réveiller. Maintenant, ma routine est meilleure et par conséquent, je me sens mieux dans ma peau. Je ne me couche pas après 22h30 en semaine donc je dors au moins 8 heures par nuit. Le matin, je suis plus en forme. Aussi, je fais du sport, au moins 30 minutes par jour. Par exemple, je joue au tennis au collège mais je fais aussi partie du club de volleyball. Je me sens moins fatiguée, j'ai plus d'énergie et je peux me concentrer plus facilement. Mon conseil si vous voulez améliorer votre mode de vie : une routine régulière et de l'exercice !

Pauline

Vocabulaire

être en forme
un mode de vie
une boisson sucrée
boire
se sentir
dormir
se coucher
jusqu'à
faire partie de

1. Quand elle avait 12 ans, Pauline buvait beaucoup **d'eau/de jus de fruit/de boissons sucrées**.
2. Elle se sentait **énergique/fatiguée/heureuse**.
3. Elle se couchait **avant minuit/à 22h30/après minuit**.
4. Maintenant, elle dort **jusqu'à 8 heures tous les matins/8 heures par nuit/à partir de 8 heures**.
5. Elle fait **plus de sport/autant de sport/moins de sport** qu'avant.
6. Selon elle, l'exercice physique régulier **est important/est indispensable/importe peu**.

Faire des progrès

Before answering a question, check the question word and the verb tense. They will give you clues to the information you need to look for and the tense your answer should be in. Remember that some of the words you need are already in the question.

2 **Répondez aux questions en français.**

1. Pourquoi Pauline a-t-elle changé son mode de vie ?
2. Pourquoi est-ce que Pauline ne faisait pas d'exercice quand elle avait 12 ans ?
3. Pourquoi allait-elle au lit tard ?
4. Comment décrit-elle son mode de vie aujourd'hui ?
5. Quels sports fait-elle ?
6. Quels sont les deux conseils de Pauline pour rester en forme ?

Grammaire

Use the imperfect tense to talk about the past in these cases:

- a past habit ('used to')
- setting the scene ('it was …')
- an ongoing action ('was doing' – often used with the perfect tense)

Plus ? ➜ Grammar p. 246

3 **Relisez le témoignage de Pauline. Notez tous les verbes à l'imparfait puis trouvez leur infinitif.**

4 **Écoutez ce professeur de sport qui parle du yoga et du Pilates et choisissez a, b ou c.** 37

1 Le yoga et le pilates sont des formes d'exercice devenues populaires en France...
  a il y a 50 ans. b il n'y a pas très longtemps. c l'année dernière.
2 Leurs objectifs sont...
  a seulement physiques. b seulement psychologiques. c psychologiques et physiques.
3 Le yoga et le pilates...
  a relaxent le système nerveux et la posture. b détendent et diminuent le stress.
  c améliorent la concentration et la respiration.
4 Ils encouragent...
  a une vie différente. b une vie plus difficile.
  c une vie avec moins de problèmes et de stress.
5 Le yoga et le pilates encouragent...
  a le pragmatisme. b le réalisme. c l'optimisme.
6 Les adeptes de ces nouveaux sports sont...
  a principalement des hommes.
  b les femmes mais aussi les hommes.
  c les femmes seulement.

Grammaire

Imperfect tense = stem + imperfect ending

To form the stem, take the present tense *nous* form of the verb and remove the *–ons* ending.

Imperfect endings:

je –ais	*nous –ions*
tu –ais	*vous –iez*
il/elle/on –ait	*ils/elles –aient*

Plus ? → Grammar p. 246

5 **Réécoutez le professeur de sport et choisissez le bon mot pour compléter chaque phrase. Attention, il y a des mots en trop !** 37

psychologiques positif physique populaires
le stress philosophie la posture se détendre
les hommes 10 % relaxent

1 Le yoga et le pilates deviennent ________ en France.
2 Leurs buts sont d'améliorer la concentration, la respiration et la ________.
3 Ils ont aussi des effets ________ essentiels.
4 Ils développent le bien-être ________ mais aussi psychologique.
5 Ils ________ le système nerveux et diminuent ________.
6 Le yoga et le pilates favorisent une ________ de vie plus positive.

Conseil-langue

There are several ways to ask questions in French.

If there is no question word, you can:

- keep the sentence and invert subject and verb: *Fais-tu du sport ?*
- keep the sentence and add *est-ce que* at the start: *Est-ce que tu fais du sport ?*
- If there is a question word, it often goes first, and then invert subject and verb: *Quel sport fais-tu ? Où fais-tu de la natation ?*

6 a Faites un sondage dans votre classe et trouvez qui fait du sport régulièrement et pourquoi ; qui se couche souvent tard ; qui ne fait jamais de sport ; qui ne mange pas sainement et qui mange beaucoup de fruits et légumes. Utilisez le conseil-langue.

b Écrivez un paragraphe pour rapporter les résultats de votre sondage. Utilisez les questions de l'exercice 6a pour vous aider.

Utilisez les 3 techniques du conseil-langue pour poser vos questions dans l'exercice 6a.

3.4 Un mode de vie sain

Objectifs

- Describe how teenagers' lifestyles have changed
- Explain what constitutes good habits
- Recognise and understand indefinite adjectives and demonstrative adjectives

Les temps changent 10

Notre mode de vie est-il pire qu'avant?

Notre magazine a interviewé Lucas et sa grand-mère à propos de leur mode de vie.

Journaliste : Bonjour, Lucas, Mme Boséjour. On voudrait savoir si vos modes de vie sont différents ou les mêmes. Qu'est-ce que vous faites pendant votre temps libre, Lucas ?

Lucas : J'adore les jeux vidéo donc je passe au moins 2 heures chaque jour à jouer. En plus, j'aime bien passer plusieurs heures sur mon téléphone portable car je peux chatter avec mes amis.

Mme Boséjour : Mes passe-temps, à l'âge de Lucas, n'étaient pas pareils. Internet n'existait pas donc il fallait s'occuper avec d'autres choses. J'aimais bien faire la cuisine avec ma mère. En plus, j'étais assez sportive donc je faisais du vélo régulièrement. Je ne comprends pas cette nouvelle technologie !

Journaliste : Et au niveau de votre routine quotidienne, parlez-moi d'un samedi typique, Lucas.

Lucas : Normalement, je me lève vers 10h30 du matin car ce que je préfère, c'est faire la grasse matinée ! Ensuite je déjeune, je me prépare et je vais à mon cours de piano. L'après-midi, soit je fais mes devoirs, soit je regarde un film. Le soir, je passe du temps sur les réseaux sociaux pendant quelques heures. Mais ce soir, je vais aller au cinéma.

Mme Boséjour : Dans les années 50, je me levais tôt, vers 7h car je devais aider ma mère avec les corvées ménagères. Ensuite, j'allais dehors où je faisais du vélo. L'après-midi, je lisais n'importe quel livre que mon père avait rapporté de la bibliothèque. Le soir, après avoir préparé le dîner, je me couchais vers 21h.

Vocabulaire

le mode de vie
les corvées ménagères
le changement
le temps libre
un jeu vidéo
passer
pouvoir
les passe-temps
falloir
s'occuper
la routine quotidienne

1 **Trouvez l'équivalent français dans le texte.**

1 about their way of life
2 we would like to know
3 during your free time
4 I spend (time)
5 I can chat with my friends
6 I used to like cooking
7 besides, I was quite sporty
8 to have a lie in
9 either … or
10 house chores
11 after having prepared dinner

2 **Utilisez un adjectif indéfini pour compléter les phrases.**

1 ________ mes amis ont un téléphone portable.
2 L'obésité augmente ________ année à cause des nouvelles technologies.
3 L'exercice physique, ________ que le basket ou le golf, est important pour rester en forme.
4 ________ appareil technologique peut avoir un effet négatif sur les adolescents.
5 Depuis ________ années, les problèmes psychologiques chez les jeunes augmentent.
6 Malheureusement, cette situation est la ________ dans beaucoup de pays.

Grammaire

Use indefinite adjectives to describe a vague quantity and nouns in a general way.

The most common ones are:

autre (other)
chaque (each)
même (same)
n'importe quel (whichever)
pareil (the same)
plusieurs (several)
quelques (a few)
tel (such as)
tous (all)

Plus ? → Grammar p. 239

3 **Écoutez la psychologue pour enfants qui parle du mode de vie actuel des adolescents et choisissez a, b ou c.** 38

1 La génération actuelle par rapport aux anciennes générations est…
   a vraiment différente.
   b peu différente.
   c pareille.
2 Selon la psychologue, les jeunes d'aujourd'hui sont…
   a plus patients. b moins patients.
   c plus matures.
3 En classe, les élèves maintenant…
   a lèvent la main plus souvent. b ont de meilleures notes.
   c participent moins.
4 Trop utiliser la technologie rend…
   a les jeunes plus stupides. b les adolescents moins actifs.
   c les jeunes moins passifs.
5 La psychologue conseille aux parents…
   a de limiter le temps que leurs enfants passent sur Internet et et devant les écrans.
   b d'interdire les ordinateurs. c d'acheter un nouveau téléphone à leurs enfants.
6 La psychologue pense qu'il est important de…
   a manger équilibré et de s'hydrater. b dormir au moins 8 heures par nuit.
   c ne pas faire de sport.

Grammaire

Use demonstrative adjectives to talk about specific things or people that can be pointed to.

Ce + masc. noun	*J'aime bien* ***ce*** *pantalon.*
Cet + masc. noun starting with a vowel or silent h	*Tu as lu* ***cet*** *article ?*
Cette + fem. noun	*Tu connais* ***cette*** *fille ?*
Ces + plural noun	***Ces*** *bébés sont trop mignons !*

Plus ? ➜ Grammar p. 238

+ Trouvez 3 exemples d'adjectifs démonstratifs dans l'extrait audio.

4 **Recopiez et remplissez les blancs avec le bon adjectif démonstratif.**

1 Regarde ! Ma mère a apporté ________ pâtisseries pour ________ soir.
2 J'ai un problème : ________ ordinateur ne marche plus.
3 As-tu lu ________ livre sur l'histoire du Tour de France ?
4 Nous sommes restés dans ________ hôtel l'année dernière.
5 ________ situation devient de plus en plus sérieuse.

5 **Votre mode de vie. Vous avez 5 minutes pour préparer vos réponses aux questions suivantes. Votre partenaire peut poser les questions.**

- Qu'est-ce que vous faites pendant votre temps libre ?
- Utilisez-vous beaucoup la technologie ?
- Quel genre d'écran préférez-vous ?
- Avez-vous un mode de vie sain ?

+ Incluez au moins 3 adjectifs indéfinis dans vos réponses de l'exercice 5.

6 **Écrivez un paragraphe sur votre mode de vie. Parlez des nouvelles technologies et de comment vous les utilisez.**

Conseil-langue

To extend your vocabulary, look at articles and blogs connected with the topics you want to talk and write about. Note down useful expressions to use.

3.5 Ma vie d'adolescent(e)

Objectifs

- Talk about family relationships
- Describe conflicts and problems with family and friends
- Recognise and use the present participle

Vocabulaire

la vie
avoir l'impression de
ranger
une corvée
depuis
une urgence
se sentir
malheureux (-euse)
recevoir
comprendre
mettre la table
soutenir
effacer
méchant(e)

www.maviedado.fr

Besoin d'aide?

Forum des jeunes

Ma vie d'adolescente est assez difficile en ce moment. Mes parents ne me comprennent pas, ne m'écoutent pas et ne me respectent pas. Ils me demandent de participer aux corvées ménagères comme ranger ma chambre et mettre la table. Malheureusement, je suis stressée car j'ai beaucoup de devoirs et mes examens à préparer. Je ne sais pas à qui parler, personne ne peut me soutenir. Que faire ?

MARIE

Tout le monde dans mon collège a un téléphone portable et un compte sur Facebook, Instagram ou Snapchat. Moi aussi j'ai un téléphone depuis la sixième et c'est pratique pour les urgences. Par contre, je trouve les réseaux sociaux très stressants parce qu'en me connectant souvent, je perds du temps et parfois, ça me rend malheureux. Les jeunes ne sont pas très gentils et j'ai reçu plusieurs messages méchants sur mon compte Instagram. Je vais effacer mon compte mais j'ai peur qu'on se moque de moi si je ne suis pas sur les réseaux sociaux. Je ne sais pas quoi faire !

KARIM

J'ai plusieurs amis proches et une meilleure amie. Elle s'appelle Zoë et nous nous entendons très bien parce que nous avons le même sens de l'humour et beaucoup de choses en commun. Cependant, il y a une nouvelle fille cette année dans notre classe. Elle est sympa mais, en passant beaucoup de temps avec elle, Zoë finit par me laisser tomber. Elles discutent beaucoup ensemble et je me sens un peu isolée. J'ai l'impression de perdre ma meilleure amie. Aidez-moi !

AURÉLIE

1 **Lisez les témoignages de Marie, Karim et Aurélie et choisissez les 6 phrases qui sont vraies.**

Marie
- **A** ne trouve pas sa vie facile.
- **B** s'entend bien avec ses parents.
- **C** est anxieuse.
- **D** a beaucoup d'amis à qui parler.

Karim
- **E** a un téléphone portable depuis l'école primaire.
- **F** utilise son téléphone portable pour les urgences.
- **G** aime bien les réseaux sociaux.
- **H** a eu des problèmes sur Instagram.

Aurélie
- **I** a plusieurs meilleurs amis.
- **J** est jalouse de la nouvelle fille.
- **K** peut parler à ses parents.
- **L** est inquiète de perdre sa meilleure amie.

2 **Marie, Karim ou Aurélie? Attention, ça peut être une, deux ou trois personnes.**

1 J'ai besoin d'aide.
2 Mes parents ne me comprennent pas.
3 Je me sens isolé(e).
4 J'ai beaucoup d'amis.
5 Je trouve les réseaux sociaux très stressants.
6 Je ne veux pas faire les tâches ménagères.
7 J'ai peur qu'on se moque de moi.
8 Je ne suis pas heureux (-euse).

Grammaire

Present participles are the '–ing' form of the verb. Take the present tense *nous* form of the verb and replace the –*ons* ending with –*ant*.

regarder → *regardant* *finir* → *finissant*
apprendre → *apprenant*

Irregular present participles:
être → *étant* *avoir* → *ayant* *savoir* → *sachant*

Il est arrivé ***en courant****.*

En étudiant *chaque soir, elle apprend beaucoup.*

Plus ? → Grammar p. 249

+ Traduisez en anglais les phrases 4, 5 et 6 de l'exercice 3.

3 **Changez l'infinitif en participe présent.**

1 En (lire), on apprend beaucoup.
2 En (télécharger) ce fichier, mon ordinateur a attrapé un virus.
3 J'espère avoir un nouveau portable, en (gagner) un prix dans ce jeu.
4 (Être) victime de harcèlement en ligne, ma sœur a fait appel à la police.
5 Internet est dangereux car en (cliquer) sur un lien, on peut avoir des problèmes.
6 En (ouvrir) ma boîte e-mail hier, j'ai lu un message.

4 **Vrai (V) ou faux (F) ? Écoutez la mère d'Émilie et décidez.** 39

1 Émilie a 16 ans.
2 Sa mère ne contrôlait jamais son compte Facebook.
3 Les problèmes ont commencé à cause de filles dans son école.
4 Elles ont posté des insultes en ligne.
5 Le collège n'a pas aidé Émilie.
6 Selon la mère d'Émilie, les réseaux sociaux sont très bénéfiques.

5 **Réécoutez la mère d'Émilie et complétez chaque phrase.** 39

1 Émilie avait un ________ Facebook.
2 Sa mère ________ son Facebook régulièrement.
3 Elle a ________ de le contrôler.
4 Les ________ qu'elle recevait étaient humiliants.
5 Émilie est devenue ________.
6 Le collège a ________ les élèves responsables.
7 Les réseaux sociaux peuvent être ________.
8 C'est la ________ des parents de surveiller leurs enfants.

6 **Qu'en pensez-vous ? À deux, discutez de vos idées et opinions.**

1 La vie d'adolescent est difficile.
2 Les réseaux sociaux sont importants dans ma vie.
3 Mes parents me comprennent et me soutiennent.
4 J'ai un(e) meilleur(e) ami(e).

Conseil-langue

Opinions and reasons are essential in developing your ideas and adding complexity to your work. Use various different ones, not the same few all the time.

7 **Travaillez en groupe de 3 ou 4 et écrivez une réponse à l'un des problèmes de l'exercice 1.**

Vocabulaire

à mon avis	parce que	difficile/facile
selon moi	car	important
je pense que	comme	essentiel

Le monde francophone

Manger bien, manger mieux

Vous êtes végétarien(ne) ou vous voulez abandonner la viande ? Le végétarisme est populaire depuis longtemps chez les amoureux des animaux. Cependant, depuis quelques années, c'est le véganisme qui se développe et attire plus d'adeptes. Moins de six pour cent des Français sont végétariens ou végans. Le véganisme rejette la consommation et l'utilisation des produits d'origine animale (viande, poisson, produits laitiers, œufs, cuir...) Les gens changent leur état d'esprit et ils comprennent qu'on doit respecter les animaux. Le véganisme, contrairement au végétarisme, est une philosophie de vie. Au niveau cuisine, les livres de recettes et les restaurants avec des options véganes se multiplient. Une fromagerie et une pâtisserie véganes ont ouvert à Paris récemment.

longtemps – a long time
les amoureux – the lovers
un état d'esprit – a state of mind
niveau – level

1 **Lisez le texte et répondez aux questions.**

1 Depuis combien de temps le véganisme est-il populaire ?
2 Quel pourcentage des Français sont végétariens ou végans ?
3 Décrivez le régime alimentaire d'un végan.
4 Qu'est-ce qui motive les gens à devenir végans ?
5 Quelle est la différence entre le végétarisme et le véganisme ?
6 Quels magasins végans ont ouvert à Paris ?

Recherche

Recherchez le véganisme dans un autre pays francophone.

L'obésité augmente chez les jeunes Québécois

L'obésité chez les jeunes est un problème qui affecte beaucoup de pays dans la société moderne. En 30 ans, l'obésité chez les jeunes Québécois de 12 à 17 ans a augmenté de sept pour cent. C'est inquiétant mais ça s'explique facilement. Le fast-food, l'influence des publicités, les médias et un changement d'habitudes alimentaires expliquent le nombre croissant de jeunes obèses.

Cependant, les nouvelles technologies sont aussi responsables. Chaque adolescent aujourd'hui possède au moins deux types d'écrans. Par conséquent, la société est plus paresseuse et inactive. Avant, il y avait peu d'option pour s'amuser à l'intérieur donc les jeunes allaient souvent dehors pour s'occuper. Les vélos et les trottinettes ont été remplacés par la télé et les smartphones. Après une période de stabilité d'environ cinq ans au début des années 2000, le Québec doit faire face à une nouvelle crise.

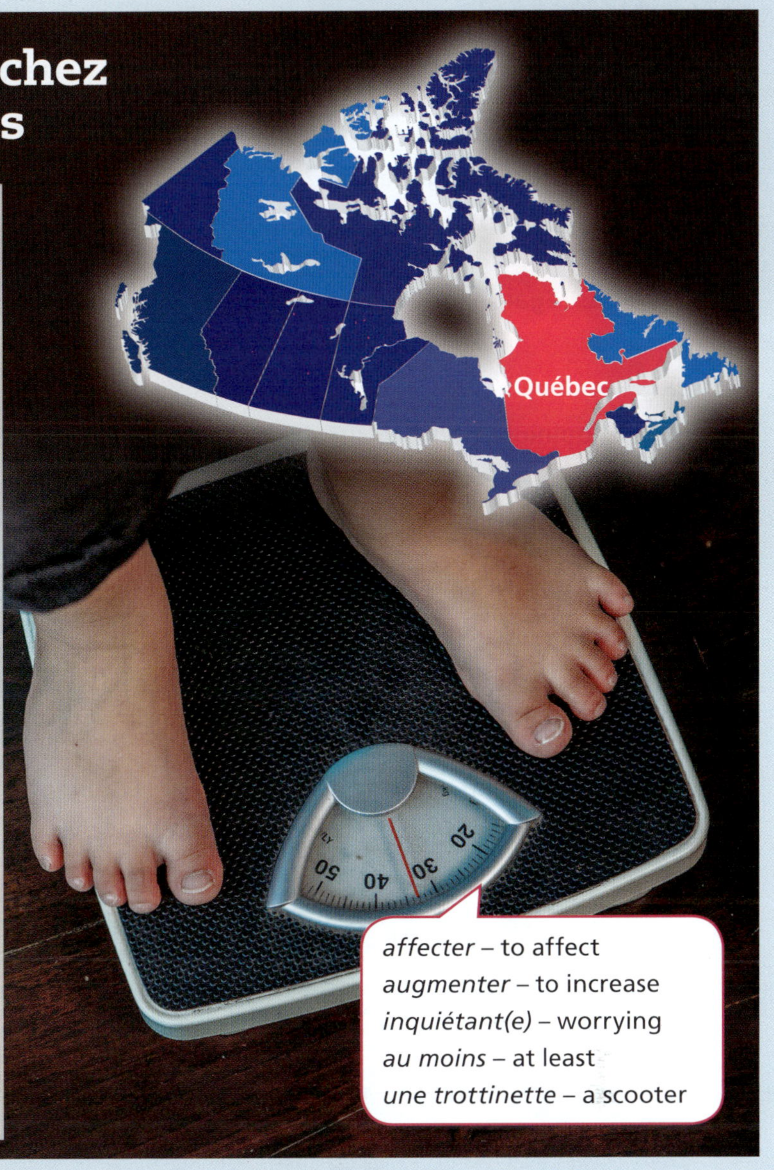

affecter – to affect
augmenter – to increase
inquiétant(e) – worrying
au moins – at least
une trottinette – a scooter

2 **Remettez les thèmes dans l'ordre du texte.**

1 Un changement de générations
3 La technologie responsable
2 Trois raisons principales pour expliquer ce problème
4 Le Québec en crise

3 **Vrai ou faux ? Corrigez les phrases qui sont fausses.**

1 L'obésité des jeunes affecte le Québec.
2 C'est difficile d'expliquer pourquoi l'obésité augmente.
3 Le régime alimentaire n'est pas une raison qui explique la croissance de l'obésité chez les jeunes.
4 Les ados sont moins sportifs aujourd'hui.
5 Dans le passé, les jeunes regardaient la télé pour s'occuper.
6 Le Québec est en crise depuis 1999.

Connexions

Avez-vous un smartphone ? Comment l'utilisez-vous ?

Pareil …

La crise de l'obésité chez les jeunes est-elle aussi grave là où vous habitez ?

mais différent

Révisions

1 **Répondez aux questions suivantes avec votre partenaire.**

1 Qu'est-ce que vous mangez?
2 Vous avez un régime sain ?
3 Vous faites plus de sport maintenant que lorsque vous étiez jeune?
4 Vous regardez souvent la télé ?
5 Vous vous entendez bien avec vos parents ?
6 Que pensez-vous des réseaux sociaux?
7 Avez-vous déjà eu des problèmes à cause d'Internet?
8 Vos parents sont-ils stricts à propos d'Internet?

2 **Lisez l'opinion d'Ahmed sur son mode de vie et remplissez les blancs avec le bon mot de l'encadré.**

pied énergie passe légumes pas deux
piscine régulièrement ai fais moi Internet

Quelquefois, j'**1**______ mal à la tête et c'est souvent quand je **2**______ trop de temps devant la télé ou sur **3**______. Je trouve que quand je ne sors **4**______ assez, j'ai moins d'**5**______ et je suis plus irritable. Pourtant, j'essaie de faire de l'exercice **6**______ et au moins **7**______ fois par semaine. Mon sport préféré est la course à **8**______ car je peux être dehors et me changer les idées. En plus, je **9**______ de la natation le samedi matin dans une **10**______ locale près de chez **11**______. En général, je mange des fruits et des **12**______ mais parfois, je mange des bonbons.

3 **Écoutez ces jeunes parler de leur utilisation de la technologie, recopiez et remplissez la grille.** 40

prénom	personnes mentionnées	idées principales

4 **Ma vie d'adolescent(e)**

Écrivez un paragraphe de 80–90 mots pour répondre au titre. Incluez les points suivants.

- Une description de votre famille et si vous vous entendez bien ensemble.
- Expliquez si et comment vous utilisez la technologie. Est-ce que vous avez déjà eu des problèmes ?
- Décrivez votre mode de vie. Est-ce que vous êtes en forme ? (sport, régime alimentaire, routine)

Bilan

Lisez et recopiez les phrases. Vous pensez avoir réussi chaque objectif ? Écrivez oui/un peu/pas du tout. Révisez pour vous améliorer.

Maintenant, je peux :	**oui**	**un peu**	**pas du tout**
• décrire mon régime alimentaire et en parler			
• dire quel sport je fais et expliquer les bénéfices du sport			
• décrire un mode de vie sain et expliquer pourquoi les jeunes ont du mal à rester en forme			
• comprendre les problèmes des adolescents et décrire mes relations avec ma famille			
Je peux reconnaître et utiliser :			
• les adjectives démonstratifs			
• les participes présents			
• l'imparfait			
• les adjectifs indéfinis			
• les articles partitifs			
• les expressions avec *avoir*			
• les adverbes			

> **i** Learning key phrases is essential when studying a language. Find a technique which works for you: flashcards, a vocabulary list using an app, 'look, copy, cover, write, check', or your own method. Remember that practising a little every day is the key to successfully learning vocabulary.

Mots et expressions – Unité 3

La nourriture	**Food**
l'abricot (m)	apricot
l'ail (m)	garlic
l'ananas (m)	pineapple
l'agneau (m)	lamb
l'aubergine (f)	aubergine
la banane	banana
le beurre	butter
le bœuf	beef
la boisson	drink
la boisson non alcoolisée	soft drink
les bonbons (mpl)	sweets
la cacahuète	peanut
le café	coffee
la carotte	carrot
les céréales (fpl)	cereal
la cerise	cherry
le champignon	mushroom
les chips (mpl)	crisps
le chocolat	chocolate
le chocolat chaud	hot chocolate
le chou	cabbage
le chou-fleur	cauliflower
le citron	lemon
le coca	cola
la confiture	jam
le concombre	cucumber
les crevettes (fpl)	prawns
l'eau (minérale, gazeuse, plate)	(mineral, sparkling, still) water
la farine	flour
la fraise	strawberry
la framboise	raspberry
les frites (fpl)	chips
le fromage	cheese
le fruit	fruit
le fruit de la passion	passion fruit
les fruits de mer	seafood
le gâteau	cake
la gelée	jelly
la glace	ice cream
le glaçon	ice cube
l'hamburger (m)	hamburger
l'haricot (m)	bean
l'huile (f)	oil
le jambon	ham
le jus	juice
le lait	milk
la limonade	lemonade
les légumes	vegetables
la mangue	mango
le melon	melon
la noix de coco	coconut
la noix, les noisettes	nut, nuts
l'œuf (m)	egg
l'oignon (m)	onion
l'orange (m)	orange
le pain	bread
le pain grillé	toast
la pastèque	watermelon
les pâtes	pasta
la pêche	peach
la pizza	pizza
la prune	plum
la poire	pear
le poisson	fish
le poivron	pepper
la pomme	apple
la pomme de terre	potato
le porc	pork
le poulet	chicken
le raisin	grape
le riz	rice
la salade, la laitue	lettuce
la saucisse	sausage
le soja	soya
le sucre	sugar
le steak	steak
le thé	tea
le tofu	tofu
le sandwich	sandwich
la soupe, le potage	soup
le yaourt	yoghurt
la viande	meat
le poivre	pepper
le sel	salt
la nourriture végétarienne, végétalienne/végane	vegetarian, vegan food
épicé(e)	spicy
frais/fraîche	fresh
salé(e)	savoury
sucré(e)	sweet
meilleur(e)/mauvais(e) pour la santé	best/bad for one's health
ça me donne de l'énergie	it gives me energy
riche en vitamins	rich in vitamins
le repas	meal
un en-cas sain	a healthy snack
faire un barbecue/ pique-nique	have a barbecue/ picnic

Les parties du corps	**Parts of the body**
la bouche	mouth
le bras	arm
la cheville	ankle
le cœur	heart
le cou	neck
les dents (f pl)	tooth
les doigts (m pl)	fingers
les doigts de pied/les orteils	toes

le dos	back
l'épaule (f)	shoulder
le genou	knee
la gorge	throat
la jambe	leg
la main	hand
le nez	nose
l'oreille (f)	ear
la peau	skin
le pied	foot
la poitrine	chest
la tête	head
le ventre	belly/stomach
le visage	face
l'œil (m)/les yeux (mpl)	eye/eyes
respirer profondément	take deep breaths
se maquiller	put make up on
se raser	shave

Je suis malade — I am ill

j'ai mal …	
au ventre	I have a stomach ache
aux dents	I have toothache
à la tête	I have a headache
j'ai une allergie à/aux …	I have an allergy to …
cacahuètes	peanuts
guêpes	wasps
gluten	gluten
j'ai de la fièvre	I have a fever
j'ai la grippe	I have the flu
je suis enrhumé(e)	I have a cold
je me suis foulé(e) la cheville	I twisted/sprained my ankle
je me suis cassé(e) le bras/la jambe	I broke my arm/leg
je me suis fait mal au doigt	I hurt my finger
je me sens malade	I feel ill/sick
s'allonger	lie down
tomber	fall down
vomir	be sick
respirer	breathe
être fatigué(e)	be tired
enfler	swell
(se) gratter	to itch, to scratch
saigner	bleed
tomber	fall
tousser	cough
transpirer	sweat
une blessure	an injury
un comprimé	a pill
une douleur	a pain
un pansement	a plaster
une urgence	an emergency
des medicaments	medicine
propre	clean
le/la dentiste	a dentist
l'infirmier/l'infirmière	a nurse
le/la médecin	doctor
la pharmacie	chemist
le rendez-vous	medical appointment

j'ai trop mangé	I've eaten too much
j'ai chaud	I'm hot
j'ai froid	I'm cold
j'ai faim	I'm hungry
j'ai soif	I'm thirsty

Un mode de vie sain — A healthy lifestyle

je prends le petit déjeuner tôt	I have breakfast early
je suis au régime	I am on a diet
je suis en forme/en bonne santé	I am healthy/I am in good health
je fais de l'exercice	I do exercise
je vais à la salle de gym / au gymnase	I go to the gym
je me couche tard	I go to bed late
j'essaie de mener une vie actif	I try to lead an active life
je devrais marcher au collège	I should walk to school
Je dois me concentrer plus	I need to concentrate more
Il faut s'occuper	one has to keep busy
je peux faire les corvées ménagères	I can do the household chores
à propos de	about
la routine quotidienne	daily routine
le temps libre	free time
mes passe-temps	my hobbies
un changement	a change
un jeu vidéo	a video game
depuis	since

Les relations — Relationships

à mon avis	in my opinion
j'ai l'impression de	I have a feeling that
je pense que	I think that
je m'entends bien/mal avec	I get on well/badly with
je me dispute	I argue
je me confie à	I confide in
j'ai confiance en	I trust
je me sens isolé(e)	I feel alone
j'ai peur qu'on se moque de moi	I'm afraid they'll make fun of me
Je peux parler avec elle	I can talk to her
Je m'amuse bien avec eux	I have fun with them
ils me soutiennent	they support me
ils me respectent	they respect me

4 On se retrouve où ?

À vos marques !

- Discuss what there is in your town
- Talk about what you like to do in your town
- Ask for and understand directions

1 **Où vont-ils ? Écoutez et choisissez la bonne photo.** 41

a

b

c

d

e

2 **Lisez et choisissez la bonne réponse pour chaque question.**

1 Tu veux manger en ville ce soir ?

2 Qu'est-ce que tu veux faire aujourd'hui, en ville ?

3 Tu veux venir chez nous ce soir pour regarder le feu d'artifice ?

4 Demain, Marie et moi, nous allons à la piscine. Tu viens avec nous ?

5 Que penses-tu du nouveau restaurant en ville ?

a Je voudrais aller au parc pour jouer au football.

b Désolé, je dois aller au restaurant avec mes parents. Nous le regarderons en ville.

c Oui, j'adore la natation.

d Moi, je n'aime pas le fast-food.

e Oui, je veux bien ! Où veux-tu manger ?

Vocabulaire

aller...
- au parc
- au restaurant
- au café
- au cinéma
- à la piscine
- en ville
- faire du shopping
- chez un(e) ami(e)

3 **Écoutez et vérifiez vos réponses de l'exercice 2.** 42

4 **Recopiez et complétez les phrases pour vous.**

1 Moi, je préfère aller **chez un(e) ami(e)/au centre de loisirs**.

2 **J'aime/Je n'aime pas** faire du shopping en ville.

3 Je préfère **le fast-food/les bons restaurants**.

4 Dans ma famille, on fait les courses **au marché/au supermarché**.

5 Je préfère aller en ville **à pied/en bus /à vélo**.

5 **Imaginez que vous faites vos courses au marché. Achetez au moins deux sortes de légumes, trois sortes de fruits, deux boissons et quatre autres choses. Utilisez l'exemple pour vous aider.**

- Bonjour, je voudrais un kilo de pommes, s'il vous plaît, 500 grammes de fraises et du fromage.
- C'est tout ?
- Ah non ! Je voudrais aussi deux bouteilles de jus de pomme et des pommes de terre.

6 **Écoutez et choisissez la bonne option, a, b ou c, pour chaque personne.**

1

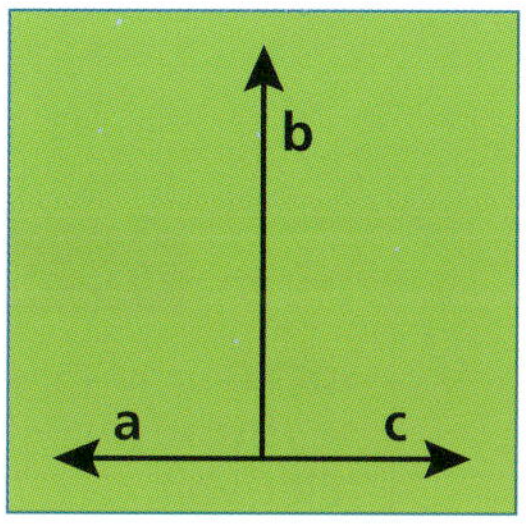

2

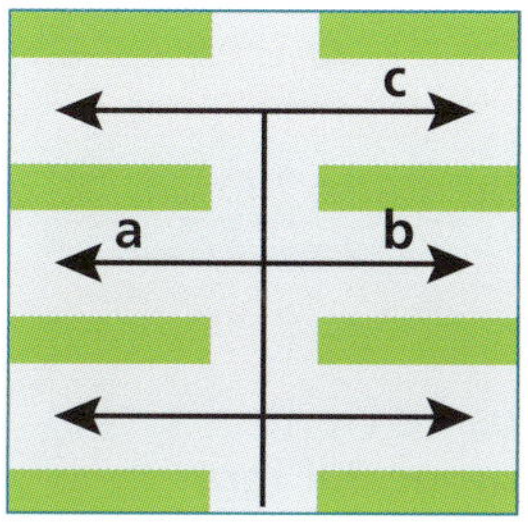

3

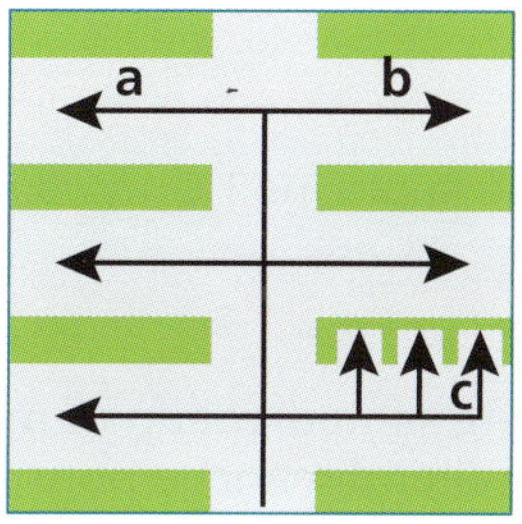

4

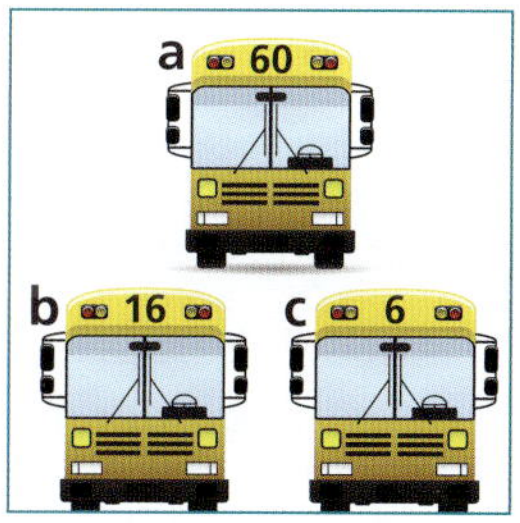

7 **Posez et répondez aux questions avec votre partenaire. Utilisez le vocabulaire. Parlez de votre ville/village.**

Exemple :

- Où est le cinéma ?
- Va tout droit jusqu'au supermarché. Ensuite, tourne à gauche et prends la première rue à droite. Tu y es !

Vocabulaire

va/allez...
  tout droit
tourne/tournez...
  à gauche
  à droite
prends/prenez...
  la première/deuxième rue
le bus numéro...
fais/faites demi-tour
traverse/traversez la rue

8 **Regardez l'image. Discutez avec votre partenaire et dites ce que vous voyez. Que manque-t-il dans cette ville ?**

Il y a <u>une</u> moto./Il n'y a pas <u>de</u> train./Je vois des bus.

9 **Recopiez et complétez les phrases pour vous. Utilisez cette page pour vous aider.**

Dans ma ville/mon village, il y a... mais il n'y a pas de...
Le samedi je vais...
Je préfère aller....
Avec ma famille on...
Avec mes amis on...

4.1 On sort ?

Qu'est-ce que vous faites quand vous sortez ?

Salut Quentin. Qu'est-ce que tu veux faire ce weekend ? Noël part à la campagne avec sa famille et Paul doit aider ses parents dans le jardin. Si on allait à la piscine, nous deux ? Loïc

Salut Loïc. Je veux nager mais la piscine est à l'intérieur ! Il va faire plus beau ce weekend. Moi, je veux aller à la plage. Tu viens ? Quentin

Ah oui, c'est mieux que la piscine ! On y va samedi matin ? On se retrouve où ? Loïc

Je dois garder mon frère samedi matin et ma cousine vient l'après-midi. Tu veux y aller dimanche pour la journée ? Il fera plus chaud dimanche. Quentin

Oui, dimanche alors. C'est mieux à la plage quand il fait chaud et les touristes y vont moins souvent le dimanche que le samedi. Loïc

Oui, le pire, c'est le samedi à cause des touristes. Super, à la plage à dix heures alors ? Quentin

On se retrouvera plus facilement à côté du café que sur la plage. À bientôt ! Loïc

Objectifs

- Invite a friend to do something
- Accept or refuse invitations and give a reason
- Use and 'recycle' phrases with modal verbs

Vocabulaire

sortir
se retrouver
aller voir
pouvoir
vouloir
devoir
l'invitation
l'excuse
rester à la maison
jouer aux cartes
regarder la télévision

1 **Lisez la conversation. Écrivez vrai (V) ou faux (F).**

1 Noël passe le weekend avec sa famille.
2 Quentin veut aller à la piscine.
3 Quentin n'aime pas la natation.
4 Il fera plus chaud samedi que dimanche.
5 Loïc peut aller à la plage dimanche.
6 Loïc et Quentin se retrouveront sur la plage à dix heures dimanche matin.

+ Corrigez les phrases fausses.

Grammaire

To form comparative adverbs use:
plus/moins/aussi + adverb (+ *que* if required).
Je vais à la plage ***moins souvent que*** *toi.*
To form superlative adverbs use:
le plus/moins + adverb. Always use the definite article *le.*
C'est ma sœur qui conduit ***le plus vite***.
Learn this irregular comparative and superlative form:
mieux (better), *le mieux* (the best)

Plus ? → Grammar pp. 239–240

2 **Trouvez les adverbes comparatifs et superlatifs dans la conversation.**

3 **Reliez les débuts et les fins de phrase.**

1 Loïc veut...	a ... nager à la piscine.
2 Paul doit...	b ... voir sa cousine.
3 Noël part...	c ... faire du jardinage.
4 Quentin va...	d ... à la campagne.

Grammaire

Pouvoir, vouloir and devoir are modal verbs. They are usually followed by an infinitive:
Tu ***veux aller*** *à la piscine ?*
Non, je ne ***veux*** *pas* ***nager****.*
Non, je ne ***peux*** *pas. Je* ***dois faire*** *mes devoirs.*

Plus ? → Grammar p. 249

4 **Traduisez les phrases en français.**

1 Do you want to go to the swimming pool tomorrow?
2 John can't come because he is going to see his grandmother.
3 Sorry, I don't want to go to the café because I want to watch television.
4 I have to stay at home because my brother wants to play cards.
5 Paul and Marley don't want to go to the cinema.

+ Réécrivez la conversation de l'exercice 1 en changeant les détails.

> Salut Sarah !
> Qu'est-ce que tu veux faire cet après-midi ? *Emily joue au tennis avec sa sœur et Alice doit garder son petit frère*. Si on allait *au café* nous deux ?

5 **Écoutez les invitations et les réponses. Elles acceptent l'invitation : oui ou non ? Choisissez aussi la bonne image.** 44

1 Anna
2 Lisa
3 Alice
4 Valérie

a

b

c
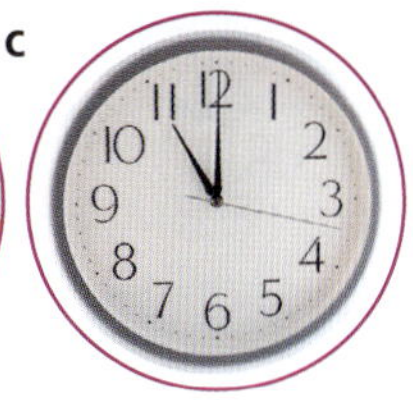
d
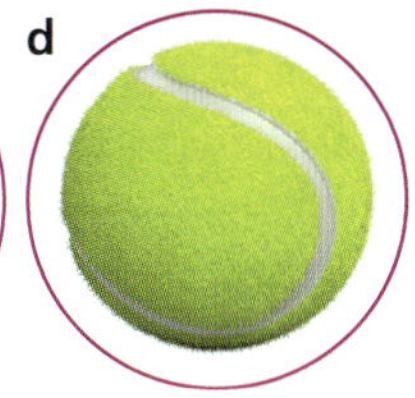

6 **Recopiez et complétez les verbes.**

pe d x eu it

1 Désolé, je veu[______] regarder le tennis.
2 Non, je ne p[______]x pas jouer au tennis.
3 Désolé, je [______]ois jouer au tennis.
4 Franck do[______] rester à la maison.
5 Désolée, je ne [______]ux pas jouer au tennis

7 **Écoutez, lisez et répétez la conversation. Ensuite, regardez la grille et faites 4 conversations.** 45

Tu veux aller au parc cet après-midi ?
Oui je veux bien. À quelle heure ?
À treize heures. Ça te va ?
Oui, d'accord. On se retrouve où ?
On se retrouve chez moi.
Oui, à bientôt !

	où ?	à quelle heure ?	pour quoi faire ?
1		10:00	
2		11:30	
3		18:30	
4		19:00	

+ Inventez d'autres conversations avec votre partenaire.

Vous pouvez aussi dire 'non' et inventer des excuses !

Faire des progrès

Mastering a language is all about practice. Repeat similar structures over and over, changing details to make the phrases work for you.

4.2 Un weekend dans ma ville

Objectifs
- Discuss plans for outings
- Purchase cinema tickets
- Use the future tense to say what you will do

1 **Lisez le texte.**

Salut Kévin

Tu sais, j'attends avec impatience ta visite de ma ville et des plages d'Arcachon ! Nous passerons une semaine formidable parce que je te montrerai tous les bons endroits en ville. Ici, il y a plein de choses à faire et à voir. On y trouvera la Dune du Pilat, la plus grande dune de sable du monde ! On peut faire du parapente à partir du sommet ! Le paysage est boisé et nous ferons du VTT avec mon ami Florian.

La ville est l'une des villes les plus touristiques en France, donc il y aura beaucoup de gens. Les boutiques sont super, et si on aime les cafés et les restaurants, on en trouvera beaucoup. Ma mère dit qu'il y en a trop mais les touristes y viennent nombreux. Tu dis que tu aimes les moules frites ! Alors, tu peux en manger tous les jours ici !

J'ai de la chance parce qu'il y a plusieurs parcs d'attractions près de chez moi. Le meilleur est le parc aquatique Aqualand. Tu dois apporter ton maillot de bain ! Et tu dis que tu adores aller au cinéma. Il y en a deux dans le bassin d'Arcachon. J'y vais chaque jeudi soir avec mes amis.

J'ai hâte de te voir. Tu auras ta propre chambre parce que ma grande sœur partagera la chambre de ma petite sœur.

À la fin du mois de juillet !

Romain

2 **Relisez les phrases soulignées du texte. Choisissez le bon mot pour compléter chaque traduction.**

y | les plus | en | le plus | il y a

1 *There are lots of tourists.* – ______ beaucoup de touristes.
2 *Beaches? There are three of them here!* – Des plages ? Il y ______ a trois ici.
3 *We go there every Saturday.* – Nous ______ allons tous les samedis.
4 *That is the most expensive restaurant in town.* – C'est le restaurant ______ cher en ville.
5 *It is one of the most popular beaches in France.* – C'est l'une des plages ______ populaires en France.

+

Pouvez-vous améliorer le texte ? Comment ?

Exemple

« Nous passerons une semaine formidable parce que je te montrerai tous les bons endroits en ville. »

« Nous passerons sans doute une semaine sensass pendant laquelle je te montrerai tous les endroits fabuleux en centre-ville. »

3 **Trouvez les verbes au futur dans l'e-mail de Romain.**

Nous passerons

4 **Lisez les phrases et écrivez vrai (V) ou faux (F).**

1 La ville de Romain se trouve au bord de la mer.
2 C'est une ville touristique.
3 Il n'est pas possible d'escalader la Dune du Pilat.
4 La mère de Florian dit qu'il n'y a pas assez de magasins en ville.
5 On peut y manger des fruits de mer.
6 Romain dit que les parcs d'attractions seront fermés.
7 Kévin partagera une chambre avec Romain.

Grammaire

Future tense = future stem + ending

The future stem of regular verbs is the infinitive. (With *–re* verbs, take off the *–e*.)

Future endings:
je –ai *tu –as* *il/elle/on –a*
nous –ons *vous –ez* *ils/elles –ont*

Audrey ***mangera*** *chez nous.*
Ils ***finiront*** *à dix heures.*
Je ***rendrai*** *tes livres.*

Some common irregular future stems:

être → *ser...* *avoir* → *aur...* *faire* → *fer...*
aller → *ir...* *venir* → *viendr...*

Plus ? → Grammar p. 248

5 Conjuguez les verbes au futur.

1 J'_____ à la piscine. (aller)
2 Ils _____ du VTT. (faire)
3 Lisa _____ au tennis. (jouer)
4 Tu _____ besoin de dix euros pour le billet. (avoir)
5 Adrien et Juliette _____ au café aussi. (être)
6 Nous _____ vers onze heures. (arriver)

Faire des progrès

When you are learning verbs in different tenses, you will find that patterns occur again elsewhere. For example, the future tense endings are almost the same as the present tense of *avoir*, while the future tense stem is exactly the same as that used for the conditional.

6 Écoutez et choisissez la bonne image pour chaque personne. 46

a b c d e f

7 Au cinéma : écoutez la conversation et choisissez la bonne option pour compléter les phrases. 47

1 Les deux copains regarderont **une comédie/un film de science-fiction.**
2 Romain achète **deux/quatre** billets.
3 Il y aura **deux/trois** séances du film.
4 Ils arriveront en ville **vingt/trente** minutes avant le film.
5 Ils paient **plein tarif/un tarif réduit**.
6 Chaque place coûte **onze/vingt-deux** euros.
7 Romain paie **par carte/en espèce**s.

Vocabulaire

la place	par carte
la séance	le forfait
le billet	plein tarif
le ticket	tarif réduit
en espèces	

Grammaire

Use the pronoun *y* in place of *à* + noun:

*Tu vas souvent **à la piscine** ? Oui, j'**y** vais chaque dimanche matin.*

Use the pronoun *en* in place of *de* + noun:

*Tu voudrais **de la salade** ? Oui, j'**en** voudrais bien.*

Plus ? → Grammar p. 243

8 Vous parlez à votre copain/copine au téléphone. Expliquez ce que vous ferez pendant son séjour chez vous. Utilisez les pages d'agenda pour des idées.

Samedi à 10h, nous irons au café avec Vincent.

Samedi	Dimanche
10h rendez-vous au café avec Vincent	9h30 VTT avec Florian
12h30 McDo	11h30 natation
13h30 plage pour volleyball	13h repas chez moi
15h30 chez moi, douche	15h match de foot à la télé (PSG/Lyon)
16h cinéma avec Mathieu	18h45 chez Florian
20h repas en famille	21h film à la télé

9 Utilisez les pages d'agenda et vos propres idées pour écrire un e-mail. Utilisez l'e-mail de Romain comme modèle.

Incluez au moins un superlatif, *y* et *en*.

4.3 On va dîner en ville ?

Objectifs

- Talk about different places to eat out
- Order food and drink at a restaurant
- Use direct object pronouns

1 **Écoutez et choisissez la ou les bonne(s) image(s) pour chaque conversation.** 48

a

b

c

d

e

2 **Qu'est-ce que c'est ? Reliez les plats aux définitions.**

1 les nouilles
2 un maasa
3 la poutine
4 les moules
5 les pâtes

a Une spécialité canadienne. On la fait avec des frites, du fromage frais et de la sauce.

b Des fruits de mer. On les mange avec des frites, surtout en France.

c La base de beaucoup de plats italiens. Les italiens les mangent en général avec de la sauce.

d Un gâteau comme un beignet. On le trouve au Mali.

e Des pâtes asiatiques, un peu comme des spaghettis. On les mange surtout avec des légumes et de la viande cuite.

Grammaire

Use direct objects to replace the object of the sentence. In French they go in front of the verb.

*Comment trouves-tu **le nouveau prof** ? Je **le** trouve bien.* (him)

*Vous connaissez **Rachel** ? Oui, je **la** connais.* (her)

*Tu aimes **les animaux** ? Oui, je **les** aime.* (them)

Sometimes, particularly with food, use ça after the verb instead:

*Tu aimes **le fromage** ? Oui, j'adore **ça**.* (it)

Plus ? ➜ Grammar p. 241

3 **Répondez aux questions suivantes en utilisant un pronom d'objet direct.**

1 Vous connaissez Pierre ?
2 Tu as le nouveau disque d'Ed Sheeran ?
3 Tu vois Caroline souvent ?
4 Tu aimes les pâtes ?
5 Tu regardes la natation à la télé ?

Conseil-langue

French is very logical: learning to use pronouns is a bit like learning mathematical formulae! Phrases should be 'balanced': subject + verb + object: *Il regarde un match de foot*. But with a pronoun instead of the object, it's subject + object + verb: *Il **le** regarde*.

4 **Lisez les opinions dans Resto ou fast-food et trouvez les équivalents français. Texte à la page suivante.**

1 Spanish
2 expensive
3 flavours
4 chains
5 meal

5 **Lisez les phrases et écrivez vrai (V), faux (F) ou pas mentionné (PM).**

Resto ou fast-food ?

Moi je n'aime pas manger à la maison, je préfère manger dehors. Mon restaurant préféré fait de la cuisine méditerranéenne, c'est-à-dire espagnole, italienne et grecque. C'est délicieux. Fabien, 15 ans (Arles, France)

Nous aimerions manger au restaurant mais ça coûte cher ! Un bon repas pour ma femme et mes deux enfants, ça fait une centaine de dollars ! C'est pour ça que nous allons au fast-food ou bien nous faisons la cuisine chez nous. Patrice, 42 ans (Québec, Canada)

Ici, pour les bonnes saveurs, il ne faut pas aller dans des restaurants chers. C'est mieux d'acheter à manger dans la rue. Il y a beaucoup de stands de marchands ambulants. En plus, ce n'est pas cher. Awa, 18 ans (Mali)

Ce que je n'aime pas, c'est l'arrivée des chaînes internationales de fast-food et les cafés qui sont identiques partout dans le monde. Ici on résiste parce qu'on préfère les établissements indépendants. Paulette, 33 ans (St Barthélemy)

Les grandes chaînes sont partout dans les grandes villes et sur les bords de la route. Mais les gens les aiment ! Acheter un repas pour la famille n'est pas cher et l'important c'est qu'on est ensemble. Olivier, 26 ans (Lisieux, France)

1 Fabien aime la cuisine française.
2 Patrice aime aller au restaurant avec sa famille.
3 Pour les meilleures saveurs, il faut, selon Awa, aller dans de bons restaurants.
4 Selon Paulette, il faut accepter les chaînes internationales.
5 Olivier va souvent au McDonalds.

Corrigez les phrases fausses.

6 **Continuez les phrases en utilisant les informations du texte. Vous pouvez utiliser vos propres mots.**

1 Fabien adore…
2 Pour Patrice, le problème…
3 C'est Awa qui préfère…
4 Paulette n'aime pas…
5 Selon Olivier, …

Et vous ? Vous aimez aller au restaurant ou préférez-vous manger à la maison ? Que pensez-vous des grandes chaînes internationales ?

7 **Écoutez la conversation dans un restaurant. Écrivez un ou deux mot(s) pour chaque blanc.** 49

1 Une table pour ______ personnes, s'il vous plaît.
Bien sûr, en terrasse ou à l'intérieur ?
2 Vous voulez boire quelque chose ?
Une bouteille ______ ______, une limonade et un coca, s'il vous plaît.
3 Et à manger ?
Moi, je prendrais les ______-______.
Je voudrais le confit de canard.
4 Monsieur, l'addition, s'il vous plaît.
Voilà monsieur. Ça fait ______-______ dollars.

Vocabulaire

la table
la bouteille
l'eau minérale
l'eau gazeuse
en terrasse
à l'intérieur
l'addition
pour … personnes
ça fait…

8 **Avec votre partenaire, pratiquez la conversation en changeant les détails.**

4.4 Les réunions familiales

Objectifs

- Talk about family get-togethers and festivals
- Understand and use indirect object pronouns
- Use the imperative for instructions and commands

1 **Lisez le texte et répondez aux questions en français.**

Émi habite à l'île Maurice. Elle décrit les préparations dans sa famille pour la fête de Divali.

C'est un événement très important dans notre famille. Tout le monde se rassemble en famille pour passer des moments tranquilles ensemble. C'est important, je pense, de réunir les membres de la famille de temps en temps. Tout le monde est si occupé dans leur vie professionnelle !

Ça commence une semaine avant la fête. Ma mère me dit « fais le ménage ». Mon frère aide aussi. Mon père lui dit « balaie les marches ». La maison doit être parfaitement propre, et c'est mon frère Aamir et moi qui en sommes responsables. Ensuite avec mon père, on décore notre maison avec des centaines de bougies et de fleurs.

Ma mère, elle, fait la cuisine, et je lui donne un coup de main pour préparer des gâteaux délicieux et de nombreux plats parfumés au curry. Le soir, on circule dans les rues pour voir les lumières partout; notre petit village est toujours si beau. « Tiens, mange ! », disent les voisins aux enfants en leur offrant des gâteaux sucrés qui s'appellent les ladoo. « Allons sur la place », dit mon père, « et regardons le feu d'artifice ensemble ».

1 Où habite Émi ?
2 Pourquoi la fête de Divali est-elle importante pour la famille d'Émi ?
3 Quand est-ce qu'on commence les préparations pour la fête ?
4 Quels sont les responsabilités d'Émi et Aamir ?
5 Qu'est-ce qu'on utilise pour décorer la maison ?
6 Que fait la mère d'Émi comme préparatifs ?
7 Où va la famille d'Émi le soir du festival ?
8 Qui donne des gâteaux aux enfants dans la rue ?

2 **Trouvez 6 verbes à l'impératif dans le texte de l'exercice 1.**

3 **Écrivez un paragraphe sur un festival de votre choix. Utilisez le texte de l'exercice 1 comme modèle.**

Faire des progrès

You can rewrite texts for your own purposes. Follow a step-by-step approach:

- Re-read to make sure you understand everything. What is each paragraph about?
- Pick out phrases to recycle. You may need to change some vocabulary.
- Write your own version. The length does not have to be the same, nor does the structure.
- Add extra details. Use vocabulary and grammatical structures that you have learned in other topics.
- Swap with a friend to read and offer constructive feedback.

Grammaire

In the imperative, use the *vous* or *tu* form of the verb, but without the subject pronoun:
Suivez *la voiture !*
Anna, ***fais*** *la vaisselle, s'il te plaît.*

If a verb ends in *–es* in the *tu* form, drop the final 's':
Regarde *la télé, Paul.*

Use the *nous* form of the verb to make a suggestion.
Allons *en ville.*

Plus ? → Grammar p. 245

Grammaire

Some verbs are always followed by the preposition *à* (to):
dire à *téléphoner à*
donner à *montrer à*

Plus ? → Grammar p. 250

Use indirect object pronouns to replace the object of these verbs. These are the same as direct object pronouns except for the third person: *lui* (to him/her), *leur* (to them).

je téléphone ***à Kévin*** → *je* ***lui*** *téléphone*

Plus ? → Grammar p. 241

4 **Lisez la recette. Trouvez dans un dictionnaire ou traducteur l'infinitif de chaque verbe souligné et sa traduction.**

Mélangez → mélanger = to mix

Vocabulaire

une tasse	la cuisson
une pincée	le papier
une casserole	absorbant
une poudre	frire

Les ladoo

Les ladoo sont des gâteaux que l'on trouve à l'Île Maurice. On les prépare pour toutes les fêtes.

Ingrédients

- farine de pois chiche
- eau
- colorant jaune
- bicarbonate de soude
- sucre
- huile
- poudre d'amandes
- cardamome

Pour la pâte

Mélangez 1 kg de farine de pois chiche, une tasse d'eau, une pincée de colorant jaune et une pincée de bicarbonate de soude.

Pour le sirop

Versez dans une casserole trois tasses d'eau et cinq tasses de sucre. Comptez une heure de cuisson à petit feu. Réservez.

Versez de l'huile dans un wok. Faites frire de petites quantités de la pâte. Déposez sur un papier absorbant. Mixez les pâtes cuites pour obtenir une poudre. Ajoutez un peu de poudre d'amandes et une pincée de cardamone et remuez. Ajoutez ensuite le sirop et mélangez. Formez des boules et laissez sécher deux heures.

5 **Écoutez cette émission sur l'équilibre travail et vie privée. Mettez les images dans le bon ordre selon les conseils.** 50

a

b

c

d

e

f

6 **Choisissez un problème. Votre partenaire doit utiliser le tableau pour vous donner un conseil en utilisant l'impératif. Parlez à tour de rôle.**

Je sors trop avec mes copains/copines.
Profite de tes weekends, mais décline les invitations qui ne t'intéressent pas.

Mes devoirs sont quelquefois en retard.	faire des pauses pendant la journée
Je n'ai pas le temps de parler avec mon copain/ma copine.	manger ensemble
Je suis très fatigué(e) à la fin de la journée scolaire.	profiter du weekend
Je n'ai pas assez de temps pour moi.	faire les tâches ménagères au cours de la semaine
Je ne fais pas de sport parce que j'ai trop de travail.	organiser une activité récurrente
Quelquefois je rentre tard à la maison.	partir à la même heure tous les jours
	commencer par les tâches les plus importantes/ pressantes
	réserver du temps pour vous
	décliner des invitations qui ne vous intéressent pas

4.5 On fête mon anniversaire !

Objectifs

- Greet people you know and you don't know
- Offer food and drinks
- Use demonstrative pronouns

1 **Lisez les messages. C'est vrai (V), faux (F) ou pas mentionné (PM) ?**

Adèle
en ligne

aujourd'hui

Adèle
Salut ! Samedi prochain c'est mon anniversaire et je vais le fêter chez moi à vingt heures trente. Ce sera une soirée déguisée. Qui peut venir ?

Jérémy
Merci pour l'invitation Adèle ! Je suis libre et ça me ferait plaisir de venir. Tu veux que j'apporte quelque chose à manger ? À plus !

Camille
Oh non, quel dommage ! Je ne peux pas venir parce que c'est l'anniversaire de mon frère et nous allons à Paris pour le weekend. Je suis vraiment déçue de ne pas pouvoir venir à ton anniversaire !

Type a message

Bonjour Sandrine. Samedi prochain, je vais fêter mon anniversaire avec des amis et des collègues de bureau. J'aimerais vous inviter. Êtes-vous disponible ? Adèle.

Bonjour Adèle. Je vous remercie pour l'invitation. Je suis disponible et j'aimerais me joindre à vous. Où se passe la fête ? À quelle heure faut-il arriver? Je viendrai en voiture : je pourrai me garer facilement ? Sandrine.

1. Adèle va fêter son anniversaire chez elle.
2. Jérémy demande ce qu'il devrait porter.
3. Jérémy aimerait venir avec sa petite copine.
4. Camille ne peut pas venir à la fête d'Adèle car son frère de Paris passe le weekend chez elle.
5. Sandrine est la meilleure amie d'Adèle.
6. Sandrine va venir en transport public.

Grammaire

Use *tu* when talking to:

- somebody your age or younger
- somebody you know well

***Tu veux** que j'apporte quelque chose à manger ?*

Use *vous* when talking to:

- somebody who is older than you
- somebody who you don't know
- more than one person

***Êtes-vous** disponible ?*

Plus ? ➔ Grammar p. 240

2 **Imaginez que vous êtes Adèle. Écrivez une réponse à Sandrine.**

3 **Écoutez et complétez les phrases avec le bon mot. Ensuite, traduisez le texte.** 51

merci	Enchanté	présente
comment	votre	invité

Adèle Salut Jérémy, **1** ____________ vas-tu ?
Jérémy Salut Adèle. Super, et toi ?
Adèle Ça va. Enfin, non, je suis un peu nerveuse parce que j'ai **2** ____________ ma patronne à la fête. Ah tiens, la voilà. Bonsoir Sandrine, comment allez-vous?
Sandrine Très bien, **3** ____________.
Adèle Jérémy, je te **4** ____________ Sandrine, ma patronne. Sandrine, je vous présente Jérémy, mon cousin.
Jérémy **5** ____________, Sandrine.
Sandrine Ravie de faire **6** ____________ connaissance, Jérémy.

Vocabulaire

salut
bonjour
l'anniversaire
la fête déguisée
remercier
inviter
fêter
être disponible
être déçu(e)
quel dommage
à plus

Faire des progrès

Keep in mind that translations are not identical word-for-word, and word order may change. Be careful when translating *enfin* or *je te présente*!

4 **Écoutez et trouvez ce que Jérémy and Sandrine veulent boire et manger.** 52

a

b

c

1

2

3

Notez tous les pronoms démonstratifs que vous entendez.

5 **Écrivez un dialogue avec votre partenaire.**

Vous : Saluez votre ami(e) qui arrive chez vous.
Ami(e) : Répondez.
Vous : Présentez votre ami(e) à vos parents.
Ami(e) : Répondez.
Vous : Demandez à votre ami(e) ce qu'il/elle veut boire et manger.
Ami(e) : Répondez.

6 **Choisissez le pronom démonstratif correct.**

celle ça celui celui-là celle-là

1 J'ai préparé du poisson. Tu aimes ______ ?
2 Il y a trois plats et je vais prendre ______-ci.
3 Tu voudrais une boisson non-alcoolisée ? Alors, essaie ______.
4 Quelle rue ? Tu sais, ______ avec les deux cafés.
5 Que penses-tu des fromages ? J'adore celui-ci, mais je n'aime pas du tout ______.

Grammaire

Use demonstrative pronouns to emphasise something.

ça or *cela* (this / that)

celui / celle / ceux / celles (the one(s))

celui-ci / celle-ci / ceux-ci / celles-ci (this one / these ones (here))

celui-là / celle-là / ceux-là / celles-là (that one / those ones (there))

Je n'aime pas les gâteaux.

***Ça**, je n'y crois pas. Tu aimes **celui-ci** !*

*Ben non, mais **celui-là** n'est pas mal.*

Plus ? → Grammar p. 242

7 **Faites un sondage dans la classe et posez les questions suivantes :**

Qui est-ce que tu vas inviter à ta fête d'anniversaire ?
À quelle heure est-ce qu'elle va commencer ?
Qu'est-ce qu'il y aura à boire ?
Qu'est-ce qu'il y aura à manger ?

Le monde francophone

Les moments de convivialité au café

grignoter – to snack
nature – unflavoured
emporter – to take out
proposer – to offer

Les Français adorent le café ; au petit déjeuner et après un repas, les Français et les Françaises en boivent beaucoup. 20 pour cent des buveurs réguliers en boivent au moins cinq tasses par jour. Mais on ne voit pas souvent les chaînes américaines comme Starbucks en France. Pourquoi ? C'est parce que dans leur majorité, les Français apprécient le café noir, fort et nature. Un peu de lait ou du sucre peut-être, mais sinon ils n'y ajoutent rien.

Les Français sont des consommateurs « sociaux » de café. « Un café à emporter, s'il vous plaît !» n'est pas français ! 98 pour cent des buveurs réguliers de café français le consomment sur place, soit pour prendre une pause détente, soit pour un moment agréable de convivialité entre amis.

En France, les bistrots de quartier et les petits cafés en centre-ville font partie de la culture. Dans les pays anglo-saxons, comme aux États-Unis ou au Royaume-Uni par exemple, les gens aiment grignoter toutes les deux heures. Les Français, pourtant, préfèrent des repas plus copieux que les établissements comme Starbucks ne proposent pas. De plus, les serveurs typiquement français parlent avec leurs clients, ce que les baristas de Starbucks – entreprise bien connue pour son chiffre d'affaires élevé – ne font pas.

Trouvés surtout dans les grandes villes, comme Paris ou Lyon et dans les aéroports, Starbucks a ses clients fidèles. Mais pour les Français, pour qui le café symbolise un moment agréable et joyeux dans leur quotidien, la mousse au lait, les boissons chaudes dans des tasses énormes et les fauteuils très confortables sont inadaptés à la culture du pays. En France, les amateurs du café traditionnel continuent de résister.

1 **Lisez le texte. C'est vrai (V) ou faux (F) ?**

1 Les Starbucks sont très populaires dans toutes les régions de France.
2 La plupart des Français ne choisissent pas leur café à emporter.
3 Plus de 50 pour cent de Français boivent au moins cinq tasses de café par jour.
4 Les bistrots et les petits cafés typiquement français sont en train de disparaître.
5 Les chaînes américaines préfèrent servir plus de clients rapidement.
6 On ne peut rien acheter à manger dans un Starbucks.
7 Certains français vont à Starbucks régulièrement.
8 On trouve des fauteuils dans beaucoup de cafés traditionnels.

Le café Touba

À Dakar, comme dans beaucoup de villes du pays, le café Touba est bu par les Sénégalais, à leur réveil, durant la journée et en rentrant au foyer après de longues heures de travail. « J'en prends au moins quatre dans la journée », confesse un vendeur de tissus au marché Grand-Yoff (quartier de Dakar), en montrant une tasse à café jetable vide qu'il s'apprête à jeter dans une poubelle. « Je ne connais rien de plus énergisant que le café Touba. » Au début du dix-neuvième siècle on remarquait qu'en buvant du café local on pouvait rester éveillé afin de beaucoup travailler. De nos jours, le café Touba continue d'occuper une place de choix dans l'alimentation des Sénégalais.

Le café Touba est une boisson préparée à base du café arabica local aromatisé. On y ajoute une espèce de poivre (''djar'' en wolof) et, parfois des clous de girofle, ce qui lui donne son « goût exquis », selon les amateurs sénégalais. Il se boit avec du sucre. Beaucoup de sucre.

À Dakar et un peu partout, on voit des vendeurs. On n'imagine pas une rue sans vendeur ambulant de café Touba mais il ne manque pas de clients. Ces vendeurs se lèvent à six heures du matin et chaque jour ils font le tour des quartiers des villes. Ils portent une marmite de café chauffée continuellement sur un fourneau. Ils ont souvent un seau de vingt litres de café Touba prêt à boire. Comme emploi ce n'est peut-être pas idéal, mais pour beaucoup de jeunes sans emploi ça leur permet de gagner assez d'argent pour vivre.

wolof – Wolof, a language spoken in Senegal, Gambia and Mauritania
un clou de girolfe – clove
un fourneau – a stove
un seau – a bucket
une marmite – a pot

2 **Trouvez les équivalents français dans le texte.**

1 work **2** day **3** dustbin **4** awake **5** flavoured **6** fans **7** neighbourhoods **8** saucepan **9** job **10** earn

3 **Répondez aux questions.**

1. Quand est-ce que les Sénégalais boivent le café Touba ?
2. Pour quelle raison est-ce qu'on boit le café Touba d'une tasse à café « jetable » ?
3. Qu'est-ce que les travailleurs d'il y a deux cents ans ont remarqué quand ils ont bu ce café ?
4. Pourquoi le café Touba est-il différent du café normal ?
5. D'où est-ce que beaucoup de gens achètent leur café Touba ?
6. Que dit-on de l'emploi de vendeur ambulant ?

Connexions

Selon vous, la provenance du café a-t-elle son importance ?

Pareil...

En quoi le rôle du café est-il différent pour les Français et pour les Sénégalais ? Quelles sont les similarités ?

mais différent

Recherche

Quelle est l'origine du nom « café Touba » ?

Révisions

1 **Où est-ce vous entendez les conversations suivantes ? Faites les paires.** 53

a au café
b à la maison
c dans un cinéma
d dans la rue
e à une fête
f dans un restaurant

2 **Travaillez avec votre partenaire. Suivez les instructions à tour de rôle.**

1 A Say hello and ask how he/she is.
B Respond and thank him/her for the invitation.

2 A Ask if your partner would like to go to watch the football match tomorrow with you.
B Say you are sorry as you can't since you have to attend a family meal.

3 A Say you would like to buy two tickets to see 'Star Wars' (use the English name).
B Ask which showing.
A Say you want to go to the five o'clock showing.
B Say that the price comes to eleven euros.

4 A Ask your partner if he/she would like to go to McDonald's.
B Say that you don't want to because you do not like fast food.
A Ask what sort of restaurant your partner prefers.
B Say you like traditional restaurants or food from street vendors.

3 **Lisez l'e-mail de Farah à son amie, Madeline, qui arrivera du nord de la France la semaine suivante. Choisissez les bonnes fins de phrase.**

1 Farah a déjà...
a préparé la chambre de Madeline.
b fini sa colonie de vacances.
c réservé une table au restaurant.

2 Farah trouve que son frère est...
a quelquefois pénible.
b tout à fait aimable.
c toujours pénible.

3 Madeline voyagera jusqu'à Toulon...
a en car.
b en train.
c en avion.

4 Après avoir retrouvé Madeline, la famille...
a mangera à la maison.
b mangera en ville.
c mangera au port.

5 Les rues du centre-ville sont les plus bondées pendant le mois de/d'...
a août.
b juillet.
c septembre.

6 En ville il y aura...
a beaucoup d'ambiance.
b trop de touristes.
c un cirque.

Salut Madeline

Alors, aujourd'hui j'ai préparé ton lit pour la semaine prochaine. Mon frère, Luc, fait une colonie de vacances donc il ne sera pas ici pendant ton séjour ! Super ! Je l'aime bien mais il peut être un peu méchant !

Ma mère m'a dit que tu arriveras à la gare de Toulon à treize heures dix. Je t'y attendrai avec mes parents. Nous mangerons en ville avant de rentrer chez nous. Notre maison se trouve à sept kilomètres du centre-ville.

Tu aimeras la ville de Toulon. Il y a beaucoup de touristes pendant les mois d'été. Le mois d'août, plus que le mois de juillet, est la période quand les rues sont les plus bondées. Ça sera sympa quand même parce qu'il y aura des musiciens et des spectacles en ville. Pendant la journée nous irons à la plage ou nous ferons du shopping, et le soir nous sortirons manger en ville. Tu aimes manger des spécialités régionales ? Aux stands des vendeurs ambulants au port on peut goûter les fruits de mer.

À bientôt
Farah

4 **Écrivez une réponse à l'e-mail de Farah.**

Mentionnez:

- si vous aimez les voyages en train
- ce que vous pensez des fruits de mer
- les activités sportives que vous voudriez essayer
- ce que vous aimez faire le soir

Bilan

Lisez et recopiez les phrases. Vous pensez avoir réussi chaque objectif ? Écrivez oui/un peu/pas du tout. Révisez pour vous améliorer.

Maintenant, je peux :	**oui**	**un peu**	**pas du tout**
• inviter quelqu'un à faire quelque chose			
• accepter ou refuser une invitation et donner une raison			
• discuter des différents endroits où manger, par exemple les restaurants			
• commander un repas et des boissons dans un restaurant			
• comprendre et participer à des conversations pendant une fête familiale			
• faire la connaissance de nouvelles personnes			
Je peux reconnaître et utiliser :			
• les verbes modaux au présent			
• le futur simple			
• les adverbes de comparaison			
• les adverbes superlatifs			
• les pronoms *y* et *en*			
• les pronoms compléments d'objets directs et indirects			
• l'impératif			
• les pronoms démonstratifs			
• la différence entre *tu* et *vous*			

i

A key skill when learning a new language is the ability to recycle phrases so that they work for you. Listen and look out for vocabulary and verbs used in questions, or in texts that you may be asked to respond to. In particular:

- Remember that verb forms will probably need to change: ***Vous aimez** … ? Oui, **j'aime** …*
- Other words may need to be altered when recycling language. Remember that adjectives may need to change in spelling and sound *Moi, je suis **sportive** – Oui, moi aussi, je suis **sportif**.* But consider carefully whether gender changes from question to response. *Tu aimes les **villes animées** ? Oui, j'adore les **villes animées**.* (Regardless of who is speaking it is the town that is being described.)

Mots et expressions – Unité 4

Tu veux aller en ville ?	**Do you want to go to town?**
Veux-tu/voulez-vous aller …	Do you want to go …
jouer aux cartes ?	play cards?
regarder la television ?	watch tv?
faire du shopping ?	go shopping?
au cinéma ?	to the cinema?
au parc ?	to the park?
au restaurant ?	to the restaurant?
au café ?	to the café?
à la piscine ?	to the pool?
en ville ?	to town?
je suis disponible	I am available
On se retrouve où ?	Where shall we meet?
ici	here
là-bas	there
quelque part	somewhere
Quand ?	When?
cet après-midi (m)	this afternoon
aujourd'hui	today
À quelle heure ?	What time?
À treize heures.	At 1 p.m.
Ça te va ?	Is that OK with you?
à plus	See you!
Merci, mais je ne peux pas.	Thanks, but I can't.
Je fais du télétravail demain.	I'm working from home tomorrow.
Je suis déçu(e)	I'm disappointed
Quelle dommage!	What a pity!
je suis désolé(e)	I'm sorry
Un autre jour peut-être ?	Another day maybe?
je vais chez un(e) ami(e)	I'm going to a friend's house
je dois rester à la maison	I have to stay at home
je dois m'en aller	I must be going
Que c'est ennuyeux !	How annoying!
Que c'est gentil !	How nice!
Que c'est intéressant !	How interesting!
accepter une invitation	accept an invitation
refuser une invitation	decline an invitation
inviter	invite
accompagner	accompany
arranger	arrange
remercier	thank

Au cinéma	**At the cinema**
Est-ce que tu veux regarder …	Would you like to watch …
une comédie ?	a comedy ?
un film de science-fiction ?	a science fiction film ?
un film d'action ?	an action film ?
un film romantique ?	a romantic film ?
une animation ?	an animation ?
approprié(e)	suitable/appropriate
confortable	comfortable
douillet (-ette)	cosy
populaire	popular
la place	a seat/ticket
la séance	a showing
le billet	ticket
le ticket	ticket
en espèces	cash
par carte	by card
le forfait	the package
plein tarif	full price
tarif réduit	reduced price
la sortie	exit

À quelle heure?	**What time?**
à une heure/deux heures	at one o'clock/two o'clock
l'heure	hour
l'horloge	clock
la montre	watch
il est sept heures et demie	it is 7:30
il est sept heures moins le quart	it is 6:45
il est sept heures et quart	it is 7:15
midi	midday
minuit	midnight
une minute	a minute
une seconde	a second
une demi-heure	a half hour
un quart d'heure	a quarter of an hour

Au restaurant	**At the restaurant**
une table pour deux personnes	a table for two people
Je préfère manger …	I prefer to eat …
en terrasse	on the terrace
à l'intérieur	inside
Qu'est-ce que vous voulez comme …	What would you like as …
entrée ?	a starter?
plat principal ?	a main course?
dessert ?	a dessert?
Moi, comme entrée je veux …	For me, as a starter I'd like …
je prendrai des frites	I will have chips
Et à boire ?	And to drink?
Je voudrais de l'eau gazeuse.	I'd like some sparkling water.
Vous voulez autre chose ?	Would you like anything else?
l'addition, s'il vous plaît	the bill, please
ça fait vingt euros	that will be 20 euros
s'asseoir	sit
une assiette	a plate
un couteau	a knife

une cuillère	a spoon
une fourchette	a fork
une tasse	a cup
un verre	a glass
la bouteille	bottle
l'eau minérale	still water
cuit(e)	cooked
frais/fraîche	fresh
salé(e)	savoury
sucré(e)	sweet
doux/douce	soft
dur(e)	hard
mou/molle	soft
léger/légère, lourd(e)	light, heavy
cru(e)	raw
avec/sans	with/without
la bougie	candle

Dans la cuisine	In the kitchen
un bol	a bowl
une casserole	a pan
une marmite	a pot
le congélateur	freezer
la cuisinière	cooker
l'électricité (f)	electricity
le four	oven
le four à micro-ondes	microwave
le frigo	fridge
le gaz	gas
le lave-vaisselle	dishwasher
la machine à laver	washing machine
une pincée	a pinch
une poudre	powder
la cuisson	baking
le papier absorbant	paper towel
congeler	freeze
couper	cut
faire bouillir	boil
faire chauffer	heat/warm up
faire cuire/cuisiner	cook
faire frire	fry
faire rôtir	roast
griller, faire cuire au barbecue	grill, barbecue
hacher	mince
découper	chop
préparer	prepare
mordre	bite
balayer	sweep
faire tomber	drop
utiliser/se servir de	use
allumer/éteindre	turn on/turn off
casser	break
ouvrir/fermer	open/close
pousser/tirer	push/pull
réparer	repair
en attendant, pendant ce temps	meanwhile, in the meantime
encore	again
bien/mal	well/badly
exactement	exactly
lentement	slowly
rapidement	quickly

Poids et mesures	Measurements
carré (m), carré(e)	square(n), square (adj)
cercle (m), circulaire, rond(e)	circle (n), circular, round (adj)
court(e)/long(ue)	short/long
degré (m)	degree
gramme (m)	gram
kilogramme (m)	kilogram
litre (m)	litre
triangle (m), triangulaire	triangle (n), triangular (adj)
assez/suffisamment	enough
double	double
environ	around
la quantité	quantity, amount
pas assez	not enough
plus de	more
plus ou moins	more or less
rien	nothing
total (m)	total
tout	everything
trop	too much
une fois, deux fois, trois fois	once, twice, three times

Faire les introductions	Make introductions
bonjour, bonsoir	good morning, good afternoon/evening
Salut !	Hello/Hi!
Bienvenue !	Welcome!
Comment vous vous appelez ? /Comment tu t'appelles ?	What's your name?
Je m'appelle Amir.	My name is Amir.
Enchanté(e) !	Nice to meet you!
Ça va ?	How's it going?
Ça va bien, merci.	I'm well./I'm fine, thank you.
Ça ne va pas bien.	I'm not well.
Comment allez-vous/ Comment vas-tu ?	How are you?
Pardon ?	Pardon?
Je suis contente de te revoir.	I'm pleased to see you again.
s'il vous plaît/s'il te plaît	please
au revoir	goodbye
à bientôt	see you soon
à plus tard/à demain	see you later/tomorrow
se serrer la main	shake hands
se faire la bise	to give somebody a kiss on the cheek
embrasser	kiss

Vérifiez 2

Lire

1 **Lisez le texte. Choisissez le bon mot pour remplir les espaces blancs (a–h). Pour chaque espace (a) à (h), cochez (✓) la bonne case (A–D).**

Nous avons gagné !

Je suis très **(a)** __________ d'avoir gagné la coupe du monde cette année. Nous avons **(b)** __________ très dur pour en arriver là. Voici un aperçu de notre séjour ici en Russie. La nourriture n'était pas très bonne : on a principalement mangé des pâtes et des bananes. C'était toujours la même chose, mais ça nous a donné de **(c)** __________ et nous en avions bien besoin. Le lendemain des matchs, nous nous reposions et nous essayions de **(d)** __________ .

Sinon, tous les jours nous nous entraînions. Moi, comme je suis attaquant, je pratiquais surtout les tirs aux buts et les coup-francs. Tous les après-midis, nous **(e)** __________ au gymnase faire du vélo et après nous avions des **(f)** __________ pour relaxer nos muscles, surtout ceux des **(g)** __________. Le weekend dernier, nous avons fait une session dans la piscine, ça nous a fait du bien, **(h)** __________ pour la respiration. J'ai vraiment l'espoir qu'en retournant en France demain, les Français seront très fiers de nous !

a
- **A** amusé ☐
- **B** content ☐
- **C** triste ☐
- **D** déçu ☐ [1]

b
- **A** joué ☐
- **B** perdu ☐
- **C** travaillé ☐
- **D** mangé ☐ [1]

c
- **A** l'énergie ☐
- **B** la fatigue ☐
- **C** la salade ☐
- **D** la victoire ☐ [1]

d
- **A** chanter ☐
- **B** jouer ☐
- **C** danser ☐
- **D** récupérer ☐ [1]

e
- **A** faisions ☐
- **B** mangions ☐
- **C** allions ☐
- **D** rigolions ☐ [1]

f
- **A** massages ☐
- **B** repas ☐
- **C** jeux ☐
- **D** vêtements ☐ [1]

g

A garçons ☐

B jambes ☐

C joueurs ☐

D oreilles ☐ [1]

h

A pas du tout ☐

B toujours ☐

C surtout ☐

D jamais ☐ [1]

[Total : 8]

2 **Lisez les textes (A–D) puis les 8 affirmations (a–h). Faites correspondre chaque affirmation (a–h) avec un des textes (A–D). Pour chaque affirmation, cochez (✓) la bonne case.**

A Nicolas

Je vais souvent au restaurant, car je n'aime pas cuisiner. J'ai tout testé : les cafés, le fast-food, les brasseries et les restaurants étoilés. Je préfère sans aucun doute les brasseries : la nourriture est plutôt bonne et ce n'est pas hors de prix.

B Naomi

J'aimerais bien pouvoir me payer un resto toutes les semaines mais, malheureusement, je n'ai pas assez d'argent. Donc, j'essaie d'économiser et de sortir de temps en temps dans des restos chics. La plupart du temps, mes amis et moi allons dans des cafés de rues ; nous prenons un thé et nous regardons les gens passer ; c'est pas mal.

C Bibi

Mes parents avaient un bar à salades lorsque nous habitions à l'île Maurice. Ils avaient beaucoup de clients et surtout des touristes. Maintenant, nous habitons en France et on trouve quelques bars à pâtes et à salades, mais je n'aime plus trop ça. Je préfère manger chez moi, donc je ne sors presque jamais.

D Claudine

La plupart des gens de mon âge préfèrent manger dans des fast-foods. Je trouve cette nourriture vraiment trop grasse. Ici, en Suisse, on a de la chance d'avoir de bons ingrédients, donc c'est vraiment dommage de ne pas en profiter ! Je préfère manger dans des rôtisseries – on y trouve de la bonne viande rouge !

Quelle option convient le mieux à chaque personne ?

a Je sors souvent dans différents restaurants. J'adore surtout les restos pas trop chers où on mange bien.

A ☐ **B** ☐ **C** ☐ **D** ☐ [1]

b J'adore les steaks !

A ☐ **B** ☐ **C** ☐ **D** ☐ [1]

c Je ne vais au restaurant que quand j'en ai les moyens car j'aime bien les restos luxueux.

A ☐ **B** ☐ **C** ☐ **D** ☐ [1]

d Je préfère rester chez moi pour manger.

A ☐ **B** ☐ **C** ☐ **D** ☐ [1]

e Les cafés sont cool ; on discute, on rigole et on ne voit pas le temps passer.

A ☐ **B** ☐ **C** ☐ **D** ☐ [1]

f Heureusement qu'il a les restos et les cafés car la cuisine, ce n'est pas mon truc !

A ☐ **B** ☐ **C** ☐ **D** ☐ [1]

g Je ne suis pas comme les autres jeunes. Pour moi la meilleure nourriture n'est pas celle des restos rapides.

A ☐ **B** ☐ **C** ☐ **D** ☐ [1]

h Depuis que j'ai déménagé, je ne sors pas souvent au restaurant.

A ☐ **B** ☐ **C** ☐ **D** ☐ [1]

[Total : 8]

Écouter

3 **Vous allez entendre une conversation entre un patient et un docteur. Vous allez entendre la conversation deux fois. Il y a une pause dans la conversation.**
Pour chaque question, cochez [✓] la bonne case (A–D). Vous avez d'abord un peu de temps pour lire les questions. 54

1 Pourquoi le patient va-t-il chez le docteur ?

A Il s'est fait mal au bras. ☐

B Il s'est fait mal à la cheville. ☐

C Il a un rhume. ☐

D Il a la grippe. ☐ [1]

2 Que recommande le docteur ?

A De mettre un plâtre. ☐

B De prendre des béquilles. ☐

C De faire une radio. ☐

D D'aller à l'hôpital. ☐ [1]

3 Qu'est-il arrivé au patient la semaine dernière ?

A Il a vomi. ☐

B Il a eu mal à l'estomac. ☐

C Il a eu la grippe. ☐

D Il s'est cassé la jambe. ☐ [1]

4 Que pense le docteur ?

A La nourriture l'a rendu malade. ☐

B Un virus l'a rendu malade. ☐

C La gastro l'a rendu malade. ☐

D Le froid l'a rendu malade. ☐ [1]

5 Que conseille le docteur au patient ?

A De ne pas prendre de médicaments. ☐

B De boire du sirop. ☐

C De mettre une écharpe. ☐

D De boire de l'eau. ☐ [1]

6 Que dit le patient sur les sucreries ?

A Qu'il doit en manger plus. ☐

B Qu'il doit en manger moins. ☐

C Qu'elles causent le diabète. ☐

D Qu'elles provoquent le cancer. ☐ [1]

[Total : 6]

4 **Vous allez entendre une conversation entre Nathan et son ami Frédéric au sujet des sorties. Vous allez entendre la conversation deux fois. Choisissez l'affirmation (A–F) qui correspond à chaque endroit pour sortir. Pour chaque endroit, écrivez la bonne lettre (A–F) dans l'espace approprié. Vous avez d'abord un peu de temps pour lire les informations suivantes.** 55

Endroits pour sortir		L'affirmation
Le cinéma	______	**A** C'est trop cher.
La discothèque	______	**B** Je n'ai pas le temps.
La patinoire	______	**C** Je n'aime pas ça.
Le théâtre	______	**D** Mes parents m'interdisent d'y aller.
Le restaurant	______	**E** Oui, ça me ferait plaisir.
		F Je n'ai pas d'argent.

[Total : 5]

Parler

5 **Vous discutez de vos projets pour le weekend avec votre ami(e).**

Candidat(e) : vous-même

Professeur : votre ami(e)

Préparez une réponse à chaque point pour une conversation avec votre professeur.

Votre ami(e) : À quelle heure tu veux aller au cinéma ?

Vous: …

Votre ami(e) : On se retrouve où ?

Vous: …

Votre ami(e) : Qu'est-ce que tu as vu la dernière fois que tu es allé(e) au cinéma ? [PAUSE] C'était comment ?

Vous: …

Votre ami(e) : Quel est le prochain film que tu aimerais voir ? [PAUSE] Avec qui ?

Vous: …

Votre ami(e) : Quel genre de film préfères-tu ?

Vous: …

Conseil-langue

When you are preparing to take part in a role-play in class, think about these points:

- Consider the scene and who you are speaking to, as part of the role-play: should you use 'tu' or 'vous'?
- It can be helpful to note down key vocabulary or language structures related to the role-play theme.
- Revise question words so you know the exact information you are being asked for at each point (Quand...?, Qu'est-ce que...?, Pourquoi...?, Avec qui...?, Combien...?)
- Keep your answers short and to the point.
- Ensure you include a verb in your answer.

Écrire

6 **Vous allez fêter votre anniversaire.**
Complétez la liste en français.

Invités	Sam, Audrey et Frank
Heure d'arrivée	
Parfum du gâteau	
Boisson	
Activités (2 détails)	______________ et ______________

[Total : 5]

À vos marques !

• Say what sports you do • Discuss your hobbies • Use *faire* and *jouer* correctly

1 **Reliez les phrases aux images.**

a 
b 
c 
d 
e 
f 
g 
h 
i 
j 

1 Je fais de la peinture.
2 Nous faisons de la course à pied.
3 Moi, je préfère faire du jardinage.
4 Je vais souvent à la pêche.
5 Emma aime faire du dessin.
6 Mon frère fait de l'athlétisme.
7 J'adore chanter.
8 La natation, j'adore ça !
9 Mon père joue très bien aux échecs.
10 Le surf ? Je déteste ça.

2 **Lisez les textes. Recopiez et complétez la grille.**

Je joue de la guitare dans un groupe tous les lundis soirs. C'est trop cool. Je ne fais pas beaucoup de sport mais je joue au volley de temps en temps. C'est amusant. On a gagné un match samedi dernier, j'ai marqué un but.
Anna

Je fais du vélo tous les jours, je trouve ça super. À part le cyclisme, je n'aime pas trop le sport. J'adore la musique classique et je joue de la flûte au conservatoire le mercredi après-midi ; c'est très difficile !
Sophie

Mon sport préféré, c'est le golf. Nous jouons au golf une fois par semaine avec ma famille. C'est très relaxant à mon avis. Je joue aussi aux échecs avec mon frère le weekend, mais je trouve ça ennuyeux.
Ahmed

Moi, j'habite à Toulouse, la ville du rugby ! Je joue au rugby tous les jours après l'école, c'est génial. Je suis le capitaine de mon équipe. Comme instrument, je joue du piano et je prends des cours le samedi matin. Je trouve ça assez facile.
Martin

nom	sport	fréquence	opinion	passe-temps	quand	opinion
Anna	*volleyball*	*de temps en temps*				
Sophie						
Ahmed						
Martin						

3 **Écoutez Séverine qui donne son opinion sur les sports et les loisirs. Recopiez et complétez la grille.** 56

le tennis, …	le rugby, …

Vocabulaire

faire… de la peinture, de la natation, du vélo
jouer… aux échecs, au foot, au basket, au volley
jouer… de la flûte, du piano, de la guitare
je trouve ça/c'est… super, génial

4 **Posez et répondez aux questions suivantes avec votre partenaire.**

1 Tu aimes quel sport ?
2 Quel est ton passe-temps préféré ? Pourquoi ?
3 Est-ce-que tu joues d'un instrument?
4 Qu'est-ce-que tu n'aimes pas comme passe-temps ? Pourquoi ?

+ Ajoutez des phrases négatives, des phrases au passé composé ou au futur et des opinions justifiées en utilisant *parce que.*

5 **Écoutez. Pour chaque personne (1-5), notez l'opinion (a-f) et la bonne image (g-l).** 57

a j'adore les…
b je n'aime pas les…
c je suis fan des…
d j'ai horreur des…
e j'aime bien les…
f je préfère les…

g

dessins animés

h

films de science-fiction

i

films à suspense

j

informations

k

comédies

l

documentaires

6 **Travaillez à deux. Posez des questions en utilisant les mots 1–4 et répondez aux questions en utilisant les expressions a–f.**

Partenaire A - Qu'est-ce que tu fais avec un ordinateur portable ?
Partenaire B - Je télécharge de la musique et je sauvegarde mes photos.

1 un ordinateur
2 une tablette
3 un ordinateur portable
4 un téléphone

a télécharger de la musique
b regarder des films ou des séries
c chatter en ligne avec des amis
d faire des recherches pour les devoirs
e faire du shopping en ligne
f sauvegarder mes photos

Vocabulaire

télécharger
sauvegarder
chatter (en ligne)
faire du shopping
faire des recherches
un ordinateur
une tablette
un ordinateur portable

7 **Écrivez un e-mail à un(e) ami(e) sur vos loisirs. Mentionnez :**

- vos sports et passe-temps
- vos opinions sur les programmes télé
- ce que vous faites sur Internet

5.1 Le temps des loisirs

Objectifs

- Discuss the sports you do
- Talk more about your hobbies
- Use the present and perfect tenses accurately

Que faites-vous pendant votre temps libre ?

1 **Écoutez et lisez les textes. Traduisez les expressions soulignées.** 58

J'adore <u>la marche à pied</u>. Tous les samedis, je fais de la randonnée avec mon club de marche. Nous marchons en montagne dans les Alpes. Cela demande une excellente forme physique. On respire <u>l'air pur</u> et j'aime prendre des photos. L'année dernière, j'ai même pris des cours d'escalade pour essayer un jour de conquérir le Mont Blanc. **Nathalie**

Personnellement, mes sports préférés sont la natation et <u>la planche à voile</u>, que je pratique l'été, et <u>le patinage sur glace</u>, que je pratique l'hiver. Je me lance des défis, et je pousse toujours mon corps à l'extrême. Le weekend dernier, je me suis entraînée pendant six heures pour ma compétition de patinage et <u>j'ai gagné une médaille</u>. **Céline**

J'ai plusieurs centres d'intérêt mais le sport n'en est pas un ! D'habitude, le samedi matin je fais du bricolage dans mon atelier. J'aime beaucoup remettre les meubles à neuf ou créer <u>de petits objets en bois</u> ; c'est ma passion ! Le dimanche, je passe souvent mon temps à <u>lire des romans</u> ou des bandes dessinées. Par contre, dimanche dernier, ma sœur est arrivée de La Réunion, alors nous avons fait du ski en montagne. **Sébastien**

La musique me détend tellement ! Je joue de plusieurs instruments, mais dans mon groupe, je fais de la batterie. Nous avons aussi un guitariste, un pianiste et un chanteur. En juillet, nous avons donné un concert où il y avait plus de cinq cents personnes. <u>Hallucinant !</u> En dehors de la musique, j'apprécie beaucoup la peinture – cela me permet de décompresser. J'aime aussi le foot et je suis fan de FC Zürich. Ils ont fait <u>match nul</u> le weekend dernier contre l'Olympique de Marseille. **Hakim**

2 **Répondez aux questions en anglais.**

1 Who does not like sport?
2 What would Nathalie like to do one day?
3 What happened to Céline last weekend?
4 What instrument does Hakim play?
5 How many people attended Hakim's concert?

Vocabulaire

je fais / j'ai fait...
- du patinage sur glace
- du cyclisme
- du ski
- du hockey
- du yoga
- du badminton
- de la planche à voile
- de la voile
- de la batterie

3 **Relisez les textes. Trouvez 10 verbes au présent et 5 verbes au passé composé. Recopiez et complétez la grille.**

Verbes au présent	Verbes au passé composé
J'adore	

4 **Remettez les phrases dans le bon ordre.**

voile Souvent fait elle de la → Souvent, elle fait de la voile.

1 basket je D'habitude au le joue samedi
2 allé Hier il avec copain son au est terrain de foot
3 jamais Nous jouons la ne clarinette de
4 ville en Lundi joué ils du ont violon
5 perdu J'ai raquette sur court de tennis le ma

5 **Écoutez Amandine et écrivez vrai (V) ou faux (F) pour chaque phrase.** 59

1 Amandine is playing volleyball this year at school.
2 She is a good singer.
3 Her friend Lucie didn't like the Anne Sila concert.
4 Snapchat is her favourite social media.
5 She is not very good at pottery.

6 **Écrivez un paragraphe pour répondre aux questions.**

- Qu'as-tu fait le weekend dernier ? C'était comment ?
- Que penses-tu du cinéma et de la musique ?
- Aimes-tu lire ? Qu'as-tu lu récemment ?
- Quels réseaux sociaux utilises-tu ? Pourquoi ?

7 **Choisissez un athlète francophone et préparez une interview. L'un d'entre vous est le journaliste et pose les questions, l'autre est l'athlète. Préparez-vous à présenter votre travail devant la classe.**

- Ajoutez deux détails avec les informations ci-dessous.
- Inventez leurs routines d'entraînement, leur passe-temps, ce qu'ils ont fait le weekend dernier.

Kylian Mbappé
footballeur international
né 1998 à Dakar, Sénégal
2017 – équipe de France
joue comme attaquant pour le club espagnol du Real Madrid

Perrine Laffont
skieuse sur bosses
née en 1998 à Lavelanet
2018 – médaillée d'or olympique

Teddy Riner
judoka
né 1989 en Guadeloupe
12 titres de champion du monde
5 titres olympiques

Jo-Wilfried Tsonga
tennisman
né en 1985 au Mans
2012 – numéro 5 mondial
2017 – équipe de France – gagnant coupe Davis

Grammaire

Use the present tense (*le présent*) to say what is happening now:

*Je **joue** au tennis.*
*Je **vais** à la piscine.*

Use the perfect tense (*le passé composé*) to say what happened in the past:

*J'**ai joué** au tennis.*
*Je **suis allé(e)** à la piscine.*

Plus ?→ Grammar p. 243 and p. 246

+ Corrigez les phrases fausses.

Vocabulaire

l'éducation physique
chanter
gagner
voir un concert
les réseaux sociaux
fainéant(e)
notamment

5.2 Le shopping – en magasin ou sur Internet ?

Objectifs

- Shop for clothes
- Identify and describe pros and cons of traditional shopping and Internet shopping
- Recognise and use question words accurately

1 **Écoutez et lisez ces échanges entre copains. Reliez les textes aux images.** (60)

- Que penses-tu de ce pantalon en coton avec la ceinture en cuir ? Je trouve ce look sympa, surtout avec le pull en laine !
- Oui, j'adore ! Essaie cette tenue, elle va sûrement t'aller très bien.

Théo et Marc

- Justine, qui est cette personne qui porte une robe en soie avec des chaussures à hauts talons et des lunettes de soleil là-bas ?
- Ah, c'est ma copine Amélie. La robe lui va bien, comment la trouves-tu ?
- Oui, elle est super belle.

Marine et Justine

- Depuis quand as-tu ce costume et ce beau chapeau gris ?
- Ça fait très longtemps ! J'ai même l'écharpe et le parapluie assortis !

Benjamin et Antoine

- J'adore ce sac avec le porte-monnaie en daim. Combien ça coûte d'après toi ?
- Aucune idée, mais c'est très élégant !

Caroline et Sarah

1

2

3

4

2 **Relisez les textes. Trouvez et écrivez les mots pour 4 vêtements, 4 accessoires et 3 matières (le coton,...).**

Grammaire

You will need to learn these key question words:

comment ? (how?)	*qui ?* (who?)
pourquoi ? (why?)	*que ?* (what?)
où ? (where?)	*combien ?* (how much/many?)
quand ? (when?)	*à quelle heure ?* (at what time?)
depuis quand ? (since when?)	*lequel/laquelle/lesquels/ lesquelles ?* (which one(s)?)

In French, there are three ways to use question words:

1 question word + invert the subject and the verb:
Où habites-tu ? Où habite-t-elle ?

2 question word + *est-ce-que*:
Où est-ce-que tu habites ?

3 question word at the end and raise the tone of your voice:
Tu habites où ?

Plus ? → Grammar p. 243

Vocabulaire

porter
des chaussures
une écharpe
un pantalon
un costume
une robe
un pull
des lunettes de soleil
en cuir, en coton, en laine, en daim

3 **Écoutez le sondage : en magasin ou sur Internet ?** 61

1 – en magasin

Pourquoi préfèrent-ils acheter en magasin ou sur Internet ? Notez les raisons.

4 **Quelle est la question ? Utilisez l'encadré Grammaire pour vous aider.**

Je m'appelle Émilie → Comment t'appelles-tu ?

1 Il s'appelle Alfred.
2 Il coûte dix dollars.
3 Le train part à 22 heures.
4 Elle habite en Côte d'Ivoire.
5 Je préfère le rouge.
6 C'est Chantal qui aime cette veste.
7 Il arrive samedi.
8 Je pense que ce pantalon est super.
9 Elle fait de la danse depuis 2017.
10 J'aime porter ce short car il est neuf.

5 **Lisez les textes. Sont-ils pour ou contre le shopping sur Internet ? Écrivez pour (P), contre (C) ou ni pour ni contre (NPNC).**

Depuis quand j'achète sur Internet ? Depuis des années ! Personnellement, je préfère acheter mes vêtements en ligne car c'est plus immédiat et souvent, on peut trouver des vêtements moins chers. En plus, avec l'intelligence artificielle, je reçois des pubs des vêtements que j'aime en ligne donc c'est vraiment facile et relaxant! **Aurélie**

Comment je préfère faire du shopping ? Ça dépend ! Quelquefois, j'achète des livres et des cadeaux pour mes amis sur la toile car je sais que c'est assez pratique et que ça prend moins de temps. Par contre, j'achète mes vêtements et mes chaussures dans les magasins car je peux les essayer avant de décider de les acheter. Internet ne permet pas toujours de retourner ou d'échanger un article. **Yannick**

Qu'est-ce-qui est mieux : les magasins ou Internet ? Pour moi, faire mes courses sur Internet, non merci ! Je trouve que les produits qu'on peut trouver sur les sites ne sont jamais exactement les mêmes quand on les reçoit. Je préfère soutenir les magasins locaux en y faisant mon shopping régulièrement. **Karim**

Est-ce-que je me sers d'Internet pour faire du shopping ? Oui, car Internet est un moyen rapide d'acheter ce qu'on veut et très souvent, les prix sont plus bas que ceux dans les magasins. Cependant, il faut faire attention car il est facile de se faire arnaquer donc le shopping en ligne, bien sûr, mais attention aux fraudes ! **Françoise**

6 **C'est qui ? Aurélie, Yannick, Karim ou Françoise ?**

1 Le shopping sur Internet est rapide.
2 Le shopping sur Internet est plus relaxant que faire les magasins.
3 Au moins, dans les magasins, on sait exactement ce qu'on achète.
4 Le shopping sur Internet est pratique.
5 C'est bon marché sur Internet.
6 C'est plus difficile de changer d'avis quand on achète sur Internet.
7 L'économie locale est plus importante pour moi.
8 Le shopping sur Internet peut être dangereux.

Vocabulaire

un site Internet
la toile
permettre de
cher/chère
prendre du temps
essayer
échanger
se faire arnaquer
soutenir
les vêtements
faire attention

7 **Écrivez une ou deux phrases pour répondre à chaque question.**

- Est-ce que vous aimez faire du shopping ? Pourquoi ?
- Que pensez-vous du shopping sur Internet ?
- Décrivez la dernière fois que vous avez fait du shopping (quand, où, avec qui…).
- Préférez-vous faire du shopping sur Internet ou dans les magasins ?

5.3 Nous sommes trop occupés !

Objectifs

- Talk about how you manage your time
- Describe a busy weekend
- Use prepositions correctly

1 **Reliez les questions (1–5) et les réponses (a–e).**

1 Tu fais quoi demain ?

2 Es-tu occupé ce weekend ?

3 Que fais-tu le mercredi après l'école ?

4 Quand révises-tu pour les examens ?

5 Veux-tu sortir avec moi ce soir ?

a Oui ! Ma tante arrive des États-Unis alors on doit ranger la maison et faire des courses au supermarché.

b Tous les soirs car ils sont dans deux semaines. On commence avec le français le 15 mai.

c Oui ! Mais je ne peux pas, je suis trop occupé et je n'ai pas le temps.

d Je vais faire mes devoirs et aller à mon cours de natation.

e En général, je rentre à la maison et après je livre les journaux.

Vocabulaire

après l'école
sortir
la salle de gym
je suis trop occupé(e)
je n'ai pas le temps
livrer les journaux
travailler
réviser pour les examens
faire ses devoirs
ranger la maison
faire des courses

2 **Travaillez à deux. Posez et répondez aux questions 1–5 de l'exercice 1.**

Faire des progrès

Use all the grammar and vocabulary you know to help make your answers more interesting. For example, you could refer to sports and activities you saw in 5.1, and you can use the future tense which you learnt in Unit 4.

3 **Écoutez Matthieu qui parle de sa semaine bien chargée. Remettez les images dans l'ordre.** 62

a

b
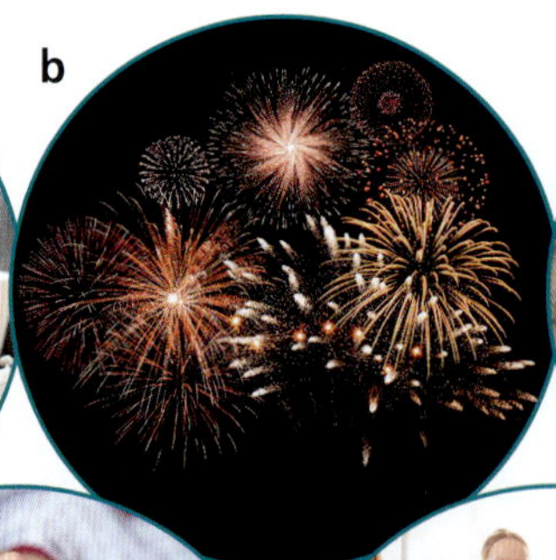
c

d

e

f

Notez quels jours de la semaine Matthieu fait ces activités.

4 **Recopiez et complétez les phrases avec la bonne préposition.**

avant sauf malgré pour pendant

1. Il a travaillé chez McDo ______ l'été.
2. Elle fait ses devoirs ______ de regarder la télé.
3. J'aime tous les sports ______ le rugby.
4. ______ aller à la piscine, je dois mettre mon maillot de bain.
5. ______ nos examens, nous ne sommes pas stressés.

5 **Lisez les projets de Charlotte et trouvez 8 prépositions.**

dominique.brun@gmail.fr

Salut Dominique,

Comment vas-tu ? J'aimerais vraiment aller au cinéma avec toi la semaine prochaine, mais je ne sais pas comment m'organiser, peux-tu m'aider ? Je suis très occupée ! Selon mes parents, je devrais réviser pour mes examens tous les jours jusqu'à dix heures, mais c'est impossible. J'ai mon travail à mi-temps pendant le weekend – je suis serveuse au café de mon village pour trois heures le samedi et quatre heures le dimanche. C'est aussi l'anniversaire de ma sœur, je dois aller faire du shopping pour lui trouver un cadeau. J'aimerais lui acheter un collier ou une bague. Je dois faire mes devoirs de maths que je dois rendre dans deux jours et avant ça, ceux de géographie et d'histoire pour lundi prochain. J'ai aussi mes cours de judo après l'école mardi et jeudi. Je fais du judo depuis que j'ai dix ans, j'adore ça ! Malgré tout ça, j'aime rester en contact avec mes amis alors j'aimerais passer une soirée à chatter avec mes copines sur les réseaux sociaux. Enfin, nous avons notre soirée au ciné ! Tu peux me donner quelques idées pour tout gérer ?

Charlotte

6 **Imaginez que vous êtes Dominique. Aidez Charlotte à organiser sa semaine. Créez-lui un planning pour toutes ses activités.**

lundi – shopping pour l'anniversaire de sa sœur.

7 **Vous êtes très occupé(e) ce weekend ! Dites à votre partenaire tout ce que vous devez faire… N'oubliez pas d'inclure des prépositions de temps.**

Grammaire

Prepositions are small words used before a noun or pronoun or verb infinitive. Learn them well, so you can use them when you write and speak French.

contre (against), *malgré* (despite), *sans* (without), *sauf* (except), *selon* (according to, depending on)

Il est venu en vélo ***malgré*** *le mauvais temps.*

Useful prepositions for expressing time: *avant* (before), *après* (after), *pendant* (during), *dans* (in), *pour* (for), *depuis* (for, since), *jusqu'à* (until)

Elle est restée chez nous ***jusqu'à*** *minuit.*

Plus ? ➜ Grammar p. 251

5.4 Le monde culturel francophone

Objectifs

- Discuss music, cinema, TV, reading
- Invite someone out
- Use relative and emphatic pronouns accurately

1 **Écoutez et lisez l'article ci-dessous sur les talents francophones. Répondez aux questions en français.** 63

Les talents francophones

Le monde francophone a beaucoup de talent au plan international. Parmi tant d'autres, nous faisons un zoom sur trois artistes francophones.

Patrick Bruel, acteur et chanteur franco-algérien, est né en Algérie et a commencé sa carrière comme chanteur pour ensuite jouer dans des films. Il est très connu en France, ce qui n'est pas étonnant si l'on considère sa carrière de plus de quarante ans. Il a énormément de fans, surtout les femmes qui le trouvent très charmant. Ses concerts sont toujours pleins et le pic de sa carrière était dans les années 90 quand il avait des millions de fans, ce qui a donné naissance au terme « Bruelmania ». Sa chanson phare est Casser la voix.

Patrick Bruel

Un autre artiste dont on continue à célébrer le succès est William Lebghil. Acteur de cinéma, de télévision et de théâtre, William est né en 1990 d'un père algérien et d'une mère française. Il est notamment connu pour son rôle humoristique de Slimane dans la série télévisée Soda, mais a aussi joué dans plusieurs films comme La fine équipe. Il a été nominé pour le meilleur espoir masculin au Festival de Cannes en 2019.

William Lebghil

Du côté féminin, Cécile de France est une actrice belge connue internationalement pour avoir figuré dans plus de cinquante émissions télé, courts-métrages et long-métrages en France et aux États-Unis. Elle a reçu plusieurs prix dont deux Césars pour *L'Auberge Espagnole* et *Les Poupées Russes*. En 2015, elle est allée au prestigieux Festival de Cannes, où elle a été membre du jury.

Cécile de France

1 De quelles nationalités sont les artistes dans cet article ?
2 Qu'est-ce-que c'est la « Bruelmania » ?
3 Pourquoi William Lebghil est-il connu ?
4 Cécile de France a été actrice dans combien de films et d'émissions télé ?
5 Quel est l'équivalent français des Oscars ?

Vocabulaire

connu(e)
célèbre
un acteur/une actrice
un chanteur/une chanteuse
un film rigolo
une émission télé
un court-métrage
un long-métrage
un César

2 **Relisez le texte et traduisez les phrases soulignées.**

3 **Complétez les phrases avec *qui, que, où* ou *dont*.**

1 Mon frère, ______ s'appelle Marc aime lire des romans.
2 Le livre ______ je préfère s'appelle *Les Misérables*.
3 Où est le professeur ______ je t'ai parlé ?
4 De quelle couleur est la cravate ______ tu portais hier ?
5 Le concert ______ nous sommes allés était génial.
6 J'aime beaucoup le manteau ______ tu m'as offert.
7 Il porte un uniforme ______ est trop large pour lui.
8 C'est l'homme ______ la femme est actrice.

4 **Écoutez ces invitations. Recopiez et complétez la grille.** 64

nom	lieu	avec qui ?	autres détails
François	théâtre		

5 **Remplacez les noms avec le pronom emphatique correct.**

1 Je regarde des films romantiques avec ~~ma sœur~~ ______.
2 Je ne chante jamais sans ~~mes parents~~ ______.
3 Elle est plus petite que ~~son copain~~ ______.
4 Il aime aller au théâtre avec ~~ses cousines~~ ______.

6 **Travaillez en groupe. Préparez une présentation d'une minute sur vos habitudes de lecture/votre livre préféré ou sur la musique que vous écoutez/votre chanteur/chanteuse ou groupe préféré(e).**

- Utilisez au moins deux pronoms relatifs et deux pronoms toniques.

7 **Choisissez un(e) artiste francophone. Vous pouvez utiliser la liste ci-dessous. Recherchez et écrivez un paragraphe en mentionnant les points suivants. Préparez-vous à présenter votre travail devant la classe.**

- pourquoi est-il/elle connue(e) ?
- quel est son film/sa chanson/son livre phare ?
- Utilisez deux phrases avec *qui*, *que*, *où* ou *dont*.
- Utilisez un pronom emphatique.

Grammaire

Use relative pronouns (meaning who, which, that, etc.) to add information about a noun.

Qui refers to the subject of a verb:
*Omar Sy est un acteur **qui** a du talent.*

Que (*qu'*) refers to the object of a verb:
*Le film **que** j'ai vu s'appelle* Croc-Blanc.

Où (where): *Le cinéma **où** je vais est en ville.*

Dont (whose/of whom/of which):
*Le film **dont** j'ai aimé la musique…*

Plus ? ➜ Grammar p. 242

+ Traduisez les phrases en anglais.

Grammaire

Emphatic pronouns are used after prepositions like *avec*, *pour* and *chez*.

*avec **moi***	*pour **nous***
*pour **toi***	*selon **vous***
*chez **lui***	*sauf **eux***
*sans **elle***	*avec **elles***

Plus ? ➜ Grammar p. 242

Conseil-langue

Relative pronouns help you to link sentences together naturally. Instead of saying *J'aime lire. Je lis des romans.* (I like reading. I read novels.), say *Les livres **que** j'aime lire sont des romans.* (The books that I like reading are novels.)

l'auteur Guillaume Musso

l'acteur et humoriste Gad Elmaleh

la chanteuse Chimène Badi

le chanteur Youssou N'Dour

l'actrice Marion Cotillard

la peintre Odile Latortue

5.5 La technologie

Objectifs

- Discuss new technologies
- Identify the advantages and disadvantages of the Internet
- Use adverb quantifiers accurately

1 **Travaillez à deux. Faites le quiz.**

1 Tu préfères...
- **a** télécharger de la musique en ligne ?
- **b** acheter des CDs ?

2 Tu aimes beaucoup...
- **a** prendre d'autres personnes en photo ?
- **b** prendre des selfies ?

3 Tu vas un peu...
- **a** sur des réseaux sociaux ?
- **b** sur des forums en ligne ?

4 Tu n'aimes pas trop...
- **a** sauvegarder ton travail sur stockage cloud ?
- **b** utiliser l'imprimante ?

5 Tu aimes surtout...
- **a** regarder des vlogs ?
- **b** lire des blogs ?

6 Tu adores vraiment...
- **a** poster des photos ou des vidéos ?
- **b** commenter des photos ou des vidéos ?

Conseil-langue

When doing a reading activity, concentrate on words that you understand and on cognates (words that are similar in your own language) and near-cognates. You'll find that you can work out a lot of the meaning. Before doing exercises 1 and 2, see how much of this text you can understand.

2 **Lisez et écoutez les textes. Complétez les phrases.** 65

Je suis passionnée de photographie et je prends beaucoup de photos tous les jours. Depuis l'année dernière, je mets mes photos en ligne sur mon compte Instagram en utilisant l'application sur mon téléphone portable. J'aime bien partager mes photos avec les autres. Ma sœur a aussi un compte mais moi je reçois plus de mentions « j'aime » qu'elle car mes photos sont trop belles. J'utilise un peu Facebook et Snapchat pour discuter avec mes amis, cependant ce ne sont pas mes réseaux sociaux préférés. **Marie**

Mon meilleur ami est bloggeur et vlogueur sur YouTube principalement. Il poste des vidéos une fois par semaine et il a quelques milliers d'abonnés. Ça marche bien ! Il a téléchargé un nouveau logiciel pour améliorer ses vidéos, et maintenant elles sont très professionnelles. Moi, je viens d'avoir le wifi alors maintenant je me connecte souvent pour surfer sur Internet. J'aime assez envoyer des e-mails, mais j'aime peu jouer à des jeux en ligne. **Robert**

Je suis musicien et grâce à Internet, plus de personnes ont accès à ma musique. Je me suis acheté un peu de nouveau matériel dont un écran tactile, car c'est plus facile pour composer. Je me fais connaître grâce à Spotify qui est si pratique à utiliser ! J'espère qu'un jour je deviendrai très célèbre dans le monde entier. **Patrick**

1 Marie utilise Instagram pour...
2 Marie pense que Facebook et Snapchat...
3 Le meilleur ami de Robert améliore ses vidéos grâce à...
4 Sur Internet, Robert n'aime pas trop...
5 Patrick pense qu'avec Internet...
6 Patrick utilise Spotify pour...

Vocabulaire

prendre des photos
envoyer des e-mails
partager des photos
mettre en ligne
les réseaux sociaux
le stockage cloud
l'imprimante
l'application
le logiciel
l'écran tactile
le blogueur/la blogueuse
le vlogueur/la vlogueuse

3 **Traduisez les mots en parenthèses en français.**

1 Le paiement sur Amazon n'est pas ______ (*very*) sûr.
2 On prend ______ (*a lot of*) risques à utiliser certains sites Internet.
3 Les ados passent ______ (*too much*) temps sur les réseaux sociaux.
4 Internet est ______ (*really*) utile.

4 **Écoutez ce père qui parle d'Internet. Recopiez et complétez les phrases avec le bon mot.** 66

sécurité inquiètes communiquer beaucoup gratuitement surveiller les jeunes sauvegardées

1 Il y a ______ d'avantages à Internet.
2 C'est un bon moyen de ______ avec sa famille.
3 Le wifi permet de chatter ______.
4 Internet a transformé le monde de la recherche, surtout pour ______.
5 Les informations peuvent être ______ sur un ordinateur portable.
6 Quelques personnes sont un peu ______ à propos de la sécurité d'Internet.
7 Il faut ______ ce que les enfants font sur Internet
8 La ______ en ligne est indispensable dans la prévention de problèmes sur Internet.

Grammaire

Use quantifiers and intensifiers to vary your descriptions or to make them more exact:

*Internet est **très** utile/**assez** utile/**peu** utile.*

très (very)	*assez* (quite)
trop (too much)	*vraiment* (really)
un peu (a little)	*fort / si* (so)
peu (little)	*tellement* (so much)
beaucoup (a lot)	*plus* (more)
plutôt (rather)	*moins* (less)

Use these adverbs with *de* to describe a quantity:

trop de, un peu de, peu de, beaucoup de, plus de, moins de

*J'ai **beaucoup de** photos.*
*J'ai **peu de** temps.*

Plus ? → Grammar p. 240

Vocabulaire

le harcèlement en ligne	conseiller
le mot de passe	donner
le conseil	devenir
le renseignement	s'exposer
la fraude	copier-coller
une personne mal intentionnée	sécuriser

5 **Lisez les conseils de sécurité en ligne sur le site d'un collège. Recopiez et complétez la grille.**

Ados sur le Net sans sécurité en ligne = DANGER!

Voici les conseils des élèves du club d'informatique du collège des 3 Rivières pour utiliser Internet tout en sécurité:

1 En donnant ses coordonnées bancaires, on risque la fraude – alors assurez-vous bien d'acheter sur un site sécurisé.

2 En s'inscrivant sur les réseaux sociaux comme Facebook ou Instagram et en postant des photos, on devient plus vulnérables et on s'expose à des messages dangereux venant de personnes mal intentionnées. Il faut donc sécuriser vos profils en utilisant un mot de passe fort et ne pas donner de renseignements trop personnels.

3 En surfant trop sur les réseaux sociaux, on s'expose beaucoup à des risques de harcèlement en ligne. Ne vous impliquez pas, copiez-collez pour signaler tout message suspicieux !

4 En se connectant sur Internet plus de deux heures par jour, il y a un risque sérieux de devenir trop passif et même obèse. Assurez-vous de faire du sport et de prendre un peu l'air au moins 30 minutes par jour.

dangers potentiels	conseils pour les éviter
la fraude	

6 **Écrivez un article de blog pour le site du collège sur les usages d'Internet pour les ados. Mentionnez les avantages et les dangers d'Internet et n'oubliez pas d'inclure votre opinion.**

Le monde francophone

Un film tout à fait différent

Intouchables est une comédie dramatique qui est sortie en 2011 et qui est le plus gros succès français sur le plan international avec plus de 54 millions de tickets vendus dans le monde entier, soit 445 millions de dollars. Ce film est basé sur une histoire vraie et décrit la relation entre Philippe, riche handicapé tétraplégique (joué par François Cluzet) et Driss, son aide de vie sénégalais, ancien détenu de prison (joué par Omar Sy). 5 % des bénéfices du film sont donnés à une association pour personnes handicapées.

Philippe est devenu tétraplégique à la suite d'un accident de parapente et il cherche quelqu'un pour s'occuper de lui toute la journée. Driss se présente à l'entretien d'embauche et accepte cet emploi car il pense pouvoir gagner beaucoup d'argent. Les deux hommes sont très différents car Philippe habite dans un hôtel particulier et a énormément d'argent, alors que Driss vient d'un milieu très pauvre et habite en HLM avec toute sa famille. Le film est vraiment rigolo car Driss, qui est toujours de très bonne humeur, fait redécouvrir à Philippe la vie malgré son handicap. Driss fait des gaffes; ils voyagent, ils font des coups ensemble et ils deviennent très proches.

La fin du film montre les véritables personnes sur lesquelles cette histoire est basée, Philippe Pozzo di Borgo et Abdel Yasmin Selou. Les deux hommes sont restés très bons amis.

Intouchables a eu plus de vingt-cinq récompenses dans le monde entier; ces prix sont principalement pour Omar Sy en tant que « meilleur acteur » et Intouchables en tant que « meilleur film étranger ».

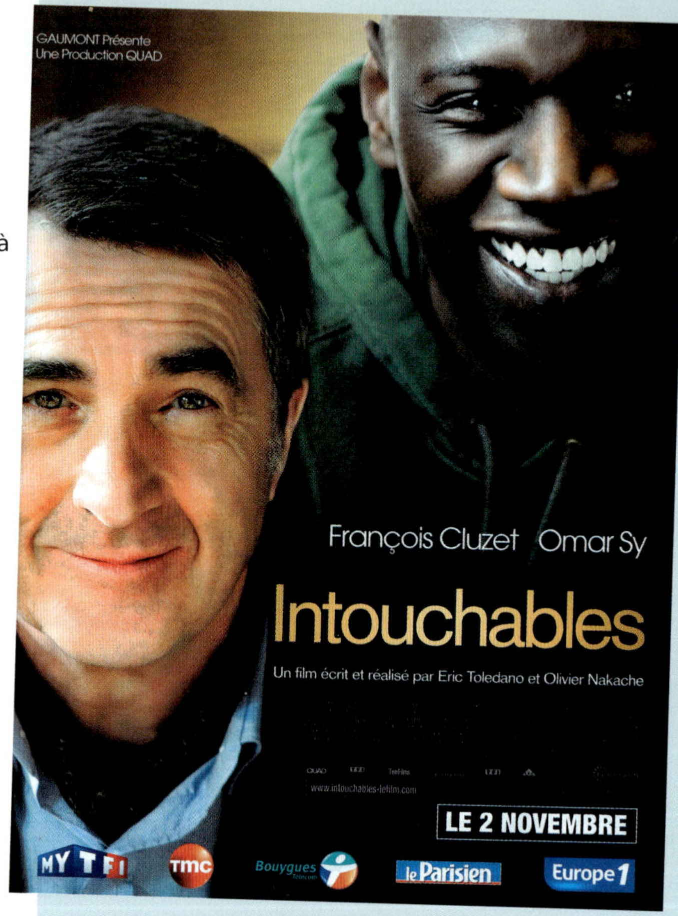

une histoire vraie – a true story
une aide de vie – a carer
le parapente – paragliding
faire des gaffes – make mistakes
l'entretien d'embauche – job interview

Pareil...
Les films francophones sont-ils populaires là où vous habitez ? Pourquoi ?
mais différent

1 Lisez le texte sur le film français *Intouchables*. Répondez aux questions.

1 Quel genre de film est *Intouchables* ?
2 Combien de personnes sont allées voir le film au cinéma ?
3 Comment ce film aide-t-il les personnes handicapées ?
4 Comment est-ce que Philippe est devenu tétraplégique ?
5 En quoi Philippe et Driss sont-ils différents ?
6 Pourquoi le film est-il marrant ?
7 Quelle est la relation entre les vrais protagonistes Philippe et Abdel ?
8 Quelles sont les deux récompenses principales que le film a reçues ?

Connexions
Préférez-vous les films à gros ou à petit budget ? Expliquez votre réponse.

les paroles – the lyrics
une bande-son – a soundtrack
un défilé militaire – military parade
une fanfare – a brass band

Le succès des casqués !

Daft Punk est un groupe électro français connu depuis les années 90. Il comprend deux personnes dont on connaît les noms mais pas les visages, car ils portent toujours des casques. En 1996, ils sortent le titre *Da Funk*, qui devient un succès international. C'est l'un des rares groupes français connus dans le monde entier.

Ils ont sorti six albums, en passant de la musique house-techno à la musique pop et dans les années 2000, ils ajoutent des paroles à leur musique. Au fil des années, ils ont aussi créé des bandes-son pour plusieurs films et travaillé avec d'autres artistes, comme Pharrell Williams avec le titre Get Lucky qui est devenu, en moins d'une journée, numéro 1 des ventes internationales sur iTunes.

Le groupe continue sa carrière internationale avec des concerts dans le monde entier. En 2006, Daft Punk est élu « meilleur DJ du monde », leur album de 2013 intitulé *Random Access Memories* reçoit un disque de diamant (il est donc vendu à plus de 500 000 exemplaires), ainsi que cinq Grammy Awards y compris « meilleur album de l'année ». En 2017, lors du défilé militaire du 14 juillet, la fanfare de l'armée française a joué un medley des tubes de Daft Punk, à la grande surprise des présidents Emmanuel Macron et Donald Trump.

2 **Lisez le texte sur le groupe français Daft Punk. Trouvez les phrases qui sont vraies.**

1 Daft Punk fait de la musique électronique.
2 Il y a quatre personnes dans le groupe.
3 Ils sont célèbres en France uniquement.
4 Leur musique leur rapporte beaucoup d'argent.
5 Daft Punk a reçu beaucoup de prix.
6 Le groupe a eu un disque d'or pour leur album de 2013.
7 Leur musique a été jouée pendant le défilé du 14 juillet 2017.
8 Ils ont eu trois Grammy Awards.

Recherche

Pourquoi les membres de Daft Punk portent-ils des casques ?

Révisions

1 **Travaillez à deux. Essayez de trouver un sport ou un passe-temps pour chaque lettre de l'alphabet. Faites une phrase avec le mot.**

A – athlétisme – je fais de l'athlétisme
B – badminton – elle joue au badminton

2 **Lisez le texte écrit par Yacin et choisissez a, b ou c pour compléter les phrases.**

J'aime beaucoup lire. Je préfère lire des livres sur mon iPad ou sur mon Kindle car je trouve que c'est beaucoup plus pratique et plus léger que de porter un livre. Je lis souvent à l'extérieur, dans un parc par exemple. Mes livres préférés sont les comédies romantiques et j'adore l'auteur Marc Lévy et en particulier son roman *Où es-tu ?* Je fais partie d'un club de lecture et on se réunit avec mes amis une fois par mois pour discuter du livre qu'on vient de lire et pour en choisir un autre. La semaine prochaine, ils viennent tous chez moi. Pour notre prochain livre, je vais leur proposer un classique français, par exemple *Les Misérables* de Victor Hugo ou *L'étranger* d'Albert Camus.

1 Yacin aime lire...
   - **a** des livres papiers.
   - **b** des livres électroniques.
   - **c** des magazines.

2 Yacin lit plutôt...
   - **a** en plein air.
   - **b** dans sa chambre.
   - **c** à la bibliothèque.

3 Il préfère...
   - **a** les romans policiers.
   - **b** les BD.
   - **c** les livres d'amour.

4 À son club, les réunions sont...
   - **a** journalières.
   - **b** hebdomadaires.
   - **c** mensuelles.

5 Le prochain livre sera...
   - **a** moderne.
   - **b** connu.
   - **c** étranger.

3 **Écoutez 3 jeunes qui parlent de leurs préférences de shopping. Recopiez et remplissez la grille.** 67

nom	Internet ou magasin ?	objet/vêtement acheté + couleur	autre detail
Édouard	Internet	...	...
...			

4 **Choisissez une série télé francophone ou de votre pays, et écrivez une critique. N'oubliez pas de mentionner :**

- un résumé simple de l'histoire
- les relations entre les personnages. Quel est votre personnage préféré ? Pourquoi ?
- votre opinion justifiée

Bilan

Lisez et recopiez les phrases. Vous pensez avoir réussi chaque objectif ? Écrivez oui/un peu/pas du tout. Révisez pour vous améliorer.

Maintenant, je peux :	**oui**	**un peu**	**pas du tout**
• décrire les sports et les passe-temps que je fais			
• décrire les vêtements que j'achète			
• expliquer les avantages et les inconvénients du shopping traditionnel et du shopping sur Internet			
• décrire comment j'organise mon temps			
• décrire un weekend chargé			
• écrire et parler de la lecture, du cinéma, des émissions télé et de la musique			
• comprendre, accepter et refuser une invitation à sortir			
• donner mon opinion sur la technologie			
• expliquer les avantages et les inconvénients d'Internet			
Je peux reconnaître et utiliser :			
• les verbes *faire* et *jouer*			
• les questions avec les mots interrogatifs			
• les prépositions et en particulier les prépositions de temps			
• les pronoms relatifs			
• les pronoms toniques			
• les adverbes de degré			

In listening exercises, listen carefully for synonyms of words in the answer options. For example, if the answer gives *Internet* as an option, the text might say *la toile* or *en ligne*. Also listen out for negatives, and for words like *mais*, *cependant*, *par contre*, *pourtant* which can change the meaning of the sentence and make a big difference when choosing the correct answer. Be careful not to confuse words that sound alike (*les chaussures*, *les chaussettes*).

Mots et expressions – Unité 5

Les sports / Sports

je fais/j'ai fait ...	I do/I did ...
de l'athlétisme (m)	athletics
de la course à pied, du footing	running, jogging
du cyclisme	cycling
du hockey	hockey
de l'escalade/	mountain climbing
de la randonnée	hiking
de la natation	swimming
du patin à glace	ice skating
du patin à roulettes	roller skating
de la planche à voile	windsurfing
du ski	skiing
du surf	surfing
de la voile	sailing
du vélo	biking
du yoga	yoga
du judo	judo
je joue/j'ai joué ...	I play/I played ...
au foot	football
au basket	basketball
au volley	volleyball
au badminton	badminton
au golf	golf
au hockey	hockey
au rugby	rugby
au tennis	tennis
la médaille	medal
le court de tennis	tennis court
la salle de gym	gym
un équipe	a team
supporteur/supportrice	a fan
le matériel	equipment
la piste	track
le prix	award, prize
le raquette	racket
le terrain de golf,	golf course
le terrain de foot	football pitch
la balle de tennis, le ballon de foot	ball
gagner	win
marquer (un but)	score (a goal)
perdre (une/la course, compétition)	lose (a/the race, a competition)
faire match nul	draw (game)

Loisirs et activités / Leisure activities

je joue/j'ai joué ...	I play/I played ...
d'un instrument	an instrument
de la flûte	flute
du piano	piano
de la guitare	guitar
de la batterie	drums
de la clarinette	clarinet
de la trompette	trumpet
du violon	violin
je fais/j'ai fait ...	I do/I did ...
de la chorale	choir-singing
du dessin	drawing
de la peinture	painting
de la poterie	pottery
aller à la pêche	go fishing
voir un concert	see a concert
écrire une nouvelle/ des nouvelles	write a short story (-ies)
prendre des photos	take photos
chanter	sing
un casque	headphones
regarder...	watch
des documentaires	documentaries
des émissions de télé	TV programmes

Au magasin / At the shops

ça me va	it fits
ça ne me va pas	it doesn't fit
ça vous/te va bien!	it suits you!
c'est décontracté	it is casual
c'est élégant/chic	it is smart
c'est trop serré	it is too tight
c'est trop large	it is too loose
quelle taille?	what size?
quelle pointure de chaussures?	what shoe size?
petit(e)	small
moyen(ne)	medium
grand(e)	big
énorme	enormous
tout(e) petit(e)	tiny
en cuir	leather
en coton	cotton
en laine	wool

Les vêtements / Clothes

je porte ...	I wear ...
une bague	a ring
des baskets (mpl)	trainers
des bijoux (mpl)	jewellery
un blouson	a bomber jacket
des bottes (fpl)	boots
une boucle d'oreille	an earring
une casquette	a cap
une ceinture	a belt
un chapeau	a hat
des chaussures (fpl)	shoes
une chemise	a shirt
un chemisier	a blouse
un collier	a necklace
un costume	a suit
une cravate	a tie
une écharpe	a scarf
des gants (mpl)	gloves
un imperméable	a raincoat
un jean	jeans
une jupe	a skirt

des lunettes (fpl)	glasses
des lunettes de soleil	sunglasses
un maillot de bain	a swimming costume
un manteau	a coat
une montre	a watch
un pantalon	trousers
un pull	a jumper/pullover
une robe	a dress
des sandales (fpl)	sandals
un short	shorts
un sweat	a sweatshirt
un uniforme	uniform
une veste	a jacket
des vêtements (mpl)	clothes
un parapluie	an umbrella
une poche	a pocket
un sac à dos	a backpack
un sac	a bag

C'est combien ? — How much does it cost?

il/elle/ça coûte …	it costs …
le prix	price
le reçu	receipt
la monnaie	change
la carte de credit	credit card
bon marché	cheap
cher/chère	expensive
en promotion	on offer
les soldes (f)/en solde	sales/on sale
le client/la cliente	client
le vendeur/la vendeuse	salesman, saleswoman
la marque	brand

Les couleurs — Colours

argent	silver
blanc(he)	white
bleu(e)	blue
marron	brown
clair(e)	light
couleur	colour
foncé(e)	dark
gris(e)	grey
jaune	yellow
noir(e)	black
or	gold
orange	orange
rose	pink
rouge	red
vert(e)	green
violet(te)	purple

En magasin ou sur Internet ? — In the shops or online?

un site Internet	a website
la toile	the web
la mode	fashion
un cadeau	a present
permettre de	allow to
essayer	try on
mettre	put on
s'habiller/se déshabiller	get dressed/to undress
dépenser	spend
acheter	buy
payer	pay
rendre	return
se faire rembourser	reimburse
se plaindre	make a complaint
vendre	sell
soutenir	support
sortir	go out
ranger la maison	tidy the house
faire des courses	do the food shopping
travailler	work
travail à mi-temps	part-time work
le serveur/la serveuse	waiter/waitress

La lecture — Reading

un auteur	an author
des bandes dessinées (bd)	comics
des biographies	biographies
un blog	a blog
un club de lecture	a book club
un écran	a screen
une liseuse numérique/électronique	an e-reader
des histoires	stories
des journaux	newspapers
lire	read
des mangas	mangas
des romans	novels
des romans policiers	detective novels
une page web	a web page
un personnage	a character

La musique — Music

écouter	listen
la musique classique	classical music
la musique pop	pop music
la radio	the radio
le rock	rock
le rap	rap
le reggae	reggae
le concert	concert
le chanteur/la chanteuse	singer
le groupe	group

La technologie — Technology

une application	an app
chatter (en ligne)	chat (online)
cliquer	click
copier-coller	copy and paste
envoyer des e-mails	send emails
le harcèlement en ligne	online harassment
l'intelligence artificielle	artificial intelligence
mettre en ligne	upload
partager les photos	share photos
sauvegarder	save
sécuriser	secure
surveiller	monitor
télécharger de la musique	download music
le téléphone portable	a mobile phone
un vlogueur/une vlogueuse	a vlogger

6 Voyager autour du monde

À vos marques !

- Describe holiday activities
- Express holiday preferences
- Use opinions followed by infinitives

1 **Faites correspondre les expressions (1–8) avec les images (a–h).**

1 visiter des monuments
2 prendre des photos
3 nager
4 lire un livre
5 manger dans un restaurant
6 faire une randonnée
7 aller à la plage
8 faire de la plongée sous-marine

a

b

c

d

e

f

g

h

2 **Et vous, qu'est-ce que vous aimez faire en vacances ? Qu'est-ce que vous n'aimez pas faire ? Pourquoi ? Écrivez un paragraphe. Vous pouvez utiliser les idées de l'exercice 1.**

3 **Écoutez 4 jeunes parler de leurs vacances. Recopiez et complétez la grille.** 68

	logement	raisons
Laure		
Omar		
Laëtitia		
Lucas		

4 **Quel est votre logement préféré ? Et celui que vous n'aimez pas ? Pourquoi ?**

5 **Avantages ou inconvénients ? Discutez-en avec votre partenaire et décidez.**

- Mes parents payent pour tout.
- J'ai moins de liberté.
- On s'entend bien.
- On se dispute tout le temps.
- On a les mêmes intérêts.
- On veut faire des activités similaires.

Vocabulaire

l'avion
le train
le bateau
la voiture
le vélo
le bus
fiable
s'arrêter
bruyant

6 **Classez les transports par ordre de préférence et donnez une raison pour expliquer. Utilisez les idées de l'encadré pour vous aider.**

J'aime l'avion car c'est rapide.

l'avion | le train | le bateau | la voiture | le vélo | le bus

C'est bon/mauvais pour l'environnement. C'est agréable.
On peut prendre son temps. C'est moins cher. C'est rapide et facile.
On peut s'arrêter. C'est cher et bruyant. C'est bon pour la forme.
On peut emporter beaucoup de bagages.
Il y a souvent du retard et ce n'est pas très fiable.
Il y a toujours trop de monde. J'ai le mal de mer.

7 **Faites correspondre chaque problème (1–6) à une personne ou à un endroit (a–f).**

1 se faire voler ses papiers
2 se faire piquer par un insecte
3 avoir une intoxication alimentaire
4 l'avion est retardé/annulé
5 la voiture de location tombe en panne
6 perdre son passeport

a le commissariat
b l'ambassade
c l'agence de voyage
d l'agence de location de voiture
e la pharmacie
f le docteur

8 **Remettez les mots dans le bon ordre. Ajoutez la ponctuation correcte (majuscules, virgules…).**

1 préfère je car voyager rapide en avion c'est
2 détestons camping nous faire du
3 frère mon aime amis aller vacances en avec ses
4 bronzer les père vacances pendant mon déteste
5 j'aime pratiquer nautiques des sports
6 jouer j'adore tennis au ma avec mère

6.1 Le meilleur endroit du monde

Objectifs

- Describe favourite types of holidays
- Describe ideal holidays
- Use the conditional

Vous aimez aller en vacances ?

1 **Lisez les textes. C'est Audrey, Assan ou Paul ? Choisissez la bonne photo.**

a

b

c

Mes vacances préférées

Mes vacances préférées sont les vacances à l'étranger. J'adore visiter d'autres pays, surtout sur d'autres continents. Le plus important pour moi est de découvrir des cultures et des cuisines différentes. En plus, j'aime vraiment visiter des monuments anciens et pleins d'histoire comme les temples ou les églises. Si j'allais en vacances à l'étranger, j'aimerais bien faire du tourisme, voir la vie sauvage et me reposer un peu. **Audrey**

Comme je suis actif, j'aime toujours faire quelque chose. La montagne est ma destination préférée. J'aime beaucoup la randonnée et les paysages naturels et sauvages. Je voudrais aller en Suisse, dans les Alpes où je ferais du camping. Je n'aime pas les grandes foules donc j'essaie de choisir des endroits isolés et tranquilles. **Paul**

Pour moi, les vacances idéales seraient des vacances où on ne fait rien ! Généralement, le bord de mer est ma destination favorite car je peux me reposer et bronzer. Si j'avais le choix, je resterais en Europe car je n'aime pas les longs voyages mais je cherche toujours le beau temps et la chaleur donc je ne reste pas au Luxembourg. Un hôtel près de la plage avec une piscine et deux restaurants serait parfait. Normalement, pendant les vacances, je fais des sports nautiques, je lis et je me détends. **Assan**

2 **C'est qui : Audrey, Paul ou Assan ?**

1 La météo est importante pour moi.
2 J'aime faire de l'exercice physique quand je suis en vacances.
3 Les longs voyages ne me dérangent pas.
4 Nager et passer du temps dans la mer est important pour moi.
5 La culture m'intéresse beaucoup.
6 J'aime essayer la nouvelle nourriture.
7 Le confort est essentiel.
8 J'aime dormir en plein air.

Vocabulaire

les vacances	se reposer
le paysage	bronzer
la plage	découvrir
l'endroit	faire du tourisme
la randonnée	
le pays	

+ Trouvez les verbes au conditionnel dans les textes et trouvez leur infinitif.

3 **Conjuguez les verbes entre parenthèses au conditionnel.**

1 Si j'avais beaucoup d'argent, j' (aller) dans les Caraïbes.
2 Nous (rester) dans un hôtel cinq étoiles sur la plage.
3 Mon frère (faire) des sports nautiques tous les jours.
4 Mes parents (vouloir) essayer la cuisine locale.
5 Si elle avait le temps, ma sœur (bronzer) sur la plage.
6 Je (regarder) les poissons colorés sous l'eau avec un masque.

Grammaire

Use the conditional to say you 'would' do something.

Conditional = future stem + imperfect ending

je mangerais (I would eat)
nous voyagerions (we would travel)

Remember the irregular stems:

*je **serais*** (I would be)
*j'**aurais*** (I would have)
*je **ferais*** (I would do)
*j'**irais*** (I would go)
*je **voudrais*** (I would like)

Plus ? → Grammar p. 248

4 **Écoutez Farah parler des ses vacances idéales et remplacez les mots incorrects.** 69

1 Les vacances idéales de Farah seraient ~~à Haiti~~.
2 Elle voyagerait en ~~train~~.
3 La première classe serait plus ~~amusante~~.
4 Elle voudrait rester dans ~~une tente~~.
5 Pendant la deuxième semaine de ses vacances, elle ~~visiterait des monuments~~.
6 Ces vacances seraient des vacances ~~fatigantes~~.

5 **Où aimez-vous aller en vacances et qu'est-ce que vous aimez faire ? Préparez une présentation de 45 secondes.**

Faire des progrès

To tackle exercises like this, work out what kind of information you need to listen out for – for example, a place, a person, a type of transport. This will help you focus on the correct words.

6 **Comment seraient vos vacances de rêve ? Écrivez un paragraphe et utilisez le conditionnel. Mentionnez :**

- Où voudriez-vous aller ?
- Comment voyageriez-vous ? Pourquoi ?
- Où logeriez-vous ?
- Qu'est-ce que vous feriez ?

+ Utilisez au moins 3 verbes irréguliers au conditionnel dans votre paragraphe.

6.2 Comment organiser des vacances

Objectifs

- Research a holiday
- Deal with a problem while on holiday
- Recognise and use perfect infinitives

1 **Faites correspondre les textes (1–3) avec les sites webs (A–C).**

1 Les hôtels sont les plus confortables pour moi donc, après avoir travaillé dur pendant l'année, je recherche une semaine dans un hôtel avec pension complète pour mes vacances. J'aimerais avoir une piscine et être près de la plage mais je ne veux pas d'animations le soir car j'aime le calme. **Géraldine**

2 Moi et ma femme, nous adorons la nature et donc nous faisons du camping quand nous partons en vacances. J'espère avoir trouvé un camping pour notre expédition au Vietnam l'été prochain. Après avoir visité les parcs nationaux et observé la vie sauvage, nous pourrons aller à la capitale pour visiter des monuments et découvrir la culture locale. **Michel**

3 Nous avons visité la Corse l'année dernière. Après avoir fait un voyage long et ennuyeux, nous sommes arrivés au paradis. Nous sommes restés dans une villa au bord de la mer au début du séjour et puis dans un gîte à la campagne pour la fin des vacances. Je suis content d'avoir visité un si bel endroit et j'espère y retourner bientôt ! **Marcel**

A www.decouvrirlevietnam.be

Venez voir la nature de l'Asie ! Voyage tout compris, découverte des parcs nationaux et visite culturelle d'Hanoi. Si vous aimez les animaux mais aussi les villes, ce voyage est fait pour vous.

B www.vacancesencorse.fr

Venez découvrir l'un des secrets cachés de la France. Au milieu de la mer Méditerranée, vous trouverez une île paradisiaque avec la mer, la montagne et la campagne. Avec le beau temps presque toujours garanti, il nous tarde de vous accueillir !

C www.jechercheunhotel.fr

Hôtel quatre étoiles situé au bord de la mer, vue sur la mer garantie et accès rapide et facile à la plage. Dans l'hôtel, vous trouverez 2 restaurants à thème et une piscine chauffée. Petit déjeuner, déjeuner et dîner inclus.

Vocabulaire

le voyage	espérer
la pension complète	découvrir
le gîte	au début
les animations	à la fin
le paradis	tout compris
partir	chauffé(e)

2 **Écrivez vrai (V), faux (F) ou pas mentionné (PM).**

1 La Corse est une île française.
2 Hanoi est la capitale du Vietnam.
3 Géraldine veut sortir le soir.
4 Il fait toujours beau au Vietnam.
5 Il y a la mer et la montagne en Corse.
6 La Corse est dans la mer Noire.
7 Marcel a fait de la natation pendant ses vacances.
8 Marcel ne veut plus aller en Corse.

3 **Complétez chaque phrase avec la bonne forme du participe passé.**

1 Après être (arriver), nous sommes allés à notre hôtel.
2 Après avoir (prendre) des photos, ma sœur a cassé son appareil.
3 Mes parents sont rentrés au gîte après avoir (voir) des girafes et des éléphants.
4 Ma copine et moi sommes allées à la gare pour prendre le train après être (partir) de la maison à 11h.
5 Après avoir (faire) ses devoirs, mon frère est sorti dehors.
6 Nous nous sommes rendus compte que c'était les mauvaises dates après avoir (louer) la voiture de location.

+ Traduisez les phrases.

4 **Écoutez et remettez les images dans le bon ordre.** 70

1 
2 
3 
4 

5 

6 

5 **Répondez aux questions.** 70

1 Où est-ce que Cécile a passé ses vacances ?
2 A-t-elle aimé ses vacances ? Pourquoi ? Pourquoi pas ?
3 Quel était le problème quand elle est arrivée à l'aéroport ?
4 Pourquoi Amaury avait-il besoin d'un passeport ?
5 Où est-il allé pour demander son passeport ?
6 Combien a coûté son passeport ?

+ Répondez aux questions en faisant des phrases complètes.

6 **Jeu de rôle**

Vous êtes en vacances à l'étranger et vous avez perdu votre passeport. Vous allez au commissariat. Vous êtes le touriste et votre partenaire est le policier.

1 Saluez le policier et dites pourquoi vous êtes là.
2 Dites où vous avez perdu votre passeport.
3 Dites quand vous avez perdu votre passeport.
4 Écoutez et choisissez une option.
5 Demandez comment vous allez rentrer chez vous.

Idées pour le policier:
Comment est-ce que je peux vous aider?
Où avez-vous perdu votre passeport exactement ?
Quand l'avez-vous perdu ?

7 **En groupe, concevez une publicité pour un hôtel. Vous devez mentionner :**

- dans quel pays francophone est l'hôtel et où il est situé exactement
- une description de l'hôtel
- ce qu'il y a près de l'hôtel
- une description des chambres et des animations

Conseil-langue

To make your speaking and writing work more complex and interesting, you need to use a variety of structures. For example, make sure you include several past, present and future tenses, and complex structures such as the perfect infinitive.

6.3 Les vacances en famille

Objectifs

- Describe family holidays
- Explain problems of family holidays
- Use *venir de* in the present and imperfect tenses

1 **Lisez les descriptions de vacances en famille. Regardez les photos : c'est Marie-Laure ou Christophe ?**

Les vacances en famille – l'idéal ou l'horreur ?

Les vacances en famille, non merci ! Dans ma famille, il y a mes parents et mes deux frères et on se dispute tout le temps. Tout le monde veut toujours faire quelque chose de différent. On vient de rentrer de Guadeloupe et même si c'était une destination idyllique, mes parents voulaient visiter des villages culturels, mes frères voulaient faire de la plongée sous-marine et moi je préférerais lire mon livre sur la plage. Quelle frustration !

Marie-Laure

Au contraire, les vacances en famille, selon moi, sont le meilleur genre de vacances. Je viens de réserver un voyage au Gabon pour toute ma famille et je suis super content ! Nous nous entendons tous très bien et nous avons les même goûts. En plus, comme on travaille beaucoup pendant l'année, les vacances sont une très bonne occasion de passer du temps ensemble.

Christophe

1

2
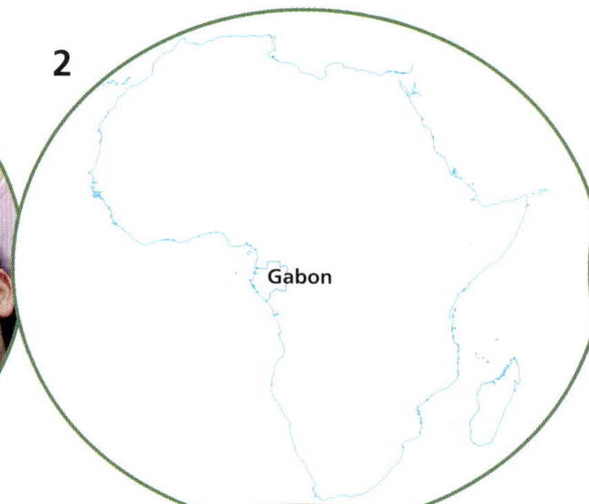

3

4

5
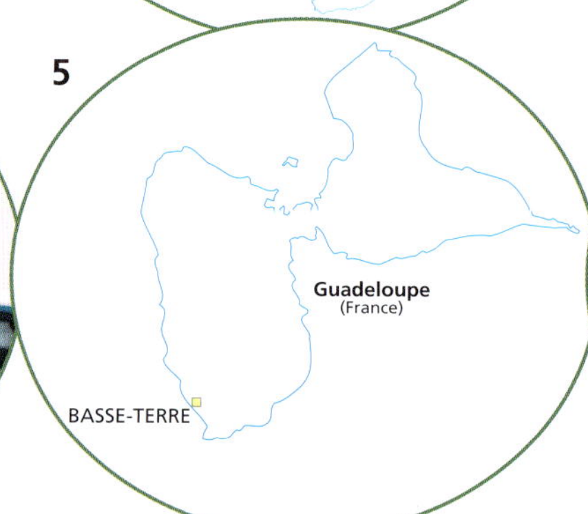

6

2 **Complétez chaque phrase avec le bon mot de l'encadré.**

culturelles allés s'entend idéales Afrique occupés

1 Les vacances en famille sont ______ parce que nous avons des choses en commun.

2 On ne ______ pas très bien.

3 Nous sommes ______ en vacances dans les Caraïbes.

4 Les visites ______ n'étaient pas du goût de tout le monde.

5 Nous partons en ______ bientôt.

6 Nous sommes tous très ______.

+ Trouvez et traduisez les exemples de *venir de* dans les textes.

Vocabulaire

tout le temps
tout le monde
quelque chose
idyllique
la plongée sous-marine
partager
le goût

Grammaire

To say what **has** just happened, use:
present tense of *venir* + *de* + *an* infinitive.
*Ils **viennent d'arriver** à l'aéroport.* (They **have just arrived** at the airport.)
To say what **had** just happened, use:
imperfect tense of *venir* + *de* + an infinitive.
*Je **venais de finir** mon livre quand ils sont arrivés.* (I **had just finished** my book when they arrived.)

3 **Conjuguez *venir* au bon temps et à la bonne personne.**

1 On ______ d'arriver quand il a commencé à pleuvoir.
2 Mon frère ______ d'acheter un nouvel appareil photo.
3 Mes parents ______ de réserver les vacances quand ils ont annoncé la grève des avions.
4 Même si ça a pris beaucoup de temps, je ______ de finir d'imprimer mes photos.
5 Mes amis ______ de partir aux États-Unis.
6 Je ______ d'arriver à l'aéroport quand ils ont annoncé l'annulation de mon train.

4 **Écoutez Maxine, Marion et Céline. Pour (P), contre (C) ou pour et contre (P/C) les vacances en famille ?** 71

5 **Réécoutez. Répondez aux questions en français.** 71

1 Pourquoi est-ce que Maxime préfère partir en vacances avec ses amis ? (3 détails)
2 Qu'est-ce qu'il pense des gens qui partent en vacances avec leur famille ? (1 détail)
3 Pourquoi Manon part-elle en vacances avec sa famille ? (2 détails)
4 Donnez une raison pour laquelle Manon n'aime pas les vacances en famille. (1 détail)
5 Où est-ce que Céline est partie en vacances ? (1 détail)
6 Pourquoi est-ce que c'étaient de bonnes vacances ? (2 détails)

Conseil-langue

The key thing here is to understand the questions! First, focus on the question word to identify what type of information you need to find – a person, a place, a time? It's a good idea to learn the question words thoroughly. (See 5.2/page 108.)

6 **Répondez aux questions suivantes avec votre partenaire.**

- Tu pars en vacances avec qui, normalement ?
- Est-ce que tu préfères les vacances en famille ou avec tes amis ? Pourquoi ?
- Décris les dernières vacances avec ta famille.

7 **En groupe, choisissez un titre et écrivez un paragraphe.**

Les vacances en famille – le rêve

Les vacances en famille – l'horreur !

6.4 Se déplacer en vacances

Objectifs

- Describe your favourite transport to go on holiday
- Explain how you can get around on holiday
- Use *depuis* accurately

1 **Faites correspondre les images aux messages.**

1
Si vous avez le mal de mer, ce transport n'est pas pour vous ! C'est une bonne option si on veut prendre son temps, se relaxer ou emmener sa voiture en vacances.

2
C'est certainement le transport le plus rapide mais c'est aussi le pire pour l'environnement ! C'est cher mais c'est le seul moyen de parcourir de longues distances assez facilement.

3
Ce moyen de transport permet d'être flexible – il n'y a pas d'horaire à respecter, on peut partir quand on veut et on peut emmener beaucoup de bagages. Le seul inconvénient, c'est que ça peut être long et il peut y avoir des embouteillages.

4
C'est une option populaire parce que c'est assez rapide et pas très cher. Mais il y a des problèmes et des retards quelquefois. En général, c'est confortable.

a

une voiture

b

un bateau/un ferry

c

un train

d

un avion

2 **Lisez les phrases. Écrivez vrai (V) ou faux (F).**

1 Le ferry est une bonne idée si on veut utiliser sa voiture en vacances.
2 L'avion est bon pour l'environnement.
3 La voiture est plus rapide que l'avion.
4 Les trains peuvent être en retard.
5 Les embouteillages sont un problème avec tous les transports.
6 Voyager en avion est cher.

Vocabulaire

avoir le mal de mer
prendre son temps
emmener
pire
cher/chère
parcourir
permettre de
un horaire
les embouteillages (m pl)
le retard

3 **Comment aimez-vous voyager pour aller en vacances ? Écrivez un paragraphe. Mentionnez :**

- votre moyen de transport préféré pour partir en vacances
- deux raisons pour expliquer pourquoi
- un transport que vous n'aimez pas et une raison
- où vous allez pour vos prochaines vacances et comment vous allez voyager

4 **Écoutez et choisissez la bonne photo pour chaque situation.** 72

a

b

c

d

5 **Répondez aux questions.** 72

1 **a** Depuis combien de temps est-ce que cette touriste est à Aix-en-Provence ?
b Quel est le moyen de transport conseillé pour aller à Marseille d'Aix ?

2 **a** Depuis quand cette touriste attend-elle à la gare de Neuchâtel ?
b Quel est le problème avec le train ?

3 Où est le supermarché ?

4 Qu'est-ce que le touriste cherche ?

6 **Conjuguez le verbe au présent ou à l'imparfait.**

1. Je ______ (venir) ici en vacances depuis ma naissance.
2. Mon frère ______ (pleurer) depuis 10 minutes quand ma mère est rentrée dans sa chambre.
3. Depuis qu'elle ______ (être) en vacances, elle est beaucoup plus calme.
4. Nous ______ (voyager) depuis quelques heures quand la voiture est tombée en panne.
5. Mes parents ne ______ (manger) pas de viande depuis 2 mois.
6. J'______ (apprendre) le français depuis 5 ans.

Grammaire

Use *depuis* (since or for) with the present or the imperfect tense to express something that is still happening now.

*J'**habite** à Bruxelles **depuis** trois ans.* – still happening now

*Nous **étions** à Paris **depuis** deux jours quand j'ai perdu ma montre.* – being in Paris was ongoing when I lost my watch

Plus ? → Grammar p. 250

+ Traduisez les phrases 2 et 5 de l'exercice 6.

7 **Travaillez à deux. Votre partenaire pose les questions et vous inventez des réponses.**

1 Comment est-ce que je peux aller à Rouen ?

2 Où est l'office de tourisme ?

3 Il est loin, le musée d'art moderne ?

4 Le bus pour aller à la plage part à quelle heure ?

6.5 Des vacances désastreuses !

Objectifs

- Describe a past holiday that went wrong
- Explain problems relating to losing objects or being ill on holiday
- Revise the imperfect tense

1 **Écoutez et choisissez la bonne photo pour chaque situation.** 73

a
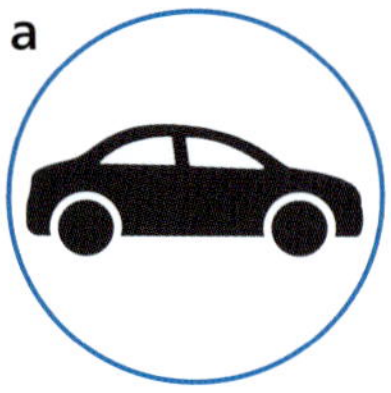

b
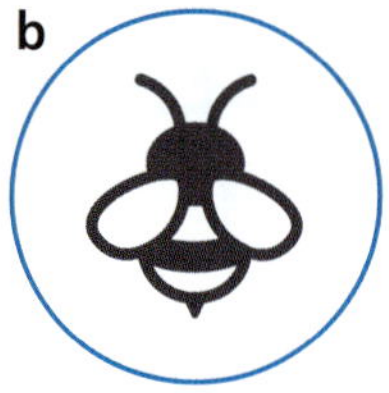

c

d

2 **Quel problème et quelle solution ? Recopiez et complétez la grille.** 73

	problème	solution
1		
2		
3		
4		

Grammaire

Remember to use the imperfect tense to describe:

- a past habit
- a description in the past (setting the scene)
- an ongoing action in the past (often used with the perfect tense)

Plus ? ➔ Grammar p. 246

3 **Jeu de rôle**

Vous êtes en vacances et vous vous êtes fait mal à la jambe. Vous allez à la pharmacie. Vous êtes le touriste et votre partenaire est le pharmacien/la pharmacienne.

1 *Saluez et expliquez la situation.*

2 *Dites où et quand vous vous êtes fait mal.*

3 *Expliquez comment vous vous êtes fait mal.*

4 *Donnez 2 autres symptômes (fièvre, mal au cœur…).*

5 *(Le pharmacien vous conseille d'aller chez le docteur)*

6 *Demandez s'il/si elle connaît un bon docteur.*

Idées pour le pharmacien/la pharmacienne :
Bonjour Madame/ Monsieur, je peux vous aider ?
Quand et où vous êtes-vous fait mal ?
Comment est-ce que vous vous êtes blessé(e) ?
Vous avez mal autre part ?

Conseil-langue

In a role-play, read the 'scene-setting' sentence carefully as you can often re-use some of it to answer the first bullet point. You just need to change the subject and verb : *Vous vous êtes fait mal à la jambe* ➔ *Je me suis fait mal à la jambe.*

4 **Soulignez les verbes à l'imparfait et trouvez leur infinitif en français et en anglais.**

1 Quand nous sommes arrivés, j'avais très faim.

2 Je bronzais sur la plage pendant que mes frères jouaient au foot.

3 Il pleuvait alors nous avons visité un musée d'art moderne.

4 Ma sœur jouait au tennis quand elle est tombée.

5 Quand mes parents ont visité Venise, il faisait trop chaud !

6 Nous allions toujours dans le sud de la France quand j'étais jeune.

+ Écrivez 4 phrases qui commencent par *quand* avec des verbes au passé composé et à l'imparfait.

Quel désastre !

Je suis allée en vacances avec mes amis l'été dernier mais ce n'était pas des vacances de rêve. Quand nous sommes arrivés à l'aéroport pour prendre notre avion, il était retardé de 2 heures. Nous avons dû attendre dans l'aéroport et faire la queue pendant longtemps. Nous somme arrivés à Point-à-Pitre en Guadeloupe après 11h de vol – nous étions tous très fatigués, surtout avec le décalage horaire !
En sortant, il pleuvait beaucoup et il y avait même de l'orage ! Quelle horreur ! Heureusement, notre villa était propre et avait une belle vue sur la mer. Cependant, le deuxième jour, alors que nous bronzions sur la plage, mon ami Sébastien a marché sur un oursin. Il avait des épines dans le pied et il est allé chez le docteur. Il a dû porter un bandage au pied toute la semaine.
Moi, j'ai perdu mon portefeuille avec toutes mes cartes bancaires et mes papiers donc je suis allée au commissariat pour faire une déclaration de perte.
Finalement, le dernier jour, nous avons décidé de monter au volcan de la Soufrière. Mais en garant la voiture, ma copine Francine a reculé dans un arbre et a cassé le vitre arrière de la voiture de location. Nous avons contacté l'agence et nous avons payé les dégâts. C'est vraiment dommage d'avoir eu autant de problèmes car la Guadeloupe est vraiment une très belle île.
Marie

5 **Lisez l'article et complétez les phrases avec les bons mots ou expressions.**

1 Marie a passé des vacances en ______.
2 Ses vacances étaient ______.
3 L'avion avait un ______ de 2 heures.
4 Marie et ses amis son restés dans ______.
5 Sébastien est allé chez le ______.
6 Marie a perdu son ______.

6 **C'est qui ou quoi ?**

1 Qui est allée en vacances avec ses amis l'année dernière ?
2 Qu'est qui a eu un retard de 2 heures ?
3 Qu'est-ce qui a duré 11 heures ?
4 Qui s'est fait mal au pied ?
5 Qui a perdu son portefeuille ?
6 Qui a endommagé la voiture ?

7 **Choisissez une situation (1 ou 2) et écrivez un paragraphe pour raconter l'histoire.**

1 Je suis arrivé(e) à l'aéroport mais notre avion a été…
2 Je me suis fait piquer par une méduse sur la plage…

Vocabulaire

l'été
le vol
les dégâts (m pl)
le portefeuille
le bandage
la voiture de location
être retardé(e)
faire la queue
perdre
(se) garer
reculer
c'est dommage

Le monde francophone

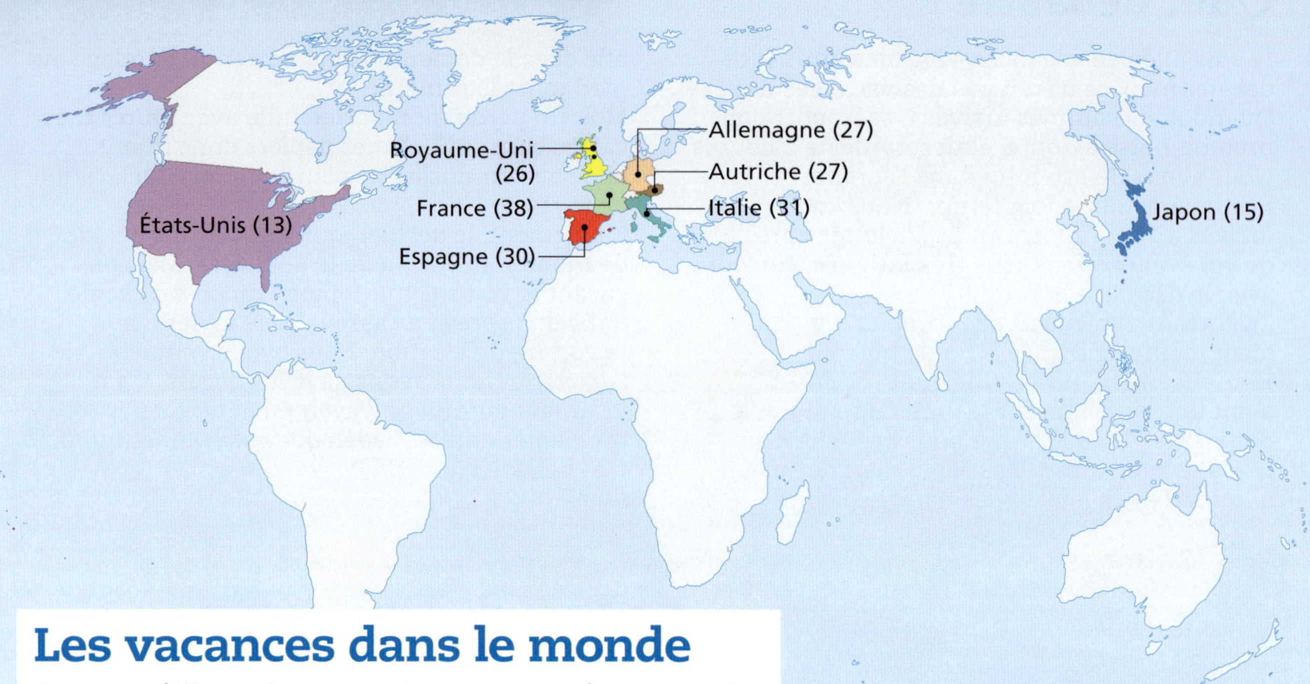

Les vacances dans le monde

Avez-vous déjà pensé que vous n'avez pas assez de vacances ? Pensez-vous que c'est mieux dans d'autres pays ? Un récent article révèle que les Européens sont en tête du classement en ce qui concerne les jours de congé qu'ils reçoivent chaque année. Surtout pour les Français et les Italiens, qui ont 38 et 31 jours de congé respectivement, les vacances sont extrêmement importantes et à quelques jours près, ils prennent toutes leurs vacances chaque année.

En dehors de l'Europe par contre, c'est une histoire différente. En Amérique du Nord par exemple, les employés n'ont que 13 jours de congé par an. À cause de la crise économique, les Américains ont de plus en plus peur de perdre leur emploi et par conséquent, prennent de moins en moins de vacances : seulement 66 % d'entre eux prennent l'intégralité de leurs vacances chaque année. De l'autre côté du monde, au Japon, avec 15 jours de vacances par an, il y encore plus d'incertitude en ce qui concerne la sécurité de l'emploi. Du coup, presque 92 % des Japonais abandonnent la moitié de leur vacances chaque année.

Alors, cela vous a fait réfléchir ? Pensez-vous toujours que c'est mieux dans d'autres pays ?

être en tête de – be in the lead
le classement – rankings
la sécurité de l'emploi – job security
l'intégralité – totality
la moitié – half

1 **Répondez aux questions.**

1 Qu'est-ce que l'article révèle ?
2 Les Italiens ont combien de jours de congé par an ?
3 Comment sait-on que pour les Français et les Italiens, les vacances sont essentielles ?
4 Quelles sont les deux raisons mentionnées pour expliquer une attitude différente envers les vacances en dehors de l'Europe ?
5 Combien d'Américains prennent toutes leurs vacances chaque année ?
6 Pour les Japonais, quelle est la conséquence d'une incertitude envers leur emploi ?

Recherche

Quelle est la situation dans d'autres pays francophones ?

Comment est-ce que les Français aiment passer leurs vacances ?

Presque les trois quarts des Français partent en vacances en été mais ils partent moins longtemps qu'avant car ils ont moins d'argent à dépenser. 70 % des vacanciers préfèrent rester en France, contrairement aux autres Européens qui aiment davantage voyager à l'étranger. La Bretagne et la Provence-Alpes-Côte d'Azur sont les régions préférées des Français pour leurs vacances d'été mais d'autres régions sur la côte sud et à l'est sont aussi prisées. Au niveau hébergement, les hôtels, les locations de maisons ou d'appartement et les campings sont les options les plus populaires. La France reste un pays qui attire beaucoup de touristes car elle offre une diversité de paysages (la mer, la montagne, la campagne mais aussi la culture des villes et des villages pittoresques).

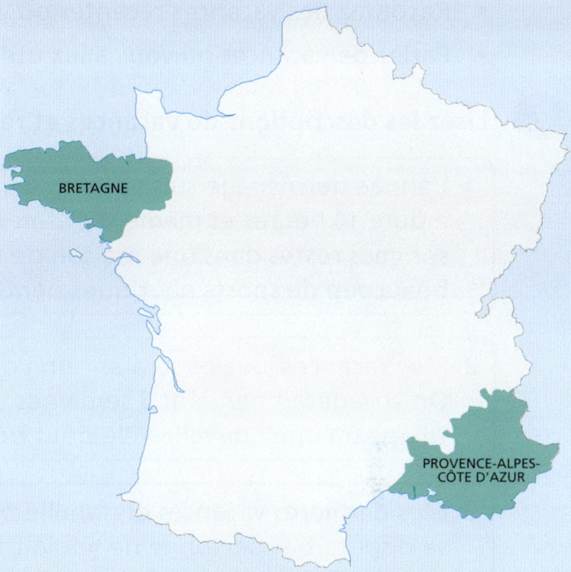

prisé(e) – popular
un hébergement – accommodation
une location – holiday rental
attirer – attract

2 **Choisissez a, b ou c pour compléter chaque phrase.**

1 Les Français partent en vacances moins longtemps qu'avant parce qu'ils...
 a ont moins d'argent.
 b ont moins de vacances.
 c préfèrent rester chez eux.

2 Quand ils vont en vacances, la plupart des Français...
 a voyagent à l'étranger.
 b préfèrent le bord de la mer.
 c restent en France.

3 La Bretagne et la Provence-Alpes-Côte d'Azur sont deux régions...
 a populaires avec les Européens.
 b les moins préférées des Français.
 c les plus populaires pour les vacanciers Français.

4 Quand ils partent en vacances, les Français...
 a ne font pas de camping.
 b louent des maisons.
 c ne restent pas dans des appartements.

5 La France est populaire avec les touristes parce qu'elle...
 a n'est pas chère.
 b a des paysages variés.
 c a des habitants accueillants.

Connexions

Et vous, où aimeriez-vous passer vos vacances ? Pourquoi ?

Pareil...

Les vacances sont-elles importantes pour les gens dans votre pays ?

mais différent

Révisions

1 **Travaillez avec votre partenaire. Essayez de parler de chaque moyen de transport (à droite) pendant au moins 30 secondes. Vous pouvez utiliser les questions pour vous aider.**

- Vous aimez ce transport ? Pourquoi ?
- Racontez des vacances récentes où vous avez voyagé avec ce transport.
- Parlez de vacances où vous allez utiliser ce transport.

2 **Lisez les descriptions de vacances et retrouvez la bonne photo pour chaque texte.**

1 L'année dernière, je suis allée en Guyane avec ma famille. Le voyage en avion a duré 14 heures et même si c'était assez confortable, c'était trop long. Nous sommes restés dans une maison de location au bord de la mer et nous avons fait beaucoup de sports nautiques pendant 2 semaines.

2 Mes vacances idéales seraient un voyage dans les montagnes suisses en train. On voyagerait pendant 3 semaines. On s'arrêterait tous les jours dans un nouveau village ou une nouvelle ville pour découvrir les beaux paysages suisses.

3 Mes dernières vacances en famille ont été vraiment difficiles. Tout le monde se disputait et personne ne voulait faire la même chose. Ma sœur est tombée malade et a dû aller chez le médecin alors qu'on venait juste d'arriver. Personnellement, je ne veux plus aller en vacances avec ma famille.

a

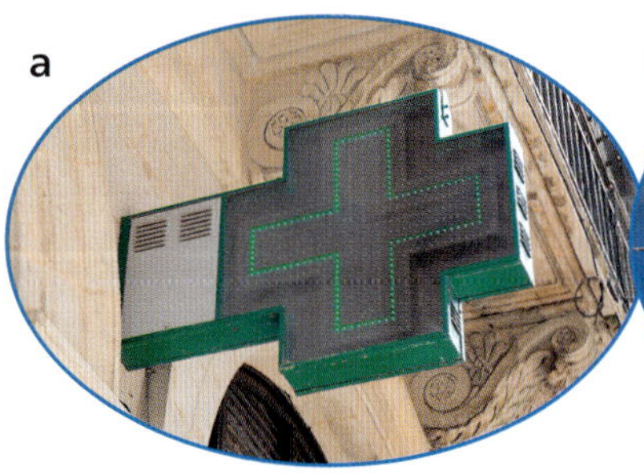

b

c

3 **Écoutez la publicité pour le Sénégal et répondez aux questions.** 74

1. Comment sait-on que le Sénégal est un pays touristique ? (1 détail)
2. Quel site est classé au patrimoine mondial de l'UNESCO ? (1 détail)
3. Quels animaux peut-on découvrir dans les parcs nationaux ? (2 détails)
4. Où est situé le parc de Niokolo-Koba ? (2 détails)
5. Quelle est la capitale et pourquoi est-elle connue ? (3 détails)
6. Pourquoi est-ce que le Sénégal est un pays stable ? (1 détail)

4 **Choisissez un titre et en groupe de 3 ou 4, écrivez un paragraphe. Incluez une variété de verbes et de structures.**

1 Mes vacances de rêves

2 **Les vacances désastreuses de l'année dernière**

3 Ce que je préfère en vacances

Bilan

Lisez et recopiez les phrases. Vous pensez avoir réussi chaque objectif ? Écrivez oui/un peu/pas du tout. Révisez pour vous améliorer.

Maintenant, je peux :	**oui**	**un peu**	**pas du tout**
• décrire mes préférences pour les vacances			
• décrire mes vacances idéales			
• organiser des vacances et choisir un hébergement			
• expliquer pourquoi j'aime ou je n'aime pas partir avec ma famille			
• raconter des problèmes de vacances			
Je peux reconnaître et utiliser :			
• l'imparfait			
• le conditionnel			
• *venir de* avec le présent et l'imparfait			
• l'infinitif passé			
• *depuis* avec le présent et l'imparfait			

You can make your own writing more interesting and detailed by giving more than one opinion on an issue using phrases like *non seulement… mais aussi* (not only… but also). You can also give contrasting ideas using phrases such as *d'un côté… de l'autre côté* (on the one hand… on the other hand). You can expand on the information you write by giving an opinion and one or more reasons for it, one or more examples and a contrasting view.

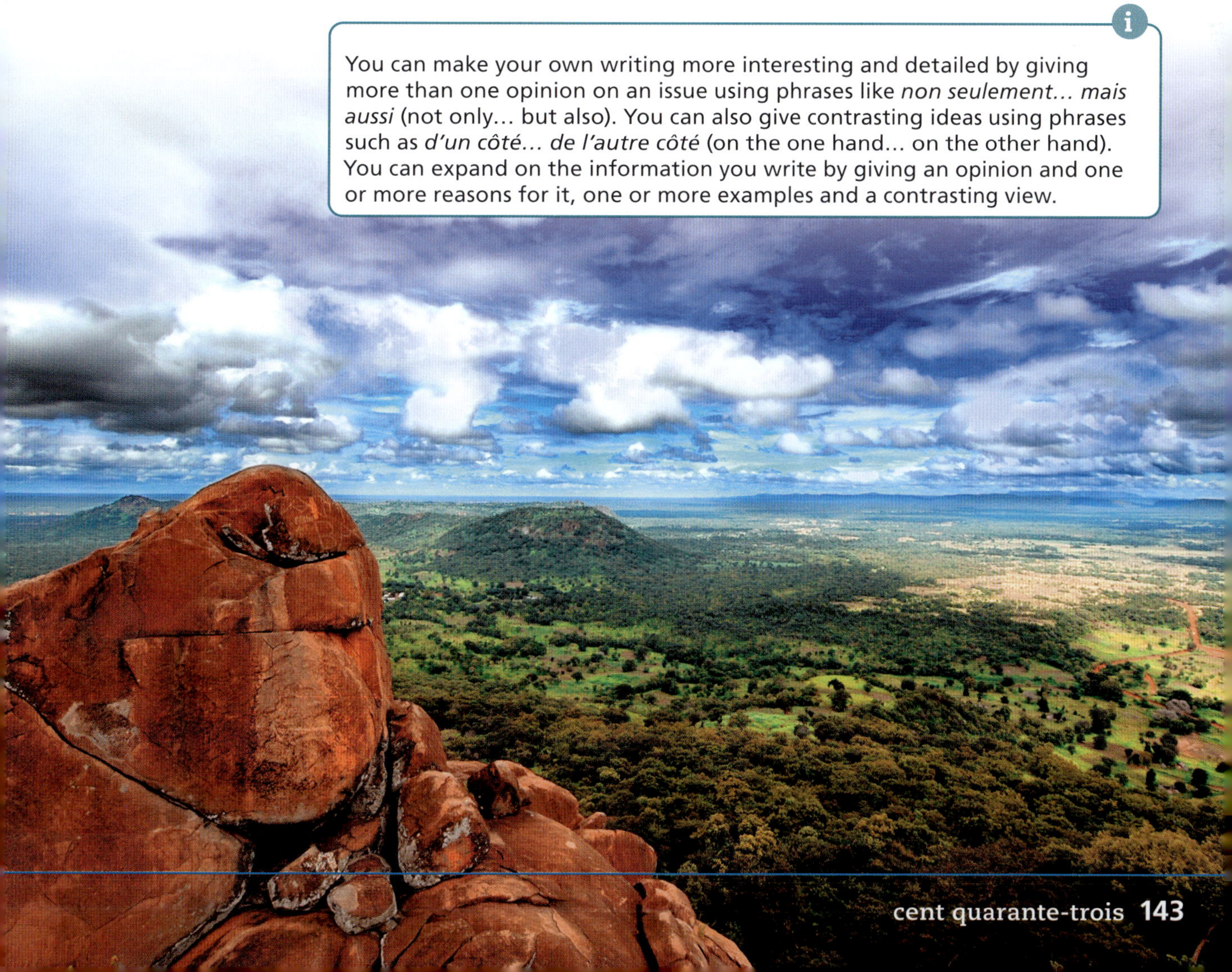

Mots et expressions – Unité 6

Où vas-tu en vacances ?	**Where do you go on holiday?**
je vais à … (f)	I go to …
je suis allé(e) à … (f)	I went to …
l'Afrique (f)	Africa
l'Amérique (f)	America
l'Amérique du Sud (f)	South America
l'Amérique du Nord (f)	North America
l'Amérique Centrale (f)	Central America
l'Asie (f)	Asia
l'Australasie (f)	Australasia
l'Océanie (f)	Oceania
l'Europe (f)	Europe
l'Antarctique (f)	Antarctica
l'Arctique (m)	Arctic
l'étranger (m)	abroad
au bord de la mer	to the seaside
à la plage	to the beach
un endroit	a place
un pays	a country
se trouver, se situer	situated

Le logement	**Accommodation**
rester dans	stay in
louer	rent
réserver	reserve
un terrain de camping	a campsite
un gîte	a cottage
un hôtel	a hotel
une villa	a villa
la pension complète	full-board
tout compris	all inclusive
la brosse (à dents/à cheveux)	(tooth/hair) brush
la couverture	blanket
le dentifrice	toothpaste
le déodorant	deodorant
la douche	shower
le drap	sheet
le miroir	mirror
l'oreiller (m)	pillow
le peigne	comb
le robinet	tap
la salle de bains	bathroom
le savon/le gel douche	soap/shower gel
la serviette de bain	bath towel
le shampooing	shampoo
les toilettes (f pl)	toilet

Les mois	**Months**
janvier	January
février	February
mars	March
avril	April
mai	May
juin	June
juillet	July
août	August
septembre	September
octobre	October
novembre	November
décembre	December
un an, une année	a year
annuel, chaque année/tous les ans	every year
la date	the date
hebdomadaire	weekly
un mois, mensuel	a month, monthly

Expressions de temps	**Time expressions**
lundi	Monday
mardi	Tuesday
mercredi	Wednesday
jeudi	Thursday
vendredi	Friday
samedi	Saturday
dimanche	Sunday
le weekend	weekend
le matin	morning
le soir	evening
chaque jour/semaine/mois, tous les jours/toutes les semaines/tous les mois	every day/week/month
enfin	at last
ensuite, plus tard, puis	afterwards, later, then
finalement	finally
demain	tomorrow
la semaine	week
la semaine suivante	the following week
la semaine dernière	last week
maintenant	now
quelquefois	sometimes
avant	before
jusqu'à	until
pendant	during/while

Les saisons	**Seasons**
l'automne (m)	autumn
l'été (m)	summer
l'hiver (m)	winter
le printemps	spring

Les vacances	**Holidays**
les animations	entertainment
la brochure	brochure
la carte	map
une carte postale	a postcard
chauffé(e)	heated
ensemble	together
un goût	a taste
un guide (touristique)	a (tourist) guide

idyllique	idyllic
l'office de tourisme (m)	tourist office
le passeport	passport
le paradis	paradise
pittoresque	picturesque
quelque chose	something
tout le monde	everyone
tout le temps	all the time
se reposer	relax
bronzer	sunbathe
faire du camping	camp
découvrir	discover
faire du tourisme	sightseeing
lire	read
louer (un vélo)	rent a bicycle
prendre des photos	take pictures
se détendre	relax
visiter des monuments	visit monuments
faire de la plongée sous-marine	do scuba-diving
nager dans la piscine	swim in the pool
espérer	hope
partager	share
oublier	forget
mes parents payent pour tout	my parents pay for everything
j'ai moins de liberté	I have less freedom
nous nous entendons bien	we get on well
on se dispute tout le temps	we argue all the time
on a les mêmes intérêts	we have the same interests
on passe du temps ensemble	we spend time together

Le transport / Transport

je préfère prendre …	I prefer to take …
l'avion (m)	the plane
le bateau	the boat
le bus	the bus
le ferry	the ferry
un taxi	a taxi
le train	the train
le tram	the tram
le vélo	the bike
la voiture	the car
un vol	a flight
les transports en commun	public transport
à mon avis c'est …	in my opinion it is …
bon pour l'environnement	good for the environment
plus rapide que l'avion	faster than the plane
fiable	reliable
bruyant	noisy
s'arrêter	stop
partir	leave
arriver	arrive
chercher	look for
conduire	drive
marcher	walk
monter	get on
descendre	get off
retourner/revenir	return
se garer/ stationner	park
être perdu(e), se perdre	be lost, get lost
être en retard	be late
un aller-retour/aller simple	a return/one way
les horaires (mpl)	a timetable
les bagages (mpl)	luggage
la valise	suitcase
le chemin de fer	railway
le quai	platform
les directions (fpl)	directions
le passager/la passagère	passenger
le/la touriste	tourist

Mes vacances de rêves / My dream holiday

mon rêve serait de découvrir des cultures et des cuisines différentes	my dream would be to discover different cultures and cuisines
je voudrais aller	I would like to go
je ferais du camping	I would go camping
je voyagerais en avion	I would travel by plane
nous logerions dans des éco-hôtels	we would stay at eco-hotels
nous voyagerions sur la côte	we would travel on the coast
ce serait vraiment inoubliable	it would be really unforgettable

Des vacances désastreuses / Disastrous holidays

au début	at the start
à la fin	at the end
avoir le mal de mer	to be sea sick
emmener	bring
faire la queue	stand in line, queue
garer	park
parcourir	browse
perdre	lose
permettre de	allow to
prendre son temps	take one's time
un bandage	a bandage
cher	expensive
la climatisation	air-conditioning
les dégâts (mpl)	the damage
un embouteillage	traffic jam
une intoxication alimentaire	food poisoning
un retard	a delay
un portefeuille	a wallet
pire	worst
une voiture de location	hire car
mouillé(e)	wet
c'est dommage	it is a shame

Vérifiez 3

Lire

1 **Lisez le texte. Pour chaque question, cochez (✓) la case qui correspond à la bonne réponse.**

Salut !

Je t'écris pour te raconter ma semaine de folie ! La semaine dernière, c'était vraiment la course, je n'ai pas eu une minute pour moi. Tout d'abord, il y a l'école. J'ai cours tous les jours jusqu'à dix-sept heures et on a plein de devoirs en ce moment, alors j'ai dû passer une heure tous les soirs à travailler sur mes cours.

Ensuite, je fais beaucoup de sport et du théâtre en dehors de l'école. Le même weekend, j'avais mon spectacle de danse classique et la représentation de ma pièce de théâtre qui s'appelle Caramel et Chocolat – Les deux étaient le même weekend, je n'ai vraiment pas de chance ! Je me suis couchée tard tous les soirs car j'ai dû finir d'apprendre mon texte, je joue le rôle principal de Chocolat. Ensuite, du lundi au jeudi, à dix-neuf heures et pendant une heure, j'avais les répétitions pour mon spectacle de danse. Enfin, tu imagines le weekend chargé que j'ai passé, j'étais totalement crevée.

En plus de ça, vendredi soir on a fêté l'anniversaire de ma cousine Érica dans un restaurant chic. Érica habite à Dubaï et elle est venue pour quelques jours, ce qui est génial. On s'entend très bien mais on ne se voit pas souvent. On utilise les réseaux sociaux pour rester en contact, et surtout Snapchat. Le jeudi, entre mes devoirs et la danse, je suis allée m'acheter une nouvelle robe pour son anniversaire : elle a coûté un peu cher mais elle est tellement belle !

Et toi, comment s'est passée ta semaine ? As-tu été aussi occupée que moi ?

À bientôt.

Agathe

a Pourquoi Agathe a-t-elle été très occupée à l'école cette semaine ?

- **A** Elle devait faire une course importante en cours de sport. ☐
- **B** Elle a fini les cours tard tous les jours. ☐
- **C** Elle a eu beaucoup de contrôles. ☐
- **D** Elle avait des cours de piano tous les soirs. ☐ [1]

b Pourquoi dit-elle qu'elle n'a pas de chance ?

- **A** Elle a trop de devoirs. ☐
- **B** Elle fait trop de sport en dehors de l'école. ☐
- **C** Elle avait deux évènements importants pendant le weekend. ☐
- **D** Elle était trop fatiguée. ☐ [1]

c Qu'a-t-elle fait tard les soirs cette semaine ?

A Elle a mangé du chocolat. ☐

B Elle a beaucoup dansé. ☐

C Elle a appris son script pour le rôle dans sa pièce de théâtre. ☐

D Elle a joué sur son téléphone. ☐ [1]

d Quelle journée de la semaine n'avait-elle pas une répétition pour son spectacle de danse ?

A vendredi ☐

B lundi ☐

C jeudi ☐

D mercredi ☐ [1]

e Comment se sentait Agathe à la fin du weekend ?

A Chanceuse d'avoir tant d'activités. ☐

B Très fatiguée d'un weekend si chargé. ☐

C Un peu triste que tout soit terminé. ☐

D Contente de retourner au collège ☐ [1]

f Pourquoi Agathe ne voit-elle pas souvent sa cousine ?

A Elle habite à l'étranger. ☐

B Elles ne s'entendent pas bien. ☐

C Leurs parents ne se parlent pas souvent. ☐

D Elle n'utilise jamais la technologie. ☐ [1]

g Qu'est-ce que Agathe a fait jeudi ?

A Elle a utilisé Internet pour parler avec ses amies. ☐

B Elle a répété pour son spectacle. ☐

C Elle a vu sa cousine. ☐

D Elle a dépensé de l'argent. ☐ [1]

[Total : 7]

2 **Lisez le texte. Pour chaque question, cochez (✓) la case qui correspond à la bonne réponse.**

Des vacances en famille

Cette année, nous sommes partis en vacances au mois de juillet pour une semaine avec ma famille. Il y avait mon oncle et ma tante, mes cousins et cousines, mes parents et mes grands-parents : on était douze en tout. On part une fois par an tous ensemble et cette année, on est allé en Croatie.

Mon père est originaire de Susak, une petite île sur la mer adriatique, donc nous avons passé trois jours là-bas, et ensuite on a visité Split, Dubrovnik et Zadar. C'était magnifique. Susak est une île incroyable car il n'y a pas de voitures, donc pas de pollution et c'est très calme. Les gens sont vraiment sympa. On a passé notre temps à se baigner et à pêcher... Le seul problème est qu'il y avait des méduses, donc il fallait faire attention. Pour revenir sur le continent, on a pris un petit bateau mais la mer était très mauvaise – ma mère et ma grand-mère ont été malades pendant tout le trajet.

J'ai adoré Dubrovnik : on a visité plusieurs musées et on a marché tout le long des remparts ; il y avait une vue magnifique mais il faisait trop chaud, c'était dommage. On s'est arrêté dans un restaurant dans une petite ruelle : la nourriture y était délicieuse et ce n'était pas trop cher.

À Zadar, on a loué une maison avec vue sur mer donc on était tous ensemble. Mes cousins et moi jouions aux jeux de société tous les soirs pendant que les adultes cuisinaient. Un jour, il y a eu un feu de forêt pas très loin et donc on a vu les canadairs prendre l'eau dans la mer pour éteindre les feux. Ils passaient très près de la maison, ça faisait beaucoup de bruit !

Dans l'ensemble, on a passé des vacances géniales car tout le monde s'est très bien entendu et on a visité plein de belles choses.

Myriam

a Myriam est partie...
- **A** pendant un mois. ☐
- **B** pendant une semaine. ☐
- **C** pendant trois jours. ☐
- **D** pendant douze jours. ☐ [1]

b À Susak, il n'y a pas de...
- **A** circulation. ☐
- **B** restaurant. ☐
- **C** monde. ☐
- **D** attractions. ☐ [1]

c À Susak, ils ont passé du temps à
- **A** bronzer. ☐
- **B** pêcher des poissons. ☐
- **C** faire des balades. ☐
- **D** faire du bateau. ☐ [1]

d Pendant le trajet du retour...
- **A** sa grand-mère est tombée. ☐
- **B** sa mère et sa grand-mère ont nagé. ☐
- **C** sa mère a vomi. ☐
- **D** ils ont vu des méduses. ☐ [1]

e À Zadar, les jeunes ont...
- A joué aux cartes. ☐
- B joué à la console. ☐
- C joué ensemble. ☐
- D cuisiné. ☐ [1]

f À cause des feux...
- A ils ont vu des avions de près. ☐
- B ils ont eu peur. ☐
- C ils ont eu chaud. ☐
- D ils n'ont pas pu se baigner. ☐ [1]

g Les vacances ont été...
- A un désastre. ☐
- B une réussite. ☐
- C du temps perdu. ☐
- D très chères. ☐ [1]

[Total : 7]

Écouter

3 **Vous allez entendre une interview avec Karine sur le parachutisme. Vous allez entendre l'interview deux fois. Il y a deux pauses dans l'interview.**

Pour chaque question, cochez les deux bonnes cases (A–E). Vous avez d'abord un peu de temps pour lire les questions. 75

1
- A Karine a commencé le parachutisme enfant. ☐
- B Les parents de Karine pensent que le parachutisme est dangereux. ☐
- C Karine participe souvent à des compétitions internationales. ☐
- D Le frère de Karine aimerait devenir parachutiste dans l'armée de terre. ☐
- E Le père de Karine est un ancien moniteur de parachutisme. ☐ [2]

[PAUSE]

2
- A Karine a participé à une compétition en groupe le mois dernier. ☐
- B La discipline préférée de Karine est la précision d'atterrissage. ☐
- C Karine a fait plus de deux mille sauts jusqu'à présent. ☐
- D Karine préfère sauter là où elle peut voir les montagnes. ☐
- E Selon Karine, le plus dur c'est d'avoir le courage de sortir de l'avion. ☐ [2]

[PAUSE]

3 **A** Karine s'entraîne de plus en plus. ☐

B Karine pense que le parachutisme, ce n'est pas pour tout le monde. ☐

C Karine aimerait un jour faire du parachute ascensionnel. ☐

D Grâce au parachutisme, Karine est plus courageuse qu'avant. ☐

E Karine s'est cassée la cheville une fois à l'atterrissage. ☐ [2]

[Total : 6]

4 **Vous allez entendre une conversation entre Éric et Muriel au sujet des différents types de vacances. La conversation a deux parties. Il y a une pause entre les deux parties de la conversation.**

Première partie : Questions 1–5

Vous allez entendre la première partie de la conversation deux fois. Pour les Questions 1–5, cochez [✓] la bonne case A, B ou C.

Vous avez d'abord un peu de temps pour lire les Questions 1–5. 76

1 Muriel préfère…

A les vacances en camping-car. ☐

B les vacances à l'hôtel. ☐

C les vacances en appartement. ☐ [1]

2 Elle préfère ça parce que/qu'…

A elle peut manger au restaurant. ☐

B elle peut se faire à manger. ☐

C c'est plus tranquille. ☐ [1]

3 Éric pense que le camping c'est…

A peu cher. ☐

B trop cher. ☐

C pas assez cher. ☐ [1]

4 Il dit qu'au camping il (n') y a…

A rien à faire pour les jeunes. ☐

B des activités pour les jeunes. ☐

C des salles de jeux. ☐ [1]

5 Éric préfère…

A le camping. ☐

B les hôtels tout compris. ☐

C les hôtels demi-pension. ☐ [1]

Deuxième partie : Questions 6–9
Vous allez entendre la deuxième partie de la conversation deux fois. Pour les Questions 6–9 cochez [✓] la bonne case A, B ou C.
Vous avez d'abord un peu de temps pour lire les Questions 6–9.

6 Muriel dit des vacances luxueuses qu'elles sont…

A dans son budget. ☐

B hors budget. ☐

C plutôt ennuyeuses. ☐ [1]

7 Lors de sa croisière, Éric…

A a aimé le restaurant. ☐

B a fait beaucoup de visites. ☐

C est allé à la piscine. ☐ [1]

8 Un jour, il aimerait…

A aller à San Francisco. ☐

B rester dans une cabine avec balcon. ☐

C traverser un océan. ☐ [1]

9 Il voudrait faire ça avec…

A sa famille. ☐

B ses copains. ☐

C sa petite amie. ☐ [1]

[Total : 9]

Parler

5 **Conversation**

Le/la professeur va commencer la conversation.

Répondez à toutes les questions.

[Total : 15]

Conseil-langue
You are allowed to make notes during the preparation time, but you will not be able to refer to these notes during the conversation.

Écrire

6 **Mes loisirs**

- Décrivez votre passe-temps préféré.
- Avec qui aimez-vous pratiquer vos loisirs ?
- Qu'est-ce que vous n'aimez pas faire quand vous avez du temps libre ?
- Que pensez-vous de la technologie ?
- Quel nouveau passe-temps aimeriez-vous essayer à l'avenir ? Expliquez pourquoi.

Écrivez 80–90 mots **en français.**

____

____

[Total : 10]

7 Mon avenir

À vos marques !

- Express opinions about jobs
- Understand an account of a work experience
- Justify opinions by using a variety of reasons

1 Faites correspondre chaque métier à une photo.

a

b

c
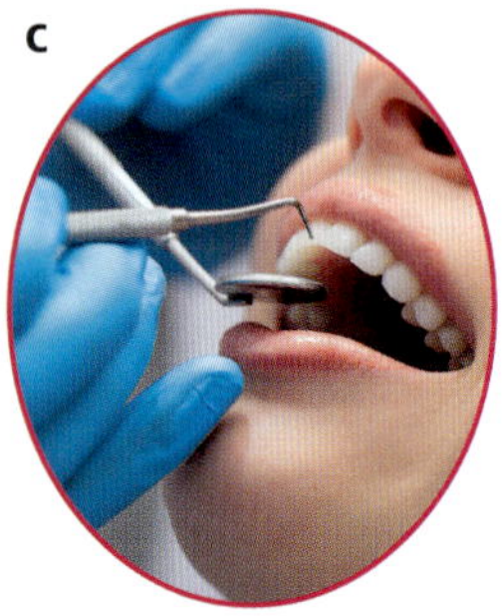

d

e

f

g

h

1 un agent de police/un(e) gendarme
2 un(e) architecte
3 un avocat/une avocate
4 un boucher/une bouchère
5 un chirurgien/une chirurgienne
6 un boulanger/une boulangère
7 un maçon/un constructeur
8 un(e) dentiste

Vocabulaire

un agent de police/un(e) gendarme
un avocat/une avocate
un boucher/une bouchère
un chirurgien/une chirurgienne
un boulanger/une boulangère
un maçon/un constructeur
un banquier/une banquière
un sapeur-pompier
un(e) journaliste
un(e) professeur
un(e) dentiste
un(e) architecte

2 Dessinez, c'est gagné ! Travaillez à deux : une personne dessine un métier et l'autre doit deviner.

3 Écoutez les avantages et les inconvénients de chaque travail. Recopiez et remplissez la grille. 77

emploi	avantages	inconvénients

4 Travaillez en groupe de 3 ou 4. Une personne pose une question et vous répondez en donnant une raison.

Partenaire A – Tu voudrais être danseur ?
Partenaire B – Oui, je voudrais être danseur car je suis créatif.
Partenaire C – Non, je ne voudrais pas être danseur car c'est mal payé.

5 **En groupe de 3 ou 4, lisez les informations et créez une annonce pour ce métier.**

Travail : serveur/serveuse
Où : dans un café/ restaurant au Mont Saint-Michel
Durée : 2 mois à partir du 1er juillet
Salaire : 13 euros de l'heure
Jours de congé : le mardi et jeudi

6 **Faites correspondre les débuts (1–6) et les fins de phrases (a–f) à propos d'un stage en entreprise.**

1 Je répondais…
2 Mes collègues étaient…
3 Je faisais le…
4 J'ai aimé mon stage en…
5 Mon patron était…
6 J'allais au bureau…

a … café pour les clients.
b … entreprise parce que j'ai beaucoup appris.
c … au téléphone tous les jours.
d … un peu sévère.
e … en bus.
f … gentils et accueillants.

7 **Qu'est-ce qui vous rend heureux (-euse) ? Organisez les idées par ordre d'importance et écrivez une phrase pour justifier votre réponse.**

1 avoir beaucoup d'argent
2 être marié(e) et avoir des enfants
3 avoir un travail bien payé
4 avoir beaucoup d'amis
5 voyager autour du monde
6 avoir une belle maison

7.1 Quelles options pour ma carrière ?

Qu'est-ce que vous voulez faire après vos examens ?

Objectifs

- Understand the benefits of certain jobs
- Assess the pros and cons of certain careers
- Recognise and use possessive pronouns

Au salon de l'emploi

Vous réfléchissez à votre carrière ? Venez découvrir la mienne !

Les arts dramatiques sont votre matière préférée à l'école ? Pourquoi ne pas envisager un avenir dans ce domaine ? Vous pouvez devenir chanteur, acteur ou même danseur si vous avez les qualités nécessaires. Il faut être créatif, talentueux, travailleur et patient car aucun de ces métiers n'est facile. Pour comprendre un peu plus ces carrières qui font rêver, venez parler à des artistes et décidez si ce monde artistique est pour vous !

Mon métier ? C'est beaucoup de calculs et de mathématiques ! Et vous, vous avez déjà pensé au vôtre ? Si vous êtes logique, que vous aimez compter et que les maths sont votre matière préférée au collège, la comptabilité est peut-être pour vous. Venez nous voir pour découvrir ce métier passionnant.

Si vous aimez les sciences et le contact avec le public, alors un futur comme infirmier est certainement pour vous ! Posez vos questions et parlez à des infirmiers pour savoir si cette carrière est faite pour vous. Nous vous attendons avec impatience !

1 Lisez les textes. Vrai (V), faux (F) ou pas mentionné (PM) ?

1 On peut être infirmier si on n'aime pas les autres.
2 Pour devenir infirmier, c'est mieux d'aimer les sciences.
3 Une carrière dans les arts dramatiques est facile.
4 C'est plus difficile de devenir chanteur que danseur.
5 La logique est une qualité essentielle pour devenir comptable.
6 Comptable est un métier bien payé.

+ Corrigez les phrases qui sont fausses.

2 Choisissez le pronom possessif correct.

1 Ma sœur veut devenir actrice mais je crois que **la tienne/le tien/les vôtres** veut être avocate.
2 Mes rêves ne sont pas les mêmes que **la sienne/les leurs/le mien**.
3 Pour mes amis, le métier idéal serait footballeur professionnel mais **la mienne/les leurs/le mien** serait très différent.
4 Leur matière préférée est l'histoire, et ton frère, quelle est **le mien/la sienne/les nôtres** ?
5 Mon téléphone est un smartphone qui prend des photos, et **la sienne/les vôtres/le tien**, c'est quoi comme marque ?
6 Le collège nous demande de trouver un placement pour notre stage en entreprise. Avez-vous trouvé **la sienne/le vôtre/les leurs** ?

Grammaire

Use possessive pronouns to say 'mine', 'yours', 'theirs', etc. They must agree with the noun they refer to.

*Où sont tes **chaussures** ? **Les miennes** sont dans le placard.* (mine)

*C'est votre **sac** ? Non, c'est **le sien**.* (his/hers)

*Nos **parents** sont arrivés hier mais **les vôtres** ne sont toujours pas là.* (yours)

*Notre **maison** est toujours en désordre mais **la leur** est impeccable !* (theirs)

Plus ? → Grammar p. 242

3 **Écoutez l'interview et choisissez les 3 phrases qui sont vraies.** 78

1 Nancy et Mathis sont étudiants à l'université.
2 Nancy aime le contact avec le public.
3 Elle n'aime pas vraiment voyager.
4 Mathis veut un métier satisfaisant.
5 Il n'aime pas les enfants.
6 Il préférerait enseigner aux enfants de 11 à 16 ans.

4 **Réécoutez et remplacez les expressions en gras avec la bonne information.** 78

1 La matière préférée de Nancy est la **géographie**.
2 Elle est **travailleuse**.
3 Elle aimerait une carrière dans **l'enseignement**.
4 Mathis veut comprendre la façon dont les enfants **se développent**.
5 Il pense que voir les enfants faire des progrès est **ennuyeux**.
6 L'une de ses qualités est **la tolérance**.

Vocabulaire

réfléchir à
comprendre
rêver de
compter
la carrière
le contact avec le public
l'avenir
le métier
l'infirmier/infirmière
les arts dramatiques
la comptabilité
travailleur (-euse)

5 **Jeu de rôle**

Vous êtes interviewé(e) par votre conseiller/conseillère d'orientation. Vous expliquez que vous voulez des informations sur des carrières potentielles.

1 Saluez le conseiller/la conseillère d'orientation et dites pourquoi vous êtes là.
2 Dites quelles sont vos matières préférées et pourquoi.
3 Décrivez votre personnalité (2 détails).
4 Dites que vous avez déjà pensé à une carrière dans l'informatique et donnez 2 raisons pour expliquer pourquoi.
5 Posez une question sur les études qu'il faut faire.

Idées pour le conseiller/la conseillère d'orientation :

Quelles sont vos matières préférées au collège ? Pourquoi ?

Parlez-moi de votre personnalité. / Décrivez votre personnalité.

Et vous avez déjà réfléchi à une carrière potentielle/un secteur qui vous plaît ? / Est-ce qu'il y a un domaine qui vous intéresse en particulier ?

Conseil-langue

When preparing the bullet points in a role-play, work out whether you need a full sentence or if a one-word answer will be enough. If it's a sentence, identify which tense you will need. It will make the 'speaking' process of the role-play much easier.

6 **Choisissez une carrière (a, b ou c) et écrivez un paragraphe. Incluez les idées suivantes :**

- vos matières préférées au collège
- pourquoi vous voulez travailler dans ce domaine
- quelles qualités personnelles sont nécessaires pour travailler dans ce secteur

a l'informatique

b la comptabilité

c l'enseignement

7.2 Comment postuler pour un job d'été

Objectifs

- Understand what is needed when applying for a job
- Identify key information to include in a CV and a covering letter
- Recognise the passive voice

1 **Trouvez les définitions des mots suivants.**

1 un CV
2 une lettre de motivation
3 faire une demande d'emploi
4 un salaire
5 être renvoyé(e)/se faire virer
6 être promu(e)

a recevoir une promotion au travail
b un document qui explique son expérience professionnelle et son éducation
c l'argent gagné en échange d'un service
d perdre son emploi
e un document qui explique pourquoi on veut travailler pour une entreprise
f postuler pour un travail

2 **Lisez le texte et remettez les images dans le bon ordre.**

Amadou Belassen
2 rue des Fresnes
34 670 Villiers

Objet – lettre de motivation — Toulouse, le 3 octobre

Madame, Monsieur

Je voudrais postuler pour l'emploi d'été dont l'annonce a été publiée dans le journal local. Je viens de finir ma deuxième année de licence de tourisme à l'université de Toulouse et un job d'été dans la région serait l'idéal pour développer mes compétences. Je suis très social, travailleur et j'aime le contact avec le public. C'est pour ça que je pense être parfait pour travailler en tant qu'animateur dans votre camping.

L'année dernière, j'ai travaillé dans un restaurant tout l'été et cela m'a permis de développer ma confiance et d'apprendre à prendre des initiatives. De plus, tout au long de l'année, je travaille à mi-temps dans un supermarché où je sers les clients et je travaille à la caisse. Cette année, je voudrais travailler dans le secteur qui m'intéresse vraiment avant de terminer mes études l'année prochaine.

Dans l'attente de votre réponse, je vous prie d'accepter, Madame, Monsieur, mes salutations distinguées.

Amadou Belassen

a

b

c
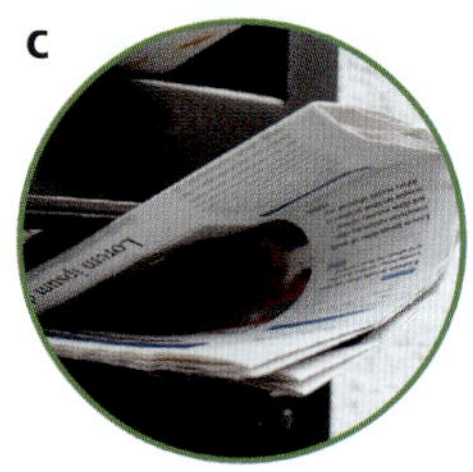
d

e

3 **Répondez aux questions.**

1 Où est-ce que Amadou a vu l'annonce pour l'emploi ?
2 Quelles études fait Amadou ?
3 Où étudie t-il ?
4 Pourquoi veut-il un emploi d'été ?
5 Quelles sont ses trois qualités principales ?
6 Comment est-ce que son job d'été de l'année dernière lui a été bénéfique ?

Vocabulaire

la licence
l'université
les études
social(e)
travailleur (-euse)
les compétences
la confiance en soi
prendre des initiatives
postuler pour un emploi/un job d'été
permettre de

4 **Quelles phrases sont au passif ?**

1 Mon CV est lu par le patron.
2 J'ai apporté le café tous les jours.
3 Nous avons travaillé tout l'été.
4 Mon bac a été réussi avec succès.
5 La bonne nouvelle a été rapportée par ma sœur.
6 Je viens de finir un diplôme d'ingénieur.
7 Les douches sont nettoyées tous les jours par la femme de ménage.
8 Il aimerait voyager avant de trouver un travail.

Grammaire

Learn to recognise the passive voice. It uses a form of *être* + past participle.

Active voice:

Le chat ***mange*** *les souris.*

(The cat eats the mice.)

Passive voice:

Les souris ***sont mangées*** *par le chat.*

(The mice **are eaten by** the cat.)

Plus ? → Grammar p. 250

5 **Écoutez les annonces pour des emplois d'été et remplissez le blanc avec le bon mot.** 79

1 Le job d'été dans le restaurant dure ______ mois.
2 Il faut être âgé entre ______ et ______ ans pour travailler dans le restaurant.
3 Le ______ et la ______ sont fournis.
4 Il y a trois ______ de congés par semaine.
5 Le travail de surveillant de plage est de juin à ______.
6 Début juin, une ______ est offerte.
7 Il faut ______ 28h par semaine.
8 L'heure est payée à ______ euros.

+ Réécrivez à la voix active les 4 phrases qui sont à la voix passive.

6 **Écrivez votre CV en vous aidant du modèle.**

Curriculum Vitae

Amadou Belassen
Date de naissance : 08/09/1998
Adresse :
2 rue des Fresnes
34 670 Villiers
Numéro de téléphone : 06.78.89.67.34
Adresse e-mail : a.belassen@wanadoo.fr

Éducation

2016 – 2018	Licence en Tourisme (Université de Toulouse)
2013 – 2016	Bac Économique et Social (Lycée Victor Hugo, Villiers)
2008 – 2013	Collège des Peupliers (Villiers)

Expérience professionnelle

Septembre 2016 – aujourd'hui	Caissier dans un supermarché (Leclerc à Toulouse)
Juillet–août 2017	Emploi saisonnier comme serveur dans un restaurant (L'escargot à Toulouse)

Compétences

Langues vivantes	Anglais et espagnol (niveau bac)
Intérêts	Sports (rugby et football) ; voyages ; photographie et dessin

Conseil-langue

Cognates are useful but be aware that the French pronunciation can be quite different from English, for example, *euros*, *diplôme*, *rémunération*. Transcribing the word as you hear it in a listening exercise can help you recognise it.

7 **Avec votre partenaire, faites un jeu de rôle. Votre partenaire est l'employeur (-euse) et vous pose des questions à propos de votre CV.**

Comment vous appelez-vous ? Quel âge avez-vous ?

7.3 Un choix difficile

Objectifs

- Explain the benefits of taking a gap year
- Describe problems linked to employment
- Recognise and use indefinite pronouns

1 **Faites correspondre chaque titre (a–d) au paragraphe correct (1–4).**

a Je ne sais pas quoi faire plus tard !

b Je veux me faire de nouveaux amis

c Une bonne préparation à la vie professionnelle

d Une opportunité de devenir bénévole

Pourquoi prendre une année sabbatique ?

1 Selon moi, une année sabbatique est quelque chose d'essentiel pour chacun. C'est une année qui permet d'élargir ses horizons et de rencontrer de nouvelles personnes.

2 Si quelqu'un ne sait pas quoi faire après ses examens, prendre une année sabbatique est un moyen parfait de découvrir ce qu'on veut faire. On peut faire du travail bénévole à l'étranger, développer de nouvelles compétences et améliorer son CV.

3 Pour certains, prendre une année sabbatique est une mode mais pour moi, c'est une nécessité. Ça me donnera du temps pour réfléchir à ce que je veux faire plus tard car pour le moment, je n'en ai aucune idée.

4 Certaines personnes pensent que prendre une année sabbatique est une perte d'argent et de temps, mais je sais que ça me donnera une opportunité d'acquérir de l'expérience professionnelle qui sera très utile quand je commencerai ma carrière.

Vocabulaire

l'année sabbatique
élargir ses horizons
rencontrer de nouvelles personnnes
découvrir
faire du travail bénévole
développer des compétences
améliorer son CV
réfléchir à
acquérir de l'expérience professionnelle

2 **Trouvez l'équivalent français dans les textes de l'exercice 1.**

1 according to me
2 something essential for everyone
3 to broaden your horizons
4 a perfect way to discover/find out
5 you can do charity work abroad
6 to develop new skills
7 to improve your CV
8 taking a gap year is fashionable
9 it will give me time to think
10 which will be very useful

Trouvez les exemples de pronoms indéfinis dans les textes et traduisez les phrases.

3 **Complétez chaque phrase avec le pronom indéfini correct.**

n'importe qui | tout le monde | quelque chose | un autre | n'importe quoi | chacun

1 J'ai perdu mon ordinateur alors j'en ai acheté ______.
2 ______ me conseille de prendre une année sabbatique.
3 Tu dis ______ !
4 On ne peut pas accepter ______. C'est un programme difficile.
5 ______ peut prendre sa propre décision. Nous ne sommes pas tous obligés de faire la même chose !
6 Est-ce qu'il y a ______ qui ne va pas ? Tu devrais peut-être aller chez le docteur.

Grammaire

Indefinite pronouns replace a noun and are unspecific. They can be the subject of a sentence or the object of a verb.

Object: *Je connais* ***quelqu'un*** *qui peut réparer ta douche.*

Subject: ***Chacun*** *peut décider ce qu'il veut manger.*

quelque chose (something)
quelqu'un (someone)
chacun (each/everyone)

certains (some)
n'importe qui (anyone)
n'importe quoi (anything)

Plus ? ➜ Grammar p. 242

4 **Selon vous, est-ce que prendre une année sabbatique est important ? Travaillez en groupe de 3 ou 4 et écrivez un paragraphe pour expliquer pourquoi prendre une année sabbatique est une bonne idée ou non.**

5 **Écoutez Nordine parler de son expérience après le lycée et remettez les images dans le bon ordre.** 80

1

2

3

4

5
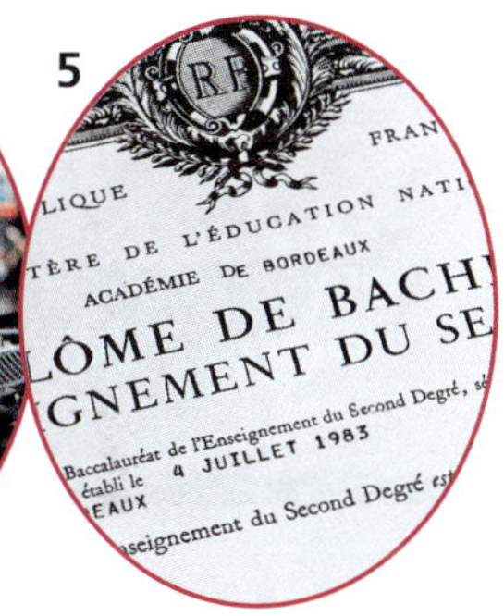

6 **Réécoutez Nordine et dites si les phrases sont vraies (V) ou fausses (F).** 80

1 Nordine a 18 ans.
2 Il a arrêté les études après son bac.
3 Il a toujours su ce qu'il voulait faire comme métier.
4 Il a travaillé dans le même restaurant pendant deux ans.
5 Il s'est retrouvé au chômage à cause de la crise économique.
6 Il est toujours au chômage aujourd'hui.

7 **À votre avis, est-ce qu'avoir un travail est important ? Quels sont les problèmes si on n'a pas de travail ? Avec 1 ou 2 partenaire(s), faites une liste de 5 raisons pour expliquer votre opinion. Essayez d'inclure une variété d'opinions et de justifications.**

Conseil-langue

Try to learn as many synonyms as you can, so that you can say similar things in different ways. For example, when giving a reason, *parce que*, *car* and *puisque* all mean roughly the same, but using them all will show that you have a wide vocabulary and will make your writing and speaking more interesting.

7.4 L'employé(e) du mois !

Objectifs

- Understand requirements for various jobs
- Discuss what makes a good employee
- Recognise and use impersonal verbs

1 De quel métier parle t-on ? Faites correspondre les textes (1–3) au bon métier (a–c).

a traducteur b coiffeur c ingénieur

1 Il faut avoir un bac scientifique et il vaut mieux avoir une licence de mathématiques ou de sciences. Au niveau des compétences, nous préférons quelqu'un qui s'y connaît en informatique et qui peut apprendre à utiliser les logiciels qu'on utilise. Pour vraiment réussir dans ce métier, c'est mieux d'avoir de bonnes qualités intra-personnelles, c'est-à-dire, être social(e) et pouvoir travailler facilement dans une équipe.

2 Pour cet emploi, nous recherchons quelqu'un qui peut parler au moins trois langues, y compris le chinois. Il faut être capable de traduire à l'oral et à l'écrit et il faut avoir un bon niveau de grammaire et de vocabulaire donc nous recommandons une licence ou un master. Nous accueillons les locuteurs/locutrices natifs (-ives) à bras ouverts même si ce n'est pas essentiel.

3 **Il vaut mieux être créatif (-ive) et avoir beaucoup d'idées. Un CAP ou BEP en coiffure ou en esthétique est un plus ainsi qu'un bon rapport avec le public. Il n'est pas nécessaire d'avoir un bac ou des compétences en informatique.**

Vocabulaire

le bac scientifique/littéraire/ économique et social
le CAP
le BEP
s'y connaître en
le logiciel
l'équipe
y compris
le locuteur/la locutrice natif (-ive)
accueillir à bras ouverts

2 C'est quel métier ? Relisez les 3 textes et décidez de quel métier on parle. Attention, ça peut être plus d'un métier !

1 Il n'est pas nécessaire d'avoir fait des études supérieures.
2 Des connaissances en informatiques sont nécessaires.
3 Parler seulement français n'est pas suffisant.
4 Il faut être social.
5 Il faut s'y connaître en calculs et en nombres.
6 Il est essentiel de parler une langue asiatique.

Grammaire

Impersonal verbs are only ever conjugated in the third person singular (*il*). Quite a lot of them are weather verbs:
pleuvoir → *il pleut; neiger* → *il neige; grêler* → *il grêle.*

Others include: *falloir* → *il faut; s'agir de* → *il s'agit de; sembler* → *il semble*

Plus ? → Grammar p. 249

3 Traduisez les phrases. Faites attention à la traduction des verbes impersonnels.

1 Il faut être bilingue.
2 Il est nécessaire de porter un uniforme spécial quand il pleut.
3 De quoi s'agit-il ?
4 Il semblerait qu'il ne travaille plus ici.
5 Il a encore neigé la nuit dernière.
6 Il ne faut pas arriver en retard.

+ Choisissez 3 phrases de l'exercice 3 et réécrivez-les à un temps différent (présent, passé composé, imparfait, futur, conditionnel).

Faire des progrès

Translating impersonal verbs is not always straightforward – a natural translation often depends on the context of the sentence.

4 Écoutez et complétez les phrases. 81

1 L'idée de 'l'employé(e) du mois' a été lancée dans une agence de ______.
2 L'agence espère qu'elle va ______ ses employés.
3 Les collègues ou les ______ peuvent décider qui sera l'employé(e) du mois.
4 Pour recevoir le titre 'd'employé(e) du mois', il faut avoir fait preuve de ______.
5 L'employé(e) du mois recevra ______ euros.
6 Tous les ______ pourront bénéficier de cette initiative.

5 Travaillez à deux et complétez les phrases suivantes le mieux possible :

Pour être professeur, il faut…

Pour être docteur, il est nécessaire de…

Pour travailler dans le sport, il vaut mieux…

6 Choisissez un métier et écrivez un paragraphe pour expliquer les qualités et qualifications nécessaires. Utilisez le texte de l'exercice 1 pour vous aider.

7.5 Mes projets d'avenir

Objectifs
- Describe future plans
- Discuss work experience
- Revise the future tense and the conditional

1 **Écoutez. C'est qui ? Annabelle, Frédérick ou Margaux ?** 82

1 Qui voudrait continuer ses études à l'université ?
2 Qui voyagera à travers le monde ?
3 Qui a été inspiré par son stage en entreprise ?
4 Qui veut faire un travail manuel ?
5 Qui sait que ses études seront difficiles ?
6 Qui parle plusieurs langues ?

+ Écrivez des phrases complètes pour répondre aux questions.

2 **Réécoutez. Reliez les débuts et les fins de phrase.** 82

1	Annabelle voudrait...	a	... sur sa carrière après ses voyages.
2	Frédérick passera...	b	... obtenir une mention à son bac.
3	Margaux fera du travail...	c	... un apprentissage pour devenir boulanger.
4	Margaux prendra une décision...	d	... devenir avocate.
5	Frédérick devra faire...	e	... bénévole à l'étranger.
6	Annabelle aimerait...	f	... un bac pro.

3 **Conjuguez les verbes au futur ou au conditionnel.**

1 Quand je (être) plus âgée, je (travailler) comme écologiste.
2 Il (aller) à l'université l'année prochaine.
3 Si nous avions plus de temps et d'argent, nous (étudier) pour un doctorat.
4 Ma sœur (postuler) pour un nouvel emploi après son apprentissage.
5 Tes amis (vouloir)-ils sortir ce soir ?
6 Je (partir) demain matin pour arriver à Dakar à l'heure.

Faire des progrès

Consider what type of word you would expect at the end of the first half of the sentence. Does the sentence need an infinitive, a conjugated verb (if so, in which person), a noun...? The matching task will then be much easier.

+ Traduisez les phrases de l'exercice 3 en faisant attention à la traduction du futur et du conditionnel.

Grammaire

Revise the endings for the future tense and the conditional:

	Future	Conditional
je	*ai*	*ais*
tu	*as*	*ais*
il/elle/on	*a*	*ait*
nous	*ons*	*ions*
vous	*ez*	*iez*
ils/elles	*ont*	*aient*

The stem for both tenses is the same and is usually the infinitive.

Irregular stems include:

ser... *aur...* *fer...* *ir...*

Plus ? → Grammar p. 248

Vocabulaire

la mention
la fac
l'apprentissage
le stage en entreprise
le métier
le travail bénévole
la carrière
plaire
profiter

4 **Qu'est-ce que vous ferez après vos examens ? Préparez une présentation de 45 à 60 secondes.**

Conseil-langue
To talk or write about the future, you can use verbs in the future tense and the conditional; but you can also use expressions like *j'espère* + infinitive and *je rêve de* + infinitive.

5 **Lisez les textes et complétez les phrases.**

Mon stage en entreprise

Dans mon école, tous les élèves doivent faire un stage en entreprise à la fin de la quatrième mais c'est à nous de trouver notre placement. J'espère faire mon stage dans un cabinet de vétérinaire car j'adore les animaux et ce serait mon rêve de travailler avec eux plus tard. **Léo**

Je suis en seconde donc ça veut dire que j'ai fait mon stage en entreprise l'année dernière. J'ai travaillé dans une pharmacie parce que j'ai l'intention de travailler dans le domaine médical plus tard. Mon stage a duré cinq jours, du lundi au vendredi de 9h à 17h. J'avais 1h30 pour manger et dans l'ensemble, j'ai appris beaucoup et mes collègues étaient sympa et accueillants. Ceci dit, je ne sais pas si je voudrais travailler dans une pharmacie plus tard. **Noé**

Mon rêve est de devenir pilote d'avion donc je ferai mon stage avec une compagnie aérienne connue. On m'a expliqué que je pourrais passer du temps dans le cockpit avec les pilotes et ils me montreront tous les boutons importants sur le tableau de bord de l'avion. **Anne-Marie**

1 Dans l'école de Léo, les étudiants font un stage en entreprise quand ils sont en ______.
2 Anne-Marie fera certainement son ______ dans un aéroport.
3 Noé ______ travailler dans la médecine quand il sera plus âgé.
4 Anne-Marie ______ du temps avec les ______ dans l'avion.
5 Le rêve de ______ est de travailler avec des animaux.
6 Anne-Marie fera son stage avec une compagnie aérienne car elle veut devenir ______.

6 **Qu'est-ce-que vous voudriez faire après vos examens ? Pourquoi ? Écrivez un paragraphe pour expliquer.**

Faire des études supérieures dans le monde francophone

Pour beaucoup, les études supérieures sont la promesse d'un avenir meilleur et d'un métier plus stable et mieux payé. Pourtant, pas tous les pays francophones n'offrent des opportunités égales à tous leurs étudiants. La France reste l'un des meilleurs pays pour faire des études supérieures, et cela pour plusieurs raisons. D'abord, ses universités et Grandes Écoles ont une renommée mondiale et attirent des étudiants du monde entier. En plus, l'inscription dans une université est presque gratuite et tout le monde est traité de la même manière en ce qui concerne les aides financières.

une promesse – a promise
une Grande École – a top-ranking higher education establishment
une renommée – a reputation
gratuit(e) – free

Cependant, à Madagascar, c'est différent. Tristement, plus de la moitié des bacheliers malgaches n'ont pas accès aux études supérieures. Cela s'explique principalement par le fait que les meilleures formations sont concentrées dans la capitale (Antananarivo) et coûtent très chèr. Par conséquent, tout le monde ne peut pas y accéder. À Madagascar, il y a une relation très forte entre l'origine sociale et la réussite universitaire.

1 Lisez le texte sur les études supérieures dans le monde francophone et trouvez les 4 phrases qui sont vraies.

1. Selon une majorité d'étudiants, faire des études après le bac ne permet pas forcément d'obtenir un meilleur emploi.
2. On peut faire des études supérieures et avoir la même expérience dans tous les pays francophones.
3. La France est un pays recommandé pour faire ses études supérieures.
4. Beaucoup d'étudiants étrangers décident de faire leurs études dans les universités françaises, à cause de leur bonne renommée.
5. Certains étudiants peuvent recevoir des aides financières.
6. À Madagascar, la majorité des étudiants vont à l'université.
7. Il faut avoir beaucoup d'argent pour faire des études supérieures à Madagascar.
8. Les inégalités à Madagascar au niveau universitaire s'expliquent souvent par les origines sociales.

2 Corrigez les phrases de l'exercice 1 qui sont fausses.

Recherche

Recherchez le programme SESAME à Madagascar. Quel est son but ? Qu'est-ce qu'il a réussi à faire jusqu'à maintenant ?

Connexions

Et vous, que pensez-vous des études supérieures ? Est-ce qu'il y a assez d'opportunités dans votre pays, à votre avis ?

Le chômage à La Réunion

Près de 10 pour cent de la population active en France métropolitaine est au chômage contre 30 pour cent en moyenne à La Réunion. 60 pour cent des jeunes à La Réunion sont au chômage ! Des chiffres inquiétants qui sont pourtant simples à expliquer et à comprendre. En effet, les jeunes qui vivent dans les villes doivent faire face à une forte concurrence de gens plus âgés avec plus d'expérience et qui ont besoin de moins de soutien et de formation pour accéder à un emploi. Le gouvernement français a proposé des 'emplois d'avenir' qui proposeraient une formation aux recrutés et leur permettraient d'obtenir un emploi plus facilement.

en moyenne – on average
inquiétant(e) – worrying
un(e) recruté(e) – an employee
les bienfaits – the benefits
raccourcir – to shorten

Pourtant, depuis cette promesse, le gouvernement n'a proposé que 1 pour cent d'emplois d'avenir, expliquant qu'ils étaient trop coûteux et ignorant les bienfaits d'une formation professionnelle pour une jeune population. Cependant, il a été prouvé que le niveau de formation et l'expérience professionnelle peuvent raccourcir la durée du chômage de façon significative. Alors, que faut-il faire ? Consulter la population réunionnaise et prendre en compte l'économie et le développement de chaque région pour découvrir les atouts de ce département.

3 **Lisez le texte sur le chômage à La Réunion et répondez aux questions.**

1. Le taux de chômage est-il plus haut en Métropole ou à La Réunion ?
2. Pourquoi les jeunes des villes sont-ils plus touchés par le chômage ?
3. Qu'est-ce que le gouvernement a proposé ? Expliquez ce que c'est.
4. Pourquoi est-ce que le gouvernement n'a délivré que 1 pour cent de sa promesse ?
5. Quels sont les avantages d'une formation professionnelle ?
6. Que faut-il faire pour réduire le chômage ?

Pareil…

Que pensez-vous du chômage dans votre région ? Est-ce que c'est un problème ? Qu'est-ce qu'on peut faire afin de l'éviter ?

mais différent

Révisions

1 **Écoutez le témoignage d'Inès. Trouvez les phrases qui sont vraies et corrigez celles qui sont fausses.** 83

1 Inès danse professionnellement depuis qu'elle a 3 ans.
2 C'est sa mère qui lui a fait commencer les cours de danse.
3 Les cours de danse classique avaient lieu tous les matins.
4 Elle a continué à prendre des cours dans la même école jusqu'à ses 10 ans.
5 Elle a passé ses années de lycée dans une école de danse.
6 Elle a auditionné pour un rôle dans une comédie musicale.

2 **Préparez une présentation d'une minute sur l'un des sujets suivants :**

- mes projets après les examens
- mon année sabbatique
- mon métier idéal

3 **Lisez le texte. Vrai (V), faux (F) ou pas mentionné (PM) ?**

Je m'appelle Ibrahim et j'ai 16 ans. J'ai fait mon stage en entreprise avec mon oncle dans un hôpital le mois dernier. Mon stage a duré une semaine et j'ai travaillé du lundi au vendredi de 9h à 17h. J'avais une heure pour déjeuner de midi à 13h.
Dans l'ensemble, j'ai passé une bonne semaine car j'ai appris beaucoup de nouvelles choses. J'ai passé du temps dans plusieurs départements (sauf en pédiatrie) à observer les docteurs et les infirmières. Mes collègues étaient sympa et m'ont beaucoup aidé.
À l'avenir, je voudrais travailler comme pédiatre parce que j'adore les enfants et aider les autres est quelque chose qui m'importe vraiment. Alors passer du temps dans un hôpital a été très utile pour comprendre le vrai travail des docteurs.
Cependant, je pense que je préférerais travailler à l'étranger. J'aimerais travailler en tant que bénévole pour une association internationale dans un orphelinat. Faire une différence dans un pays en développement serait mon rêve.

1 Ibrahim habite près de l'hôpital.
2 Il a travaillé pendant 5 jours.
3 Il déjeunait à la cafétéria de l'hôpital.
4 Il a passé du temps en pédiatrie.
5 Il ne s'est pas très bien entendu avec ses collègues.
6 Son stage lui a permis de découvrir et de comprendre les responsabilités des docteurs.

4 **Choisissez une des carrières (1, 2 ou 3) et écrivez un paragraphe pour en décrire les avantages et les inconvénients.**

1 L'enseignement	2 La comptabilité	3 La médecine

Vous pouvez mentionner les points suivants:

- les avantages et les inconvénients de cette carrière
- les qualités nécessaires pour travailler dans ce secteur
- si vous voudriez travailler dans ce secteur plus tard

Bilan

Lisez et recopiez les phrases. Vous pensez avoir réussi chaque objectif ? Écrivez oui/un peu/pas du tout. Révisez pour vous améliorer.

Maintenant, je peux :	**oui**	**un peu**	**pas du tout**
• expliquer les avantages et inconvénients de certaines carrières			
• parler de plusieurs carrières et exprimer les conditions nécessaires et désirées pour travailler dans certains domaines			
• postuler pour un emploi (écrire un CV et une lettre de motivation)			
• discuter d'une année sabbatique			
• parler du chômage et de l'importance d'avoir un métier			
• décrire un(e) bon(ne) employé(e)			
• décrire mes projets futurs			
• reconnaître la voix passive			
Je peux reconnaître et utiliser :			
• le futur et le conditionnel			
• les pronoms possessifs			
• les pronoms indéfinis			
• les verbes impersonnels			

i

Even if a reading exercise seems straightforward, be careful with how you approach it. Read all the instructions and questions carefully to avoid mistakes that are easy to make. For example, look out for any negatives including the hidden negatives like *ne… que* (only) or *sauf* (except). You could translate all the options into your own language in multiple choice exercises to double-check that you have chosen the correct one.

Mots et expressions – Unité 7

Les métiers	Jobs
un acteur/une actrice	an actor, an actress
un agent de police/un(e) gendarme	a police officer
un agriculteur/une agricultrice	a farmer
un animateur/une animatrice	a group leader/an organiser
un(e) architecte	an architect
un avocat/une avocate	a solicitor/a lawyer
un banquier/une banquière	a banker
un boucher/une bouchère	a butcher
un boulanger/une boulangère	a baker
un chirurgien/une chirurgienne	a surgeon
un comédien/une comedienne	a comedian
un chanteur/une chanteuse	a singer
un chauffeur, un conducteur/une conductrice	a driver
un coiffeur/une coiffeuse	a hairdresser
un constructeur	a builder
un(e) comptable	an accountant
un créateur/une créatrice de sites Internet	a web creator
un cuisinier/une cuisinière	a cook
un danseur/une danseuse	a dancer
un dentiste	a dentist
un facteur/une factrice	a postman/a postwoman
un fermier/une fermière	a farmer
un homme/une femme d'affaires	a businessman/a businesswoman
un infirmier/une infirmière	a nurse
un informaticien/une informaticienne	an IT technician
un(e) ingénieur	an engineer
un(e) interprète	an interpreter
un(e) journaliste	a journalist
un maçon/un constructeur	a builder
un mécanicien/une mécanicienne	a mechanic
un(e) médecin, un(e) docteur	a doctor
un menuisier	a carpenter
un musicien/une musicienne	a musician
un ouvrier/une ouvrière'	a factory worker
un pharmacien/une pharmacienne	a chemist
un(e) pilote	a pilot
un plombier	a plumber
un(e) professeur	a teacher
un programmeur/une programmeuse	a programmer
un sapeur-pompier	a fire-fighter
un(e) secrétaire	a secretary
un serveur/une serveuse	a waiter, waitress
un soldat/une femme soldat	a soldier
un steward/une hôtesse de l'air	a flight attendant
un traducteur/une traductrice	a translator
un(e) vétérinaire	a vet
J'ai un travail bénévole	I do charity work
Je travaille dans …	I work in/on …
un atelier	a workshop
une clinique	a clinic
une ferme	a farm
un garage	a garage
une usine	a factory
une boucherie	a butcher's shop
un kiosque	a kiosk
Je voudrais travailler dans un bureau	I would like to work in an office
un(e) employé(e)	an employee
un employeur/une employeuse	an employer
Je suis au chômage/ sans emploi/chômeur/ chômeuse.	I am unemployed.
être promu(e)	get promoted
être renvoyé(e), se faire virer	get fired/sacked
travailler à son compte	self-employed
perdre son emploi	lose a job
prendre sa retraite	retire

Annonces d'emploi	Job advertisements
Le Pôle Emploi	the job centre
travailler à mi-temps/ à plein temps	work part-time/full time
un emploi/job d'été	a summer job
développer ses compétences	develop skills
un CV	a CV
épeler	spell (your name)
un diplôme	a qualification
une entreprise	a company
emploi saisonnier	seasonal work
faire une demande d'emploi	apply for a job
jour de congé	day off

une lettre de motivation	a cover letter
le salaire	salary
un locuteur natif/une locutrice native	a native speaker
y compris	included/including
durer	last
profiter	enjoy/make the most of

Qualités requises pour un travail / Qualities needed for a job

Il faut avoir un bac scientifique.	You must have an A level in maths and sciences.
une licence	a degree
une mention	a distinction
Il faut …	You have to …
être accueillant	be welcoming
aimer le contact avec le public	like contact with the public
apprendre à prendre des initiatives	learn to take initiatives
apprendre à utiliser les logiciels	learn to use the software
avoir de bonnes qualités interpersonnelles	have good personal skills
avoir de la confiance en soi	have confidence
être soi-même	be oneself
travailler en équipe	work in a team
s'y connaître en	be knowledgeable in
bien payé	well-paid
être créatif	be creative
gratifiant(e)	rewarding
satisfaisant(e)	satisfying
talentueux (-euse)	talented
travailleur (-euse)	hard working

Problèmes de travail / Problems with work

dangereux (-euse)	dangerous
ennuyeux (-euse)	boring
épuisant(e)	exhausting
difficile de trouver un bon emploi	difficult to find a good job
une perte de temps/ d'argent	a waste of time/ money
monotone	repetitive
sévère	strict

Le future / In the future

je vais …	I'm going to …
J'ai l'intention de …	I intend to …
faire un stage	go on work experience
faire des études supérieures	do further studies
améliorer mon français	improve my French
étudier le droit	study law
prendre une année sabbatique	take a gap year
ça me donnera du temps pour réfléchir	it will give me time to reflect
j'espère acquérir …	I hope to acquire/ gain …
un CAP/un BEP	an apprenticeship diploma
un apprentissage	an apprenticeship
une carrière	a career
mon ambition/rêve est de …	my ambition/dream is …
aller à l'étranger	go abroad
élargir mes horizons	broaden my horizons
je préférerais …	I would prefer …
trouver/chercher du travail	find/search for a job
être bénévole	be a volunteer
j'aimerais …	I would like …
avoir beaucoup d'argent	have lots of money
être marié(e) et avoir des enfants	be married and have children
avoir un travail bien payé	have a well-paid job
avoir une belle maison	have a beautiful house

8 Découvrir le monde

À vos marques !

- Find out about life in different countries
- Use the imperfect tense correctly
- Talk about past and future holidays

1 Trouvez la bonne traduction.

the language · vehicle rental · tipping · to fly · accommodation · the bill · to get around · the bus station · the currency

1 prendre l'avion
2 l'hébergement
3 la langue
4 le pourboire
5 la gare routière
6 la monnaie
7 se déplacer
8 la location de véhicules
9 l'addition

2 Lisez les messages et trouvez l'équivalent français des mots suivants.

1 gap year
2 to move
3 over there
4 peaceful
5 food
6 to taste

J'ai l'intention de voyager. Mon frère a visité la Nouvelle Calédonie et je voudrais y aller aussi. La vie là-bas est moderne mais les gens respectent les traditions. En plus il y a des volcans et des montagnes extraordinaires ! **Mohammed**

Ma famille habitait à Djibouti quand mon père y travaillait. C'était une vie paisible et les journées étaient beaucoup plus courtes qu'ici. Nous habitions près de la mer : le sable était doré et les eaux étaient claires. **Amaria**

Avant de déménager en France, j'habitais au Canada. La vie scolaire est très différente là-bas. Par exemple, il faut porter un uniforme. Mais le climat est très différent. L'été il fait très chaud et l'hiver il y a plein de neige. **Justin**

J'ai voyagé pendant mon année sabbatique et je suis allée au Vietnam. Quel pays idéal ! Ce que j'adorais surtout, c'était la nourriture. Il faut tout goûter et éviter les plats européens car ils ne sont pas très bons. **Lisa**

3 Qui…

1 … habitait en Afrique ?
2 … veut voir des paysages intéressants ?
3 … habitait près de la plage ?
4 … habitait dans un pays avec un climat très variable ?
5 … recommande qu'on mange des spécialités régionales ?

Vocabulaire

voyager
visiter
goûter
éviter
les volcans
les montagnes (f pl)
la mer
le sable
la nourriture

4 **Vous voyez ces titres sur un site web pour un pays que vous voulez visiter. Qu'est-ce qu'ils veulent dire ? Écrivez vos réponses en anglais.**

1 se rendre ici

2 transferts aéroports

3 météo

4 santé et sécurité

5 idées d'itinéraire

6 se loger

7 centres d'informations

8 la culture locale

9 la pêche

10 les plages

11 la randonnée

12 les sports nautiques

5 **Écoutez les jeunes qui donnent leur opinion sur les voyages et les années sabbatiques. Recopiez et remplissez la grille.** 84

	positif (P) ou négatif (N)	raison
exemple	*P*	*expérience inoubliable*
1		
2		
3		

6 **Posez et répondez aux questions avec votre partenaire.**

1 Quel pays voudrais-tu visiter ? Pourquoi ?

Je voudrais aller en un pays africain parce que je veux voir des éléphants …

2 Est-ce que tu as l'intention de prendre une année sabbatique ?

3 Selon toi, est-ce que les voyages sont importants ?

7 **Répondez à ces questions en français. Essayez de répondre en faisant des phrases complètes. Utilisez votre imagination !**

1 Avez-vous fait un voyage ?
L'année dernière, j'ai fait un tour d'Europe.

2 Où êtes-vous allé(e) ?

3 Avec qui ?

4 Qui a organisé le voyage ?

5 Comment avez-vous voyagé ?

6 Que pensez-vous de la destination ?

7 En quoi était-elle différente de chez vous ?

8.1 Citoyens du monde

Objectifs
- Find out about life for students in the French-speaking world
- Compare and contrast key elements of daily life
- Discuss the weather using verbs in a variety of tenses

Que savez-vous de la vie dans les pays francophones ?

1 **Lisez les 3 blogs de collèges francophones. Cherchez dans les 2 premiers blogs un synonyme (souligné) pour chaque mot.**

- car
- collégiens
- mots
- savoureux
- finit

2 **Choisissez la bonne partie du texte (soulignée) pour traduire ces phrases.**

1 it is not necessary to wear a uniform
2 every Monday at half past seven in the morning
3 are part of our studies
4 during the summer it will be very hot
5 faith is very important here
6 ours is very casual

3 **Identifiez dans quel(s) blog(s) on parle…**

1 du transport.
2 des spécialités culinaires.
3 de la religion.
4 du programme scolaire.
5 du début de la journée scolaire.
6 de l'uniforme scolaire.
7 du temps froid.
8 d'un changement de chaussures.

À propos de mon école . . . .

Collège Pérec, Guadeloupe

La journée scolaire commence à sept heures et se termine à cinq heures, c'est long ! Le programme est identique au programme qu'on trouve dans la métropole, mais avec des petites différences. Par exemple, nous étudions beaucoup le volcan de la Soufrière, nous avons une semaine de créole et les origines de l'esclavage font partie de nos études. Dans tous les écoles ici on porte un uniforme scolaire, mais le nôtre est très décontracté parce qu'il fait chaud. Il faut porter un polo avec le logo de l'école et un short gris.

Collège Milla, Cameroun

Tous les lundis à sept heures trente du matin, les deux milles élèves du notre collège catholique de la sixième à la troisième se rassemblent sur le terrain de football. Le principal, un père catholique, fait un discours et nous l'écoutons. La foi est très importante ici dans notre école et tous les élèves écoutent ses paroles. Dans notre cantine nous mangeons de la viande avec une sauce locale. Le plantain et le maïs sont très importants dans la cuisine traditionnelle ici. J'adore l'ekomba, un gâteau délicieux fait de maïs et de plantain.

Collège Papineau, Québec, Canada

Notre journée commence quand le bus jaune, image connue dans le monde entier, nous récupère pour nous amener à l'école. On n'est pas obligés de porter un uniforme mais en hiver, quand il fait très froid, nous devons arriver en bottes de neige et laisser une paire de chaussures à l'école, dans un casier personnel. Pendant la récréation, on joue au soccer, au hockey et au basket pourvu que la cour ne soit pas couverte de verglas. Pendant l'été il fera très chaud ici ! L'ambiance dans mon collège est très détendue. On peut manger ou boire dans la classe pendant les cours mais à midi, il faut manger vite parce que la pause n'est pas très longue.

Vocabulaire

il fait beau
il fait du soleil
il fait chaud
il fait mauvais
il pleut
il y a du vent
il neige
il fait froid

4 **Lisez les questions/réponses. En groupe, recopiez et remplissez la grille avec des notes. Vous cherchez les similarités entre votre collège et un collège à La Réunion. Discutez ensuite de ces différences.**

	mon collège	le collège réunionnais
collège		
langue		
sport		
paysage		
climat		
alimentation		
culture		

Il est comment ton collège ? (Orlane)

Il est assez grand avec 615 élèves dont la plupart sont demi-pensionnaires et arrivent en bus. On commence à 7h30 et finit à 4h30 avec une pause déjeuner à 11h30. C'est un collège assez moderne avec plein d'espaces verts, des arbres pour nous abriter du soleil et des fleurs partout. (Youmna)

Est-ce que tout le monde parle français ? (Manon)

Bien que la langue officielle soit le français, 90 % de la population réunionnaise parle le créole réunionnais qui est une langue basée sur le français. C'est une langue reconnue maintenant et on peut l'étudier à l'école comme option. (Dimitri)

Tu fais des activités sportives ? (Morgan)

Bien sûr ! À l'école, je joue au handball et au basket et puis le weekend on est gâté car on a des matchs ! Le foot et le tennis sont très populaires et les sports aquatiques sont excellents ici. J'adore le parapente et mon frère fait de la plongée sous-marine et du surf. (Laurent)

Que mange-t-on ? (Anaïs)

Nos spécialités sont des caris, des currys locaux ou des ragoûts que l'on sert avec du riz. Nous mangeons beaucoup de fruits comme la goyave et la mangue. (Timothée)

Quand je pense à La Réunion, je pense aux plages. Comment est le paysage ? (Tristam)

Il y a plein de plages mais il y a de grandes villes comme Le Tampon et Saint-Denis. Puis il y a des montagnes y compris le fameux volcan Piton des Neiges qui est l'un des plus actifs de la planète. Beaucoup de gens font de la randonnée dans les montagnes et certains font de la spéléologie dans les tunnels de lave. Le weekend dernier j'ai fait du canyoning ! (Johanne)

Comment est le climat ? (Mohamed)

C'est un climat tropical et ça dépend de la saison. Il y a une saison des pluies et une saison sèche. Il fait chaud la plupart de temps et ça peut être très humide. Pourtant si vous y allez en mai ou juin la chaleur dans les montagnes ne sera pas trop intense. (Jérémy)

Comment voir la culture de l'île ? (Inès)

Si vous venez pendant la saison des pluies, il y a quand même de bons festivals. Par exemple le 20 décembre, on fête l'abolition de l'esclavage. Au mois de janvier vous avez la fête de la Mangue de Saint-Paul qui est fabuleuse. (Maëva)

5 **Écoutez l'interview avec une élève qui a fait un échange scolaire à La Réunion. Remettez les thèmes dans l'ordre de l'interview.** 85

a les dangers pour l'environnement
b les problèmes sociaux
c la météo
d les gens
e le travail

6 **Écrivez un texte sur les différences entre votre collège et un collège à La Réunion.**

Grammaire

Use *faire* as an impersonal verb to describe the weather. Change the tense as necessary.

*Il **fait** beau.* (It is nice.)

*Il **a fait** froid. Il **faisait** froid.* (It was cold.)

*Il **fera** du soleil.* (It will be sunny.)

*Il **va faire** chaud.* (It is going to be hot.)

Plus ? → Grammar p. 249

8.2 Pourquoi voyager ?

Objectifs

- Discuss the benefits of seeing other places and cultures
- Understand opinions on the advantages and disadvantages of travel
- Understand common phrases that use the subjunctive

1 **Lisez les textes. Qui utilise ces adjectifs ? Bruno (B), Amélie (A) ou Bruno et Amélie (B/A) ? Ensuite, traduisez ces adjectifs en français.**

Bruno et Amélie viennent de commencer l'université après avoir passé une année sabbatique. Ils ont tous les deux voyagé en Asie du sud-est. Ils ont écrit des avis pour ceux qui pensent y aller…

Bruno : Mon pays préféré était le Cambodge car ce n'était pas du tout touristique. J'ai vu des sites incroyables tels que les ruines d'Angkor Wat, qui étaient vraiment inoubliables. La campagne et les plages étaient belles aussi. Une de mes choses préférées était le pain du Cambodge, mangé avec du fromage ou de la crème, ou pour le petit déjeuner avec de l'omelette ou du chocolat fondu. Mangé frais, c'est vraiment délicieux. Essayez d'être aventureux avec vos repas.

Bien que les gens soient très amicaux, vous devez faire attention à ne pas être dupe. Soyez prudent avec votre portefeuille, faites attention à ne pas être visés par les petites escroqueries et négociez les prix. Gardez l'esprit ouvert, découvrez l'histoire tragique du pays et profitez d'un merveilleux massage des pieds après une longue journée de visite !

Amélie : Pendant mon année sabbatique j'ai voyagé en Asie. J'ai visité plusieurs pays francophones, y compris le Cambodge et ma destination préférée, le Vietnam. Quel beau pays et quels endroits merveilleux ! Vous devez absolument aller aux plages qui sont incroyables.

Ce qui m'a frappée, c'est que le pays a pu conserver ses cultures et ses traditions. Un événement à ne pas manquer est le festival de la mi-automne, également appelé le festival des enfants. Le nouvel an, qui se déroule en février selon le calendrier vietnamien, est également un événement extraordinaire et multicolore. Il faut que vous alliez visiter Hanoï et Ho-Chi-Minh-ville et essayez de visiter certains des nombreux lieux figurant sur la liste du patrimoine mondiale de l'UNESCO.

1 incredible
2 marvellous
3 French-speaking
4 favourite
5 delicious
6 friendly
7 multicoloured
8 unforgettable
9 fresh
10 beautiful
11 extraordinary
12 new

Grammaire

Remember that the endings of most adjectives change depending on the gender of the noun and whether the noun is singular or plural. Make sure that you note the variations for every adjective that you learn. For example: *délicieuse(s)* (f) *délicieux* (m).

Plus ? ➜ Grammar p. 237

2 **Répondez aux questions en français.**

1 Pourquoi est-ce que Bruno préfère le Cambodge ?
2 Quel aliment recommande Bruno ?
3 Comment devrait-on protéger son argent au Cambodge, selon Bruno ? (3)
4 Qu'est-ce que Bruno recommande après avoir marché pendant toute la journée ?
5 Pourquoi Amélie préfère-t-elle le Vietnam ? (2)
6 Par quoi a t-elle été surprise ?
7 Quel festival a lieu en février ?
8 Quelles sont les deux villes à visiter, selon Amélie ?

3 **Lequel des 2 pays préféreriez-vous visiter et pourquoi ? Discutez avec votre partenaire.**

4 **Écoutez les interviews. Écrivez vrai (V) ou faux (F).** 86

1 Léo a fait le tour de l'Afrique.
2 Il voudrait faire un autre voyage à l'avenir.
3 Camille parle espagnol.
4 Elle a fait un tour du monde.
5 Océane était heureuse de rentrer en France.
6 Elle n'a pas aimé son voyage.
7 Fabien et Adrien se sont rencontrés au cours de leurs voyages.
8 Ils ont appris une nouvelle langue.

+ Corrigez les phrases fausses

Faire des progrès

To make progress in listening, give some time to hearing and understanding the sounds of French, and their relationship to spelling. Do as much French listening as you can, without pressurising yourself to find answers. If you are struggling to understand what you hear, ask for a transcript to work with, at least until you 'get your ear' for French sounds.

5 **Lisez le texte ci-dessous et notez les avantages et les inconvénients d'une année sabbatique.**

avantages	inconvénients
Je vais voir des nouveaux pays.	*Le billet coûte cher.*

6 **Relisez le texte et trouvez tous les verbes au subjonctif.**

7 **Écrivez un e-mail à votre ami(e) dans lequel vous :**

1 dites que vous considérez la possibilité de prendre une année sabbatique et donnez vos raisons ?
2 expliquez où vous voyageriez et pourquoi
3 faites la liste des avantages et des inconvénients de partir

Grammaire

The subjunctive is a special form of the verb used after certain phrases that finish with *que*. For example:

Il faut que *vous* ***soyez*** *préparé.* (It is necessary that you be prepared.)

Bien que *j'****aie*** *une voiture,…* (Although I have a car,…)

Plus ? ➜ Grammar p. 250

Une année sabbatique : mes avis pour les voyageurs

Prendre une année sabbatique vous permet, selon moi, de voir le monde au-delà des livres scolaires. Ce n'est pas un « trou » dans le CV. Au contraire, elle apporte des expériences valables. Vous pouvez maîtriser une langue étrangère et revenir « prêt(e) » pour le monde adulte. Réfléchissez aux points suivants…

Attention ! Le budget peut être énorme. C'est vrai, et il faut qu'on fasse des économies avant de partir. En plus, il faut qu'on soit prêt(e) à travailler avant, après et même pendant le voyage pour le financer.

Pourtant… Malgré le prix, pensez aux avantages. Bien que le billet forfaitaire soit cher, il est quand même moins cher que de visiter chaque pays individuellement plus tard dans la vie. Les billets aller-retour coûtent bien plus d'argent.

Attention ! Pensez à la vie de tous les jours. Vous serez peut-être seul(e), vous aurez besoin de porter dans un sac à dos toutes vos affaires et vous devrez porter les mêmes vêtements. Vous voulez vous loger dans une auberge de jeunesse ? Un hôtel ?

Pourtant… Vous pouvez voyager avec un(e) ami(e) ou en groupe de copains. En plus, vous rencontrerez de nouvelles personnes tous les jours ! C'est une aventure, et vous aurez l'occasion de prendre des vacances de luxe plus tard dans la vie. Voyager ? Il faut le faire quand vous êtes plus jeune avec moins de responsabilités.

8.3 Vous voulez faire une expédition ?

Objectifs

- Understand information about a proposed expedition
- Discuss advantages and disadvantages of going
- Use the pluperfect tense

1 **Traduisez les expressions soulignées en anglais.**

Quels sont les préparatifs à faire avant d'embarquer en expédition ?

Vous aimez …

- voyager ?
- faire partie d'une équipe ?
- faire du camping ?
- faire de la randonnée ?
- rencontrer de nouvelles personnes ?
- essayer de nouvelles activités ?
- vivre parmi des cultures étrangères ?

Si la réponse est un grand 'oui' à toutes ces questions, venez au gymnase à 11h pour découvrir les détails de notre nouvelle expédition. Cette année – le Vanuatu !

Grammaire

Pluperfect tense = auxiliary verb (imperfect tense of *avoir* or *être*) + past participle

*J'**avais** déjà **fait** la randonnée.* (I **had** already done the hike.)

*Elle **était arrivée** à deux heures.* (She **had** arrived at two o'clock.)

When *être* is the auxiliary, make the past participle agree with the subject of the verb.

Plus ? → Grammar p. 247

2 **Trouvez l'équivalent français des mots suivants dans le texte.**

Notre expédition – le Vanuatu

La république du Vanuatu est un archipel composé de 83 îles pour la plupart d'origine volcanique. Elle est située en mer de Corail à 539 kilomètres au nord-est de la Nouvelle-Calédonie et à 1 808 kilomètres au nord-est de l'État australien du Queensland. Certaines îles volcaniques sont encore en activité, dont le Yasur sur Tanna qui a la réputation d'être le volcan actif le plus accessible au monde.

Deux îles, trois buts :

On commence sur l'île de Tanna, à l'extrême sud de l'archipel. Tanna est incontestablement l'une des destinations les plus fascinantes. Vingt mille habitants y vivent de façon traditionnelle.

1 Le mont de Yasur a la réputation d'être le volcan actif le plus accessible au monde et c'est un passage obligatoire au Vanuatu.

2 Le festival Toka, une des traditions ancestrales qui se déroule pendant cinq jours. Une symphonie de couleurs et de chants.

On continue sur l'île de Santo, la plus grande île du Vanuatu.

3 Le mont Tabwémasana (1 879 m). Quatre jours pour atteindre le sommet et redescendre. La randonnée s'effectue au cœur d'une abondante végétation tropicale.

1 volcano
2 goals
3 undoubtedly
4 takes place
5 to reach
6 hiking
7 mandatory
8 including

Vocabulaire

actif (-ive)	ancestral(e)
accessible	abondant(e)
obligatoire	tropical(e)

3 **Répondez aux questions en français.**

1 Comment s'appellent les deux îles de l'archipel ?
2 Quels sont les trois buts de l'expédition ?
3 Pourquoi le volcan de Yatur est-il célèbre ?
4 À votre avis, quelle activité physique faut-il aimer en particulier pour les visites aux Monts de Yakur et Tabwémasana ?

Conseil-langue

Some words have more than one meaning. Can you spot two such words in the text above, 5) and 8) in activity 2? What else do these words mean? Check in a dictionary.

4 **Que pensez-vous de cette expédition ? En petits groupes discutez…**

… de ce que pourraient être les avantages pour vous si vous participez à l'expédition.

- Je voudrais voir…
- Je m'intéresse à…
- Je profiterai de…

… des difficultés pour vous, et des choses qui vous inquiètent.

- Ça va être…
- On aura besoin de…
- Ce qui m'inquiète, c'est…

5 **Vous écoutez un podcast fait par deux jeunes qui ont fait une expédition au Vanuatu. C'est qui ? Mehdi (M), Sandrine (S) or Mehdi et Sandrine (M/S) ?** 87

1 Qui a visité l'île de Tanna ?
2 Qui a parlé de sa visite du volcan ?
3 Qui a décidé de faire plus de voyages après avoir fait son expédition au Vanuatu ?
4 Qui mentionne le prix de certaines visites ?

6 **Trouvez tous les exemples du plus-que-parfait dans le texte de Samir.**

Ce que j'ai adoré c'était la visite à Tanna parce que les volcans m'ont toujours intéressé. Il faut se souvenir que ce volcan est actif, même si la surveillance permanente est assurée par une station située à 2 kilomètres du cratère principal. Nous l'avons fait de nuit parce que des touristes qui l'avaient déjà fait nous l'avaient recommandé. C'est magique, à mon avis, mieux que de le faire de jour. Il vaut mieux se couvrir car c'est venteux au sommet !

Samir, 22 ans

7 **Imaginez que vous voulez faire l'expédition. Écrivez un paragraphe sur les avantages et les inconvénients de votre participation à une telle expédition.**

Incluez des exemples de plus-que-parfait.

8.4 Vanuatu – Guide pratique

Objectifs

- Read and understand travel information
- Work out information using cognates and other strategies
- Give opinions in a variety of ways

1 **Lisez les informations du site web et écrivez vrai (V) ou faux (F).**

www.vanuatu-paradis.vu

Pour y arriver

Port-Vila est la capitale de la République du Vanuatu. La ville est située sur la côte sud de l'île d'Éfaté et possède le plus grand port et le plus grand aéroport du pays. Sur l'île de Santo, la plus grande île du Vanuatu, se trouve Luganville, la deuxième ville de l'archipel.

Le Vanuatu dispose de 29 aéroports et aérodromes. Trois desservent les destinations internationales et 26 sont exclusivement pour les vols domestiques, avec des pistes fabriquées de corail ou couvertes d'herbe.

La compagnie Air Vanuatu assure des vols internationaux directs entre Brisbane (en Australie) et Luganville une fois par semaine. La durée du vol est de deux heures et demie.

Au départ de la Nouvelle-Calédonie, deux compagnies desservent l'aéroport international de Bauerfield, situé à dix minutes en voiture du centre-ville de Port-Vila.

1 Port-Vila est situé sur la plus grande île du Vanuatu.
2 Il y a plus de deux aéroports internationaux.
3 On ne peut pas voler directement au Vanuatu depuis l'Australie.
4 La plupart des 29 aéroports n'ont pas de vols internationaux.
5 Les surfaces des pistes des petits aéroports sont fabriquées avec des ressources naturelles.

Vocabulaire

la capitale
la ville
le centre-ville
la côte nord/sud/est/ouest
l'aéroport local/international
le vol domestique
la durée
le vol international

2 **Lisez les informations sur le transport. Décidez si on peut (oui) ou si on ne peut pas (non) faire les choses suivantes. Soyez prêts à justifier vos réponses.**

Peut-on…

- louer un véhicule ?
- organiser facilement un ferry entre les îles ?
- prendre un taxi sans réservation ?
- prendre un vol de Tanna jusqu'à Santo directement ?

Oui, on peut…
parce que…
Non, on ne peut pas…
parce que…

Le transport intérieur

- par la mer : bien que le transport inter-îles par bateau existe, les transporteurs de passagers n'assurent pas un service inter-îles régulier. Pour les horaires, contactez les opérateurs.
- en avion : la compagnie aérienne locale, Air Vanuatu, publie son horaire de vols intérieurs. Au départ de Port-Vila, Air Vanuatu dessert Santo en moyenne deux à trois fois par jour (50 minutes de vol), Tanna, Mallicolo et Pentecôte plusieurs fois par semaine. Il faut compter entre 40 et 60 minutes pour aller de Port-Vila à Tanna.
- par la route : au Vanuatu, on conduit à droite. La location de voitures et de camionnettes est bien possible mais attention, il y a très peu de stations-service à l'extérieur des zones urbaines. On trouvera d'ailleurs des taxis et des centaines de minibus privés qui offrent un service fréquent et bien organisé. Il suffit de faire un signe de la main au chauffeur et de lui dire où vous désirez vous rendre.

3 **Discutez avec votre partenaire.**

La/Les meilleure(s) façon(s) pour se déplacer au Vanuatu pour votre expédition et vos raisons.

+ Faites des recherches et écrivez une page du site web sous le titre 'À éviter !'.

4 **Répondez aux questions avec votre partenaire.**

1 À votre avis, pourquoi existe-il tant de langues différentes au Vanuatu ?
2 Avec votre partenaire, lisez les phrases dans les deux langues.
3 Qu'est ce que vous remarquez dans les sons du bichelamar ?
4 Que pensez-vous de l'orthographe du bichelamar ?
5 Comparez vos réponses aux questions 3 et 4 : qu'en concluez-vous ?

La langue

La république du Vanuatu est indépendante depuis 1980. Il y a 108 langues vernaculaires distinctes et trois langues officielles : le français, l'anglais et le bichelamar, la langue parlée par la plupart des habitants.

Savez-vous parler bichelamar ?

- bonjour : gudmoning
- s'il vous plaît : plis
- merci beaucoup : tangkyu tumas
- je m'appelle Marco : nem blong mi Marco
- combien ? : hamas ?
- parler : toktok
- je veux : mi wantem
- où vas-tu ? : yu go wea ?
- je ne sais pas : mi no save (à prononcer *savé*)

5 **Écoutez l'entretien d'un couple français, Claude et Léa, qui ont récemment déménagé au Vanuatu pour leur retraite. Complétez les phrases.** 88

1 Claude et Léa habite sur l'île de ______.
2 Ils y habitent depuis ______ ans.
3 Léa y a déménagé pour les ______.
4 Claude préfère les ______ physiques.
5 Un euro est égal à ______ vatus.
6 La plupart des restaurants acceptent les ______ de ______.
7 Le climat est de type ______.
8 Les mois de novembre à avril, c'est la saison des ______.

6 **Faites un résumé de toutes les informations les plus importantes pour le planning de votre expédition.**

Il n'est pas possible de prendre l'avion directement de Paris. Il est possible de prendre un vol de deux heures et demie de Brisbane en Australie mais...

Conseil-langue

Cognates are words that remind you of another language, either your mother tongue or another language you have some knowledge of. Sometimes these similarities only emerge when you hear the word spoken aloud; sometimes they appear when you look at the spelling of part of the word. Closer links exist between some languages than others – often due to historical events.

Grammaire

Learn as many ways as possible to introduce opinions (whether yours or someone else's). These make very good ways to start a sentence in a conversation:

À mon avis... Selon moi...
D'après moi...
À son avis... Selon Paul...
D'après Isabelle...

8.5 C'était comment, l'expédition ?

Objectifs

- Write an account of an expedition
- Use a model to create and redraft a piece of work
- Check your work carefully using personalised checklists

1 **Ces jeunes ont fait une expédition l'année dernière. Ils sont allés à l'île Maurice. De quoi parlent-ils ? Mettez les titres dans le bon ordre.** 89

un sport | la plongée sous-marine | les gens | les repas

2 **Réécoutez. Prenez des notes pour chaque titre pour aider les visiteurs de l'île.** 89

les repas → des goûts des pays différents: Chine, Afrique...

3 **Discutez avec votre partenaire.**

Que pensez-vous de l'île Maurice selon ce que vous avez entendu ?

- À mon avis, l'île Maurice semble...
- J'aime l'idée de...

4 **Préparez une liste de questions que vous poseriez à un habitant si vous alliez faire une expédition.**

Comment sont les transports ? / On y parle quelles langues ?

5 **Lisez le récit de l'expédition à l'île Maurice. Mettez les titres dans le bon ordre selon le texte.**

- la culture
- les sorties
- notre destination
- se déplacer
- le voyage
- le paiement
- les langues

Notre expédition à l'île Maurice a commencé tôt un vendredi matin de novembre à l'aéroport de Clermont-Ferrand. Nous avons pris l'avion jusqu'à Paris où nous avons dû attendre une heure avant d'embarquer dans un vol direct pour l'aéroport international de Port Louis. Le vol était long et nous sommes arrivés le lendemain vers midi. Nous avons changé notre argent à l'aéroport, ce qui était utile puisqu'on nous avait dit que les banques en ville étaient fermées les samedis, dimanches et jours fériés. Au cours du séjour j'avais du mal à m'habituer aux taux de change. La devise est la Roupie mauricienne, 40 MUR étant égal à 1 euro.

L'île Maurice est une île volcanique qui est située dans l'océan indien à deux milles kilomètres au sud-est de l'Afrique. Elle a été lourdement influencée par l'Europe, l'Afrique, l'Inde et la Chine à cause de sa position géographique et de son histoire. Des cultures, religions et ethnies diverses y vivent en harmonie.

Nous avons eu de la chance de voir Divali, la fête la plus joyeuse de la communauté hindoue, ainsi que le Festival international kreol. C'est une célébration de l'identité mauricienne à travers la musique, la danse, les arts, la cuisine et les coutumes. Nous avons passé les premiers cinq jours dans les environs de Port Louis, la capitale. Pendant le festival nous avons même appris quelques pas de la danse traditionnelle mauricienne, le séga.

La majorité des gens parle le créole, qui est similaire au français. Les deux langues officielles sont le français et l'anglais mais il y a plein d'autres langues parlées comme le mandarin et le hindi.

L'hébergement et les repas ne sont pas trop chers (si on ne va pas dans des hôtels de luxe). Nous avons vite trouvé que la plupart des restaurants, magasins et boutiques acceptent les cartes de crédit. Le pourboire n'est pas obligatoire mais il est toujours apprécié et comme ça on se fait des amis !

Pour se déplacer, nous avons pris des bus et des taxis. La location de voitures, de vélos et de scooters est bien possible mais il est important de se souvenir que les Mauriciens conduisent à gauche. Il faut regarder d'abord à droite en traversant une route à pied. Et faites attention aux vaches sur la route!

Nous avons fait de grandes randonnées. Premièrement, nous avons visité le cratère du volcan du 'trou aux cerfs', pas actif mais impressionnant quand même. Deuxièmement, nous avons gravi la montagne du Morne, classée au Patrimoine mondial par l'UNESCO. Finalement, nous avons fait du trekking dans le plus grand parc national de l'île, celui des Gorges de la Rivière Noire. On voit des pêcheurs sur tout le littoral mauricien et on a fait de la pêche en bateau. Je voulais faire un vol en hélicoptère mais ça coûtait trop cher. Du ciel on aurait pu voir les plages de sable blanc et les belles montagnes. La prochaine fois, peut-être !

6 **Sous les titres de l'exercice 5, faites une liste de tous les conseils utiles pour un voyageur à l'île Maurice en utilisant les informations du texte.**

les langues
- *deux officielles – anglais et français*
- *la plupart des gens parlent créole (un peu comme le français)*
- *beaucoup d'autres langues à cause de la population cosmopolite de l'île*

7 **Que pensez-vous de ce texte ? Comment l'améliorer ? À vous de faire votre analyse.**

beaucoup de détails, bien organisé, des conseils

8 **Avec votre partenaire, faites une liste des points de grammaire, des structures et des particularités qui rendent un tel texte très bon, ou bien excellent.**

grammar	*features*	*structures*	
pronouns tenses – perfect, imperfect, present… adjectives adverbs …	opinions and justifications commentary …	if + imperfect + conditional constructions with *depuis…* *Il y a un an* …	

9 **Imaginez que vous avez fait l'expédition au Vanuatu. Après avoir fait un plan (vous pourriez utiliser les titres de l'exercice 5), écrivez votre texte.**

10 **Comparez votre récit avec le texte modèle. Comment pourriez-vous l'améliorer ? Modifiez votre récit.**

Conseil-langue

Write out your own list of some types of errors that you know you often make. For example,
- agreement of past participles with *être* verbs
- gender of tricky nouns like *le problème*

Use it as a checklist for activity 9.
Keep using the list when checking each new piece of work or each redraft, until you can confidently scrub something off. (Then you can add something else!) Being aware of your own common errors is very effective and allows you to focus on eliminating them.

Vocabulaire

changer de l'argent
le taux de change
la devise
la banque
se déplacer
prendre le bus/le taxi
louer une voiture
conduire à droite/à gauche

Faire des progrès

Using a model
- Have an idea of what you are aiming to achieve. Can you visualise your successful piece of work?
- Assess the model against criteria for a good piece of work. Do you want to add to or personalise the list of success criteria?
- Create your own work and compare it to the model. Where have you met the success criteria? Do things still exist in the model that you would like to replicate? How can you push your work beyond the model?
- A Venn diagram can be useful to make notes in, when using model pieces of work. Fill it in in your native language.

Vous pourriez également comparez votre récit avec celui de votre partenaire.

Le monde francophone

La musique et la danse à l'île Maurice

La musique est un mélange de ses origines africaines, des accents de salsa latino-américaine et de calypso des Caraïbes. Pour la danse, on fait glisser les pieds sur le sol sans jamais les lever. C'est le séga, la forme artistique la plus répandue de l'île. C'est une musique et une danse originaires des esclaves africains et sa simplicité vient du fait que le sable empêchait de faire des pas plus sophistiqués.

Les musiciens jouent des instruments hors norme. Par exemple, la maravane est constituée de cannes à sucre alignées. On l'agite pour accompagner le chanteur et les autres instruments comme la ravane, une espèce de tambour recouvert d'une peau de chèvre. Le triangle est aussi omniprésent.

À part le séga, il y a aussi des musiques et des danses traditionnelles qui sont arrivées avec les immigrants chinois et indiens il y a très longtemps. La danse classique indienne, par exemple, est raffinée, élégante et accompagnée du sitar et du tabla. On y trouve également les danses traditionnelles chinoises dont les plus connues sont la danse du dragon et la danse du lion.

La musique occidentale tient aussi une grande place dans la culture mauricienne. Les musiques populaires comme le rap, le hip-hop et le rock sont appréciées, tandis qu'il y a aussi un grand enthousiasme pour la musique des années 1960 et 1970. Elvis Presley y est très populaire ! Les liens existent toujours avec la culture française ; la musique et les artistes français sont connus et bien appréciés.

glisser – to glide
recouvert(e) – covered
raffiné(e) – refined
tenir une grande place dans… – to be an important part of…

1 Trouvez l'équivalent français dans le texte.

1 a mix
2 widespread
3 prevented
4 unusual
5 refined
6 western
7 while
8 links

2 Relisez. C'est vrai (V) ou faux (F) ?

1 Le séga est une danse et une musique.
2 On danse toujours le séga sur le sable.
3 La maravane est un instrument de musique fabriqué avec une peau de chèvre.
4 La danse indienne est devenue populaire très récemment.
5 Les musiques européenne et américaine sont populaires à l'île Maurice.
6 La musique française n'est plus populaire à l'île Maurice.

Recherche

Quels chanteurs français sont populaires à l'île Maurice ?

Les « Mamas » en forme !

Soit sous un arbre, soit dans une cabane, les hommes se réunissent au nakamal après le travail. Ils y boivent du kava, une infusion amère aux propriétés relaxantes et discutent des affaires locales, politiques et familiales. Le chef du village y exerce ses talents de médiation et y rend jugement. Traditionnellement, les femmes restent à la maison, il y a tant à faire ! Les femmes et les enfants ne sont pas permis au nakamal, élément essentiel de la culture au Vanuatu.

Mais le monde change. Ces dernières années, le volleyball de plage a fait du chemin au Vanuatu. Miller Pata et Linline Matauatu ont participé à des compétitions internationales. Et au niveau local, le volleyball de plage offre une possibilité pour ces femmes, exclues du nakamal !

Il est clair que le sport fait du progrès au Vanuatu grâce à des initiatives. C'est un pays ou le diabète et les maladies cardiaques sont responsables de 70 % des décès. Mais pour beaucoup de femmes de l'île, ce sport offre un moyen de rester en forme, de se socialiser et de se soutenir les unes les autres.

Les femmes du village d'Eratap, sur l'île d'Efate au Vanuatu, jouent plusieurs fois par semaine malgré la chaleur. Ici, parmi les chiens et les enfants, les lignes sont marquées par des sandales et un filet est attaché entre deux jeunes arbres. Mais ces «Mamas», comme on les appelle, savent que c'est un privilège que peu de femmes ont eu avant elles. La culture traditionnelle a longtemps mal vu les femmes pratiquant un sport donc c'est un changement historique.

L'une des joueuses s'appelle Ibae et elle a joué pour la première fois à l'âge de 52 ans. Elle explique que, malgré le travail qu'il reste à faire à la maison, ces nouveaux moments d'exercice et d'interaction sociale sont précieux. Les avantages sociaux positifs que le volleyball peut apporter à la communauté sont clairs et tout le monde prospère.

se réunir – to gather
femmes – women
un/des décès – death(s)
un filet – a net

Connexions

Pourquoi est-ce que les passe-temps sont importants ?

3 **Lisez et reliez les mots aux définitions.**

1	Nakamal	a	une boisson traditionnelle
2	Efate	b	une joueuse de volleyball de plage professionnelle
3	Miller Pata	c	un village au Vanuatu
4	Mamas	d	un groupe de femmes qui font du sport ensemble
5	kava	e	une île
6	Ibae	f	un endroit où les hommes se réunissent
7	Eratap	g	une amatrice de volleyball de plage

4 **Répondez aux questions.**

1 Qu'est-ce que des femmes ont commencé à faire à Eratrap ?
2 Pourquoi est-ce que c'est étonnant ?
3 Pourquoi les femmes ne vont-elles pas au Nakamal ?
4 Pourquoi est-ce qu'on appelle ce groupe de femmes les « Mamas » ?
5 Qu'est-ce qu'Ibae décrit comme « précieux »?
6 Pourquoi est-ce que le sport est important pour les gens au Vanuatu ?

Pareil...

Comment la culture et le sport sont-ils différents entre les pays francophones ? Choisissez deux pays francophones et comparez-les.

mais différent

Révisions

1 **Écoutez l'interview avec Ham, un jeune Vanuatais de vingt ans. Choisissez la bonne fin de phrase.** 90

1 Ham habite au Vanuatu sur l'île… **a** d'Efate. **b** Tanna. **c** Santo.

2 Selon Ham, Vanuatu… **a** est dépendant du tourisme. **b** n'est pas dépendant du tourisme. **c** va bientôt être dépendant du tourisme.

3 Il dit que pour 272 000 habitants, il existe… **a** 8 langues. **b** 108 langues. **c** 88 langues.

4 Selon lui, le nombre de traditions qui ont disparues est… **a** petit. **b** grand. **c** très grand.

5 Ham… **a** déteste le sport. **b** n'est pas sportif. **c** est sportif.

6 Le sport le plus populaire au Vanuatu est… **a** le beach-volley. **b** le kitesurf. **c** le football.

7 La célébration qu'il décrit fête… **a** la paix. **b** le volcan. **c** l'indépendance.

2 **Lisez l'article et écrivez vrai (V) ou faux (F).**

L'année dernière, pendant une visite au Vanuatu, j'ai été choqué de découvrir les dangers environnementaux de l'île. Un chef tribal m'avait invité au nakamal où il m'avait parlé des défis pour le futur de l'archipel. Ce qui m'a rendu très triste était son explication sur ce qu'il considérait comme le plus grand danger pour les îles. Selon lui, le gouvernement du Vanuatu doit faire face aux conséquences du réchauffement climatique.

Les impacts environnementaux d'un changement climatique inquiétant ont déjà été observés, notamment la hausse du niveau de la mer. On attend une augmentation probable de la fréquence et de la gravité des phénomènes météorologiques extrêmes. Dans un climat tropical, ça pourrait mener à des cyclones tropicaux, à même des tsunamis et des séismes. Un accroissement de la variabilité des pluies mènerait à un changement des périodes très sèches et très humides.

Tous les gens et tous les secteurs de l'archipel pourraient être touchés par ce changement climatique. Ainsi que ses effets sur l'agriculture, les ressources côtières et les ressources marines, la disponibilité de l'eau douce pourrait être limitée.

Une série de mesures d'adaptation a déjà été mise en place par le gouvernement du Vanuatu. De nouvelles plantes ont été introduites, mais les changements d'infrastructures coûtent chers. Il faut agir vite.

1 Le journaliste n'est jamais allé au Vanuatu.

2 Le chef était très triste pendant l'interview.

3 Le niveau de la mer a déjà augmenté.

4 Des cyclones pourraient devenir de plus en plus fréquents.

5 On a vu un accroissement des pluies pendant les dernières années.

6 Les effets climatiques ne toucheront qu'une moitié de la population du Vanuatu.

7 L'accès à l'eau potable pourrait être touché.

8 Le gouvernement a commencé à introduire des changements.

3 **Préparez une présentation d'une minute au sujet de la vie au Vanuatu.**

Vous pouvez mentionner :

- la culture
- les loisirs
- la vie quotidienne
- les défis pour les gens

4 **Écrivez un e-mail destiné à un(e) jeune correspondant(e) au Vanuatu. Imaginez que vous allez visiter le pays.**

- Décrivez votre vie.
- Poser des questions sur sa vie.
- Dites ce que vous voudriez voir et faire.

Essayez d'utiliser le plus-que-parfait (j'avais voyagé) dans votre récit.

Faire des progrès

When writing it is usually more effective to work slowly and produce fewer errors first time round than to hurry and rely on checking for mistakes afterwards. Some mistakes might slip through the net! Write with care, and then use your redraft time to expand and improve.

Bilan

Lisez et recopiez les phrases. Vous pensez avoir réussi chaque objectif ? Écrivez oui/un peu/pas du tout. Révisez pour vous améliorer.

Maintenant, je peux :	oui	un peu	pas du tout
• faire des recherches sur la vie des élèves francophones			
• comparer et contraster la vie quotidienne			
• discuter des avantages de voir d'autres pays et cultures			
• comprendre les opinions sur les avantages et les inconvénients de voyager			
• exprimer des opinions plus développées			
• reconnaître certains verbes au subjonctif			
• lire et comprendre les renseignements pour les voyageurs			
• comprendre des extraits en utilisant des mots apparentés (cognates) et d'autres stratégies			
• rédiger le récit d'une expédition			
• utiliser un modèle pour créer et reformuler mon travail			
• vérifier mon travail en utilisant une liste de contrôle personnalisée			
Je peux reconnaître et utiliser :			
• les accords et l'orthographe d'adjectifs			
• le plus-que-parfait			

i

Think about how to develop varied and precise vocabulary. You can learn words in themes, find synonyms and antonyms, or learn phrases rather than isolated words. Remember that verbs play an important part in your vocabulary bank, so it's good to learn key infinitives related to each topic.

Mots et expressions – Unité 8

Faire une expédition	**Going on an expedition**
je dois …	I should …
faire des économies	save money
être prêt(e) à travailler	be ready to work
on peut …	you can …
faire du camping	camp
rester dans l'auberge de jeunesse	stay in the youth hostel
je voudrais	I would like to …
voir des sites incroyables	visit some incredible sites
je m'intéresse à …	I am interested in …
je profiterai de …	I would benefit from …
visiter	visit
goûter	taste
apprendre une nouvelle langue	learn a new language
communiquer	communicate
rencontre de nouvelles personnes	meet new people
essayer de nouvelles activités	try new activities
voyager	travel
éviter	avoid
avoir l'occasion	have the opportunity
vivre parmi des cultures étrangères	live amongst foreign cultures
ce qui m'inquiète c'est …	what worries me is that …
on aura besoin de …	one will need …
faire attention à	be careful of
le transport inter-îles	inter-island transport
on conduit à droite	one drives on the right
la location de voitures	car hire
faire un signe de la main	make a hand signal
il faut quatre jours	it takes four days
la langue maternelle	mother tongue
la nationalité	nationality
le pays de résidence	country of residence

Signes utiles	**Useful signs**
l'ambulance	ambulance
un arrêt de train/bus	a train/bus stop
les cartes de crédit	credit cards
la circulation	traffic
le coin	corner
les devises étrangères	foreign currencies
les directions	directions
des distributeurs automatiques	cash machines
la feux (mpl)	traffic lights
le métro	metro
le parking	car park
un passage pour piétons/passage clouté	pedestrian crossing
la piste cyclable	cycle path
la place	square
la place du marché	market square
le pont	bridge
le rond-point	roundabout
la rue	street
fermer, fermé(e)	close, closed
ouvrir, ouvert(e)	open, opened
tirer	pull
pousser	push
entrer	enter
continuer	continue

L'environnement naturel	**Natural surroundings**
le champ	field
la chute d'eau	waterfall
le ciel	sky
la colline	hill
l'étoile (f)	star
la forêt	forest
l'île (f)	island
le lac	lake
la lune	moon
la mer	sea
la montagne	mountain
la nature	nature
l'ombre (f)	shade, shadow
le paysage	the landscape
la pierre	stone
la rivière, le fleuve	river, large river
le sable	sand
le soleil	sun
la vache	cow
la vague	wave
le volcan	volcano
la vue	view

C'était comment, l'expédition ?	**What was the expedition like?**
la côte nord/sud/est/ouest	north/south/east/west coast
la capitale	the capital city
la ville	the town/city
le centre-ville	the town centre
l'aéroport local/international	local/international airport
le vol domestique	domestic flight
la durée	the duration
le vol	the flight
mes amis me manquaient	I missed my friends
plein de souvenirs	a lot of memories
ce qui m'a frappé	what hit me

ça m'a ouvert les yeux	it has opened my eyes

Le temps / Weather

il fait …	it is …
beau	nice
chaud	hot
froid	cold
il faisait beau	it was nice
il faisait froid	it was cold
il fera du soleil	it will be sunny
il va faire chaud	it is going to be hot
il gèle	it is freezing
il pleut	it is raining
le brouillard, la brume	fog, mist
l'éclair (m)	lightening
ensoleillé(e)	sunny
la gelée, le givre	frost
la grêle	hail
humide	humid/damp
l'humidité (f)	humidity
les conditions météorologiques	weather conditions
la météo	weather forecast
la neige	snow
le nuage	cloud
la nuit	night
l'ouragan (m)	hurricane
la pluie	rain
la saison	season
le soleil	sunshine
la tempête, l'orage (m)	storm
le tonnerre	thunder
le vent	wind
le verglas	ice

La culture, les coutumes, la religion, les fêtes / Culture, customs, faiths, celebrations

le baptême	baptism/christening
la crèche (de noël)	nativity scene
le divali/diwali/dipavali	diwali
l'église	church
le feu d'artifice	firework display
la grande occasion	special occasion
le jour férié	public holiday
la messe	service mass
l'office religieux	religious service
la mosquée	mosque
le noël, le pâques	christmas,easter
le nouvel an	an new year
le pèlerinage	pilgrimage
le ramadan	ramadan
la religion, la foi, la croyance	religion, faith, belief
le saint/la sainte	saint
la synagogue	synagogue
le temple	temple
typique	typical
célébrer/fêter	celebrate
croire	believe in
être croyant(e)	have faith
être pratiquant(e)	be religious

Les mesures / Measurements

centimètre (m)	centimetre
les degrés (mpl)	degrees
kilomètre (m)	kilometre
mètre (m)	metre
énorme	enormous
étroit(e)	narrow
lourd(e)	heavy
peu profond(e)	shallow
plein(e)	full

Les nombres / Numbers

cent	100
cent un	101
deux cents	200
cinq cent	500
mille	1,000
un millier de miles	a 1,000 miles
mille et un	1,001
cinq cent mille	500,000
(jusqu'à) un million	(up to) 1,000,000
deux millions	2,000,000
29 pour cent	29 %
cent pour cent	100 %
un tiers	1/3
un quart	1/4
une moitié	1/2

Quantificateurs / Quantifiers

à peu près	approximately
plusieurs	several
divers	various
presque	almost
quelque(s)	some
la majorité	the majority
la minorité	the minority
trop	too much
pas assez	not enough
beaucoup	a lot
le double	double
la plupart	most
les deux	both
moins de	less than
plus de	more than
total	total
exact(e)	exact

Vérifiez 4

Lire

1 **Lisez le texte. Pour chaque question, cochez (✓) la case qui correspond à la bonne réponse (A–D).**

Mon travail en agence immobilière

Je viens de commencer mon boulot comme agent immobilier pour une agence qui s'occupe des maisons de luxe aux alentours de Zurich. Mon travail consiste à accueillir les acheteurs et les vendeurs et à leur proposer des biens correspondant à leur envie et à leur budget. Je m'occupe aussi de faire des visites de maisons et d'appartements pour les clients qui sont intéressés par les biens gérés par notre agence.

Je suis passionné par mon travail et j'apprécie surtout le contact avec les gens. Pour faire ce métier, il faut être souriant et bien présenté. Dans notre agence, nous portons toujours des costumes-cravates. Il faut que les gens aient confiance en nous, donc nous devons savoir de quoi nous parlons et bien connaître le produit que nous faisons visiter.

Comme nous travaillons dans le secteur du luxe, les clients sont plutôt exigeants et ont parfois des critères trop précis. C'est un des inconvénients de mon métier. L'autre, c'est la frustration lorsqu'une maison à plus d'un million d'euros est sur le point de se vendre, et que la vente ne se fait pas !

Plus tard, je voudrais devenir responsable d'agence et ensuite directeur de secteur ; par exemple je pourrais diriger toutes les agences de l'ouest de la Suisse. Ce serait difficile mais j'apprendrais beaucoup et j'augmenterais mon salaire !

a L'agence de Xavier se spécialise en…
- **A** appartements de ville. ☐
- **B** maisons et appartements de haute qualité. ☐
- **C** maisons et appartements de basse qualité. ☐
- **D** maisons à petits prix. ☐ [1]

b Dans son travail, il est important de…
- **A** visiter les maisons en premier. ☐
- **B** proposer n'importe quel bien à n'importe qui. ☐
- **C** prendre en compte les moyens des gens. ☐
- **D** bien acceuillir les vendeurs. ☐ [1]

c Xavier pense que son travail est…
- **A** agréable. ☐
- **B** désagréable. ☐
- **C** trop difficile. ☐
- **D** bien payé. ☐ [1]

d Les agents immobiliers doivent…
- **A** ne pas sourire. ☐
- **B** s'habiller correctement. ☐
- **C** beaucoup parler. ☐
- **D** porter des maillots de bains. ☐ [1]

e La clientèle est plutôt…
- **A** difficile. ☐
- **B** facile. ☐
- **C** pauvre. ☐
- **D** accueillante. ☐ [1]

f L'un des inconvénients de son métier est…

A que les horaires sont longs. ☐

B qu'il y a trop de travail. ☐

C qu'il est possible de perdre une grosse vente. ☐

D qu'il est difficile de gagner des millions. ☐ [1]

g Xavier veut devenir directeur d'agence parce qu'…

A il veut gagner plus d'argent. ☐

B il n'a pas d'ambition. ☐

C il s'ennuie. ☐

D il veut élargir son portefeuille sur toute la Suisse. ☐ [1]

[Total : 7]

2 **Lisez le texte. Choisissez le bon mot pour remplir les espaces blancs (a–h). Pour chaque espace (a) à (h), cochez (✓) la bonne case (A–D).**

Une randonnée de nuit

En ce beau mois de juillet, la famille Lambert avait décidé de faire une chose incroyable : partir en randonnée en pleine nuit pour voir le lever du soleil au sommet du Mont Pelat, un des plus haut des Alpes du Sud. Ils avaient loué un chalet à Allos pour toute la famille, et Nathalie, la fille Lambert, s'apprêtait à aller se coucher très tôt la veille. Elle **(a)** __________ tellement hâte de partir à l'aventure qu'elle n'arrivait pas à **(b)** __________ le sommeil, mais elle s'est finalement endormie vers 22 heures.

Son réveil a sonné trois **(c)** __________ plus tard et toute la famille s'est mise à table pour le petit déjeuner. Ils ont mangé des tartines grillées avec de la pâte à tartiner, mais ils n'avaient pas très **(d)** __________ si tôt le matin ! Ils étaient sept en tout pour cette expédition de nuit et ils avaient tout préparé : les lampes frontales, les thermos, les couvertures et le plus important, de bonnes chaussures de randonnée. Ils sont partis à l'heure et Nathalie était surexcitée ; elle adorait les levers de soleil et elle avait pris son appareil photo. Elle menait le groupe et ils marchaient tous d'un bon pas.

Il faisait nuit noire et très froid ; Nathalie avait maintenant un peu peur. Le chemin était **(e)** __________ et pentu, il fallait faire très attention à **(f)** __________ mettre un pied devant l'autre. Après une heure de marche, Nathalie a entendu un **(g)** __________, comme si quelqu'un de sa famille avait glissé et était tombé. Elle s'est arrêtée d'un coup, terrorisée, et s'est **(h)** __________. Elle a crié : « Tout le monde va bien ? » et tout le monde lui a répondu que oui.

Elle se demandait quel était ce bruit, et soudain, elle a vu un animal courir vers elle : elle a éclairé dans sa direction et ce bruit était en fait celui d'un chamois qui descendait la montagne. Quelle frayeur !

Ils ont continué leur chemin sans incident et sont enfin arrivés au sommet. Nathalie n'avait jamais vu un lever de soleil si magnifique !

a

A était ☐

B faisait ☐

C avait ☐

D prenait ☐ [1]

b

A trouver ☐

B dormir ☐

C chercher ☐

D éteindre ☐ [1]

c

A jours
B minutes
C semaines
D heures [1]

d

A faim
B froid
C chaud
D soif [1]

e

A plat
B court
C étroit
D caché [1]

f

A un peu
B mal
C jamais
D bien [1]

g

A ours
B arbre
C bruit
D homme [1]

h

A énervée.
B retournée.
C amusée.
D détendue. [1]

[Total : 8]

Écouter

3 **Vous allez entendre un message téléphonique de Mélissa qui veut postuler pour un travail. Vous allez entendre le message deux fois. Il y a une pause dans le message. Pour chaque question, cochez [✓] la bonne case (A–D). Vous avez d'abord un peu de temps pour lire les questions.** 91

1 Quelle est l'expérience de Mélissa ?
A Elle a déjà travaillé dans un restaurant.
B Elle a déjà travaillé dans une cuisine.
C Elle a déjà travaillé à la réception.
D Elle a déjà travaillé comme femme de chambre. [1]

2 Mélissa gagnait beaucoup de pourboires car…
A elle préparait de bons plats.
B elle parle trois langues.
C elle est agréable.
D elle faisait de bons gâteaux. [1]

3 Pourquoi Mélissa dit-elle qu'elle pourrait travailler comme réceptionniste ?

A Elle a de l'expérience. ☐

B C'est son poste préféré. ☐

C Elle est aimable. ☐

D Elle est trilingue. ☐ [1]

[PAUSE]

4 Quelles disponibilités demande l'annonce ?

A Un soir par semaine. ☐

B Les weekends et trois soirs par semaine. ☐

C Trois jours par semaine. ☐

D Deux soirs par semaine. ☐ [1]

5 Quelle est l'une des qualités de Mélissa ?

A Elle est optimiste. ☐

B Elle est généreuse. ☐

C Elle est gentille. ☐

D Elle est intelligente. ☐ [1]

6 Pourquoi Mélissa donne-t-elle son e-mail ?

A Car on le lui a demandé. ☐

B Si les employeurs veulent discuter de son message téléphonique. ☐

C C'est son moyen de communication préféré. ☐

D Elle n'a pas de téléphone. ☐ [1]

[Total : 6]

4 **Vous allez entendre une conversation entre Mégane et son amie au sujet d'une expédition. Vous allez entendre la conversation deux fois. Il y a une pause dans la conversation. Pour chaque question, cochez [✓] la bonne case (A–D). Vous avez d'abord un peu de temps pour lire les questions.** 92

1 Pourquoi Mégane a-t-elle décidé de faire ce voyage ?

A Elle voulait prendre une année sabbatique. ☐

B Elle voulait découvrir une nouvelle culture. ☐

C Elle avait besoin d'aventure. ☐

D Elle voulait se faire de nouveaux amis. ☐ [1]

2 Comment Mégane a-t-elle pu payer son expédition ?

A Elle a travaillé pendant l'été. ☐

B Elle a été sponsorisée par ses amis et sa famille. ☐

C Elle a économisé pendant deux ans. ☐

D Elle a reçu de l'argent de son collège. ☐ [1]

3 Comment a-t-elle aidé la population locale ?

A Elle a construit un puits pour accéder à l'eau potable. ☐

B Elle a construit une école. ☐

C Elle a travaillé dans un hôpital. ☐

D Elle a travaillé dans un orphelinat. ☐ [1]

4 Qu'a pensé Mégane de la nourriture ?

A Elle l'a trouvée dégoûtante. ☐

B Elle ne l'a pas trouvée chère. ☐

C Elle l'a trouvée variée. ☐

D Elle l'a trouvée monotone. ☐ [1]

5 Quelle a été son activité préférée ?

A Les sports nautiques. ☐

B Les promenades en forêt. ☐

C Les sorties à vélo. ☐

D Les randonnées en montagne. ☐ [1]

6 Quel pays francophone aimerait-elle visiter la prochaine fois ?

A L'île Maurice. ☐

B Le Congo. ☐

C La Tunisie. ☐

D La Guyane. ☐ [1]

[Total : 6]

Parler

5 **Jeu de rôle**

Vous parlez avec un(e) ami(e) francophone à propos des métiers de vos parents.

Candidat(e) : vous-même

Professeur : votre ami(e)

Le/la professeur va commencer le jeu de rôle.

Répondez à toutes les questions.

[Total : 10]

Conseil-langue

You are allowed to make notes during the preparation time, but you will not be able to refer to these notes during the role play.

Écrire

6 **Une expédition**

Vous venez de rentrer d'une expédition à l'étranger avec un groupe de jeunes. Écrivez un article pour le magazine de votre collège.

- Dites où vous êtes allé(e) et pendant combien de temps.
- Décrivez les activités que vous avez faites.
- Quelles sont vos impressions de l'expédition ?
- Est-il important de faire une expédition ? Expliquez pourquoi/pourquoi pas.
- Où voudriez-vous faire une expédition à l'avenir ?

Écrivez 130–140 mots **en français.**

____

____

[Total : 25]

9 Le monde d'aujourd'hui

À vos marques !

- Discuss where you live
- Talk about your community
- Use the present tense correctly

1 Écoutez ces jeunes parler d'où ils habitent. Choisissez la bonne image. 93

a

b

c

d

2 Comment faire partie de la communauté ? Reliez les débuts et les fins de phrase.

1 J'aide dans les cuisines d'une association caritative…
2 Je donne des cours de français…
3 Je fais partie d'un…
4 Je passe une demi-heure chaque weekend…

a … avec une personne âgée qui habite seule.
b … orchestre dans mon village.
c … qui donne à manger aux sans-abri.
d … à des réfugiés.

3 Lisez les phrases et écrivez vrai (V) ou faux (F).

Mon samedi matin

Tous les samedis matin je vais au stade qui se trouve à côté de l'école primaire. J'assiste l'entraîneur d'une équipe de foot pour les garçons et filles de moins de huit ans. Je le fais comme bénévole. Pourquoi ? Alors je ne suis pas très doué en foot, mais c'est pour aider les familles défavorisées. Les petits adorent jouer des matchs entre eux et les parents viennent les regarder. C'est sympa ! Est-ce que j'ai l'intention de devenir entraîneur de foot ? À vrai dire, non, mais j'aimerais devenir instituteur parce que j'adore travailler avec les enfants.

Grégoire

1 Grégoire se lève le samedi matin pour jouer au foot.
2 C'est une équipe mixte.
3 Il est footballeur professionnel.
4 Il le fait sans gagner de l'argent.
5 Il veut être entraîneur de foot à l'avenir.

Vocabulaire

j'habite…
à la campagne
en ville
dans un village

il y a…
de la circulation
des transports en commun
des bus

4 Qu'est-ce que ça veut dire ? Reliez les mots aux équivalents anglais.

1 bénévole
2 équipe
3 défavorisé(e)
4 doué(e)
5 entraîneur
6 instituteur

a disadvantaged
b talented
c coach
d primary school teacher
e volunteer
f team

5 **Les problèmes environnementaux : reliez les causes et les conséquences.**

1 La pollution de l'eau
2 Le réchauffement de la terre
3 La pollution de l'air
4 L'épuisement des ressources non-renouvelables
5 La déforestation

provoque

a des maladies respiratoires.
b la destruction des habitats de beaucoup d'animaux sauvages.
c l'élévation du niveau de la mer.
d l'augmentation du prix du pétrole.
e la disparition de certaines espèces de poissons.

6 **Lisez le blog de Nadine. Vrai (V) ou faux (F) ?**

1 Elle recycle ce qu'elle ne porte plus.
2 Elle pense à l'environnement quand elle va au supermarché.
3 Elle fait la plupart de ses voyages en train ou bus.
4 Elle éteint la télé quand elle change de pièce.
5 Elle trie les ordures.

Corrigez les phrases fausses.

Je suis très consciente de l'environnement et je fais tous les gestes possibles pour aider. Par exemple :

- Je ne gaspille rien. Je recycle le papier et les vêtements.
- Je trie mes déchets.
- Si possible, je me déplace à vélo ou à pied.
- J'éteins la lumière en quittant une pièce.
- J'achète des articles bio.

Écrivez un paragraphe pour décrire les efforts de Nadine.

Nadine fait des gestes pour aider l'environnement. Elle trie ses déchets et elle recycle.

Vocabulaire

recycler
gaspiller
trier les déchets/les ordures
acheter bio
éteindre la télévision/la lumière
se déplacer à vélo/à pied

7 **Posez et répondez aux questions avec votre partenaire.**

- Est-ce que Nadine fait assez de gestes simples ?
- Qu'est-ce qu'elle pourrait faire en plus ?
- Quels gestes faites-vous ?

9.1 Faire partie de sa communauté

Comment devenir un bon citoyen ?/une bonne citoyenne ?

Objectifs

- Talk about ways of contributing to your community
- Be a good citizen
- Make statements and facts more complex by justifying them

1 **Vous voyez une affiche à la mairie. Utilisez un dictionnaire et cherchez les mots soulignés pour mieux comprendre.**

Vous voulez être un bon citoyen ?

- Donnez de votre temps pour une association caritative.
- Faites du travail bénévole.
- Participez à la vie communale culturelle ou sportive.
- Donnez un coup de main à des voisins qui habitent seuls.
- Participez aux programmes de nettoyage.

Conseil-langue

A statement on its own is not usually a complex sentence.

Mon copain joue pour l'équipe de foot dans son village. – My friend plays for the football team in his village.

However, they can be made more complex and more interesting by extending them to include reasons, justifications or examples.

Mon copain joue pour l'équipe de foot dans son village depuis son enfance parce que son père jouait aussi – jusqu'à sa retraite à l'âge de soixante ans. – My friend plays for the football team in his village because his father also used to play – up until his retirement at the age of sixty.

The second sentence opens up areas for further discussion, and also contains more grammatical and structural variety.

2 **Lisez les textes et trouvez l'équivalent français de ces mots.**

1 the homeless
2 proud
3 neighbour
4 opportunity

Mon frère et son ami font des collectes de fonds pour les Restos du Cœur, une association qui aident les sans-abri. Je vais y participer quand j'aurai seize ans mais pour le moment, j'aide ma mère dans les cuisines de cette association. Il est important d'aider ceux qui n'ont rien. **Mehdi**

Tous les samedis matin à 7 heures, pendant l'été, je participe à un nettoyage de la plage à côté de ma ville. Pourquoi ? On n'est pas payé, donc je le fais parce que je suis fière de ma ville. C'est ma responsabilité parce que j'habite ici ! J'aime bien habiter une ville touristique. **Céline**

Trois fois par semaine je rends visite à ma voisine, Madame Fernand, qui a quatre-vingt-six ans. Elle était amie avec ma grand-mère qui est morte il y a deux ans. J'aime la voir parce qu'elle me raconte des histoires et je l'aide avec les tâches ménagères. Quelquefois, nous jouons aux jeux de société ensemble. **Patrick**

Je voudrais être actrice et le club de théâtre de ma ville fournit l'occasion parfaite pour participer à des spectacles. Certains adultes font des costumes, d'autres ont des rôles et l'équipe est composée d'individus de 7 à 77 ans. Beaucoup de gens de la ville assistent aux représentations. C'est génial ! **Amira**

Vocabulaire

une organisation caritative
une association
participer à
rendre visite à
aider les autres
collecter (de l'argent)
être bénévole
les sans-abri
le voisin/la voisine

3 **Choisissez le bon titre pour chaque personne de l'exercice 2.**

1 Pourquoi pas passer un moment avec une personne âgée ?
2 La camaraderie des arts dramatiques.
3 Un coup de main bénévole.
4 La fierté d'une jeune pour sa région.

4 **C'est vrai (V), faux (F) ou pas mentionné (PM) ?**

1 Mehdi collecte de l'argent pour une association caritative.
2 Céline participe à une action communale qui finit à la fin du mois de septembre.
3 Céline trouve embêtant d'habiter dans une ville touristique.
4 La voisine de Patrick est un membre de sa famille.
5 Patrick se rend chez sa voisine uniquement pour faire des tâches ménagères.
6 Le club de théâtre de Chloé est ouvert à tout le public.

+ Corrigez les phrases fausses.

5 **Discutez avec votre partenaire.**
Qu'est-ce-que vous préféreriez faire pour aider votre communauté ? Pourquoi ?
Discutez des tâches proposées et mettez-les dans l'ordre de votre préférence. Justifiez vos choix.

- participer à une chorale
- nettoyer le parc après un festival
- faire du travail bénévole pour une association caritative
- faire partie d'une équipe de sport
- faire des visites à des personnes âgées
- organiser des activités pour des enfants

Faire des progrès

Listening to a foreign language needs lots of practice! Exercise 6 practises listening for sound–spelling links, the key to being able to break down the sounds of a foreign language. For more of this, use online dictionaries where you can hear words modelled. Listen to online French radio stations in the background while you work – this will help you to get your 'ear' in French.

6 **Écoutez ces personnes qui parlent de ce qu'elles font dans leur communauté. Notez JP (Jean-Pascal), A (Aline), M (Marc), V (Valérie), ou L (Loïc). Qui…** 94

1 … s'occupe de l'organisation des voitures ?
2 … veut bénéficier de la gentillesse des autres plus tard dans sa vie ?
3 … profite d'une occasion pour améliorer son niveau en langues ?
4 … parle du devoir d'aider les autres ?
5 … dit que la participation dans un club ou une société peut encourager l'amitié entre les gens ?

+ Et vous, vous aidez votre communauté ? Voudriez-vous essayer autre chose ?

7 **Résumez en quelques mots ce que Jean-Pascal, Aline, Marc, Valérie et Loïc font dans leur communauté et pourquoi.** 94

9.2 Questions mondiales

Objectifs

- Understand a range of global social issues
- Discuss ways to respond to issues
- Revise the use of pronouns

1 **Écoutez et lisez. Reliez le problème à la bonne personne.** 95

Cet été, je suis allée à Paris pour la première fois et ce qui m'a choquée, c'était le nombre de jeunes personnes qui dormaient dans les rues. On les appelle des SDF. **Nomena**

online

Je ne comprends pas le racisme. Ma meilleure copine est née en France, ses parents aussi, mais il y a toujours des gens qui la traitent différemment. **Amélie**

Je connais une famille dont le père a perdu son emploi. La famille n'avait pratiquement rien parce que les deux parents étaient au chômage. Ils ont déménagé et je ne les vois plus. **Matthieu**

Dans ma classe il y a un refugié qui est venu avec sa famille. Il ne parle pas bien le français. Je lui ai parlé en mélangeant nos deux langues et je l'aime bien. Il m'a raconté des histoires tristes et des anecdotes drôles. **Jean**

1 la discrimination raciale
2 les personnes sans-abri
3 les difficultés associées à l'intégration
4 le chômage qui mène à la pauvreté familiale

Grammaire

Remember that pronouns replace nouns.

Object pronouns replace the object of a sentence.

Je ne vois plus ***les membres de cette famille***. = direct object

Je ne ***les*** *vois plus.* = direct object pronoun

J'ai dit ***à Robert*** *que ce n'était pas possible.* = indirect object

Je ***lui*** *ai dit que ce n'était pas possible.* = indirect object pronoun

Plus ? → Grammar p. 241

2 **Répondez aux questions en français.**

1 Quel détail est donné par Nomena par rapport aux gens qui dormaient dans les rues de Paris ?
2 Pour quelle raison est-ce que Amélie mentionne les parents de sa copine ?
3 Pourquoi Mathieu ne voit plus la famille dont le père a perdu son emploi ?
4 Comment est-ce que Jean communique avec son ami refugié ?

3 **Lisez l'e-mail de Brigitte et trouvez les synonymes des mots suivants.**

1 vieux
2 boulevards
3 personnes
4 donnés

Maman,

Nous sommes bien arrivés à Paris et la ville est tellement belle. J'adore les bâtiments anciens, et les magasins sont supers, mais les produits sont plus chers ici !

Ce que je n'aime pas, c'est voir les malheureux sans-abri autour des gares et au coin des rues. Il y en a qui demandent de l'argent, mais la plupart ne font rien. C'est triste et je me sens frustrée de voir autant de gens dans cette situation tragique. Pour aider, j'ai acheté un sandwich et une bouteille de jus d'orange et je les ai offerts à une ado qui dormait sur un banc. J'ai un peu discuté avec elle et elle m'a parlé de ses problèmes. C'était tout ce que je pouvais faire mais elle m'était reconnaissante.

À bientôt

Brigitte

Trouvez d'autres synonymes pour 5 mots de votre choix.

4 **Que pensez-vous des actions de Brigitte ? Discutez avec votre partenaire. Avec quelles opinions êtes-vous d'accord ? Justifiez votre réponse.**

Elle est naïve.

Elle est gentille.

Elle est condescendante.

Elle est intelligente.

Elle est courageuse.

Elle est généreuse.

Vocabulaire

le racisme
la discrimination
le chômage
l'intégration (f)
la pauvreté
les réfugiés
déménager
dormir dans la rue

5 **Faites au moins deux phrases et justifiez votre choix.**

Elle est gentille car elle a donné un sandwich à une fille SDF.

6 **Avec votre partenaire, donnez votre opinion.**

A : Je pense que Brigitte est gentille car elle a donné un sandwich à une jeune SDF. Qu'en penses-tu ?

B : Je suis d'accord avec toi. Selon moi, Brigitte est courageuse car...

Vocabulaire

à mon avis
selon moi
et toi ?
je suis d'accord avec toi
je ne suis pas d'accord avec lui
moi aussi
moi, non

7 **Lisez le paragraphe. Recopiez-le et notez où :**

- on donne et justifie une opinion
- on utilise un superlatif et un adjectif
- on utilise des synonymes
- on utilise plusieurs temps
- on utilise un pronom
- autres choses… ?

À mon avis, le racisme est l'un des problèmes les plus graves dans notre société parce que ça existe toujours aujourd'hui. Mes parents sont de Guinée et ils habitent en France depuis 30 ans. Moi, je suis né en France mais nous souffrons parfois de discrimination. La société devient de plus en plus tolérante mais je pense qu'on pourrait faire plus pour combattre le racisme.

Grammaire

Here are two more useful pronouns:

y means 'there' and *en* means 'of it/of them'

*Elle **y** va tous les jours.* (She goes **there** every day.)

*J'**en** ai bu assez.* (I've drunk enough **of it**.)

Plus ? ➜ Grammar p. 243

8 **Selon vous, quel est le problème social le plus grave?**

9.3 Qu'est-ce que je peux faire pour aider les autres ?

Objectifs

- Discuss voluntary work and consider what you might do
- Consider the benefits of voluntary work
- Revise the imperfect tense

1 **Reliez les phrases et les images.**

1 Je rends visite aux personnes âgées pour parler avec elles.
2 Je trie des dons pour les sans-abri et pour les familles démunies.
3 J'accompagne des visites avec des personnes handicapées.
4 J'aide le professeur de français qui donne des cours à des réfugiés.
5 J'aide des élèves de l'école primaire qui ont du mal à lire.

a

b

c

d

e

2 **Regardez les photos et écrivez un paragraphe. Qu'est-ce que vous aimeriez faire, qu'est-ce que vous n'aimeriez pas faire ?**

J'aimerais travailler avec des réfugiés parce que j'aime les langues, mais je n'aimerais pas trier des dons parce que c'est trop fatigant.

3 **Lisez les messages de Jordan et Vinz. Remplissez les blancs avec un des mots de l'encadré.**

chaude guitare Vinz froid Jordan échecs

1 ______ travaille comme bénévole.
2 ______ a passé la soirée à jouer aux jeux vidéo.
3 Le temps faisait très ______.
4 De la soupe ______ a été donnée aux sans-abri.
5 Une dame a joué aux ______.
6 Un jeune a joué de la ______.

Salut Vinz, c'était comment aujourd'hui ? — Jordan

Tu sais, j'ai passé un bon moment. Les gens qui sont venus étaient sympa. Il faisait très froid à l'extérieur donc la chaleur de la salle et de la soupe les ont aidés ! — Vinz

C'était triste, non ? — Jordan

Pas du tout ; la plupart d'entre eux étaient reconnaissants. Ce qui m'a surpris c'est qu'il y en avait quelques uns qui étaient très drôles ! J'ai joué aux échecs avec une dame, et il y avait un jeune homme avec une guitare qui chantait. Il était excellent, le prochain Ed Sheeran ! — Vinz

Eh ben, peut-être que je viendrai la prochaine fois. J'ai passé la soirée à jouer sur ma Xbox mais… c'était ennuyeux ! — Jordan

+ Pensez aux raisons pour lesquelles vous avez fait vos choix. Faites un diagramme pour illustrer les bienfaits et les désavantages pour vous.

4 **Relisez les messages de l'exercice 3. Choisissez la bonne fin de phrase.**

1 Au cours de la soirée Vinz...
a s'est amusé. **b** n'a pas aimé le travail. **c** avait peur des gens.

2 Vinz a été étonné par...
a les histoires tristes des gens. **b** le nombre de personnes qui sont venues. **c** l'ambiance chaleureuse.

3 Ces sans-abri ont pu s'abriter...
a de la pluie. **b** de la neige. **c** du froid.

4 Selon Vinz, certains des clients étaient...
a déprimés. **b** rigolos. **c** mal polis.

5 Les gens dans la salle ont été divertis par...
a une femme qui jouait aux échecs. **b** un chanteur célèbre. **c** un jeune qui chantait.

Vocabulaire

trier des dons
rendre visite à
passer du temps avec
assister (quelqu'un)
donner des cours
les familles démunies
les personnes âgées
les personnes handicapées

Grammaire

Remember: to form the imperfect tense:

1 take the *nous* form of the present tense
2 take off the *–ons* ending
3 add the appropriate imperfect ending: *ais, ais, ait, ions, iez, aient*

Plus ? ➜ Grammar p. 246

5 **Imaginez que vous étiez l'un des sans-abri. Décrivez la soirée.**

Ce soir-là il faisait très froid, mais...
Il y avait...
À l'intérieur...
Je me sentais...
J'ai vu...
L'ambiance était...
Les bénévoles étaient...

6 **Écoutez la première partie de cette interview avec Karine Jaspin, dirigeante d'une association caritative qui cherche des bénévoles. Choisissez les 2 expressions qui sont mentionnées dans cette partie de la conversation.** 96

1 je ne suis pas d'accord
2 un coup de main
3 selon moi
4 en train de

Corrigez les deux autres expressions.

7 **Réécoutez et choisissez la bonne fin de phrase.** 96

1 Cette association envoie des jeunes en **Asie/Afrique**.
2 Les jeunes aident dans les **hôpitaux/villages**.
3 Tout le monde doit aider à reconstruire des **églises/écoles**.
4 Les jeunes sont **encouragés à/obligés d'**utiliser leurs intérêts personnels.

Faire des progrès

When listening, never jot down the first thing you hear that you believe answers your question. Just listen right through at least once. You don't want to miss anything important!

8 **Choisissez les 2 expressions qui sont mentionnées dans la deuxième partie de la conversation.** 97

1 d'ailleurs
2 sans doute
3 il faut que
4 la plupart de

9 **Réécoutez. C'est vrai (V) ou faux (F) ?** 97

1 Cinq jeunes bénévoles masculins se sont engagés dans un programme de foot.
2 Les bénévoles peuvent organiser ou participer à d'autres activités culturelles.
3 Tous les bénévoles doivent payer leurs vols.
4 Selon Karine, la plupart des jeunes reviennent tristes parce qu'ils doivent laisser leurs nouveaux amis.

9.4 Les problèmes de l'environnement

Objectifs

- Understand and discuss global environmental issues
- Use verbs that govern infinitives
- Discuss and debate real-world issues

1 **Reliez les titres des journaux et les images.**

1 Le plastique dans les océans continue à menacer les espèces rares.

2 La pollution des rivières : il faut éviter ce problème !

3 Les ours blancs essaient de lutter contre l'inévitable.

4 Les ressources naturelles épuisables commencent à disparaître.

5 Moins d'arbres pour plus de viande.

6 Comment arrêter de respirer de l'air pollué ?

a b c d e f

2 **Que pensez-vous de ces problèmes ? En petits groupes, faites des recherches sur les problèmes de l'exercice 1. Discutez avec un autre groupe et répondez aux questions.**

- Que voyez-vous sur l'image ?
- Pour chaque image et titre, de quoi s'agit-il ?
- Qu'en pensez-vous ?

Choisissez un (ou deux) des titres de l'exercice 1 et écrivez les deux premières lignes de l'article.

3 **Écoutez ce que disent les jeunes et choisissez une image de l'exercice 1 pour chaque personne.** 98

4 **Lisez l'article et choisissez 5 mots que vous ne comprenez pas. Cherchez-les dans un dictionnaire pour vérifier leur sens. Comparez votre liste avec celle de votre partenaire.**

Des problèmes à résoudre

[1] Selon les gouvernements du monde entier, notre planète est en danger. En plus des effets du réchauffement de la terre, nos mers sont polluées par du plastique et un grand nombre d'espèces d'animaux est en voie de disparition. Mais quelles sont les conséquences pour nous, dans notre vie quotidienne, des problèmes mondiaux associés à l'environnement ?

[2] D'abord si l'air est pollué, des maladies respiratoires peuvent être provoquées et la fréquence de certains cancers peut augmenter. Parlons aussi des fleuves, des lacs et des eaux souterraines qui sont pollués indirectement par l'activité humaine. Certains polluants ont été trouvés dans l'eau que nous consommons ainsi que dans notre alimentation.

[3] Nos poissons disparaissent. 77 % des espèces sont exploitées à leur maximum, surexploitées ou épuisées. Même chose pour les forêts. Chaque année, l'équivalent de la surface de l'Angleterre disparaît pour élever du bétail ou pour fabriquer des produits du quotidien. Mais les arbres transforment le dioxyde de carbone en oxygène. Rien de plus important pour la survie de l'humanité !

5 **Trouvez les synonymes dans le premier paragraphe.**

1 la terre **2** en péril **3** les résultats

6 **Choisissez un des titres pour chaque paragraphe.**

- La nature qui disparaît
- Un monde en péril
- La pollution partout

7 **Avec votre partenaire, mettez les phrases dans l'ordre, selon ce qui vous inquiète le plus/le moins. Justifiez vos réponses.**

le plastique dans la mer

les espèces en danger

la pollution de l'air

la disparition des forêts

la pollution des eaux

l'épuisement des ressources naturelles

8 **Choisissez un titre et écrivez un paragraphe pour y répondre.**

Pourquoi les problèmes environnementaux m'inquiètent.

L'environnement ? Ce n'est pas mon problème !

Vocabulaire

les problèmes environnementaux
la pollution
le plastique
la mer
la disparition
les espèces (f) menacées
lutter
éviter
protéger

Grammaire

Some verbs have to be followed by the infinitive.

- Some verbs are followed directly by the infinitive: *Il **faut éviter** ces problèmes.*
- Some verbs are followed by *à* then the infinitive: *Les plastiques dans les océanes **continuent à menacer** les espèces rares.*
- Some verbs are followed by *de* then the infinitive: *Les ours blancs **essaient de lutter** contre l'inévitable.*

Plus ? ➜ Grammar p. 249

Faire des progrès

Get into the habit of spotting word families and relationships between words, to broaden your range. For example:

la pollution – pollué – polluer

inévitable – évitable – éviter

épuisable – épuiser – s'épuiser

respirer – la respiration

Conseil-langue

Learn useful phrases to order your ideas in your writing.

en premier lieu, en deuxième lieu, en dernier lieu

premièrement, deuxièmement, finalement

d'abord, ensuite, enfin

9.5 Des gestes pour sauver la planète

Objectifs

- Understand what actions can be done at home to help the environment
- Use *si* clauses to indicate the results of actions
- Use persuasive language

1 **Lisez les textes. Ensuite, reliez les actions (1–8), les images (a–h) et les conséquences (i–vii).**

Moi j'ai commencé à baisser un peu le chauffage, et quand j'ai froid chez moi, je mets un pull. En été je limite la climatisation. Pourquoi ? Si je fais tout ça, ma consommation d'énergie sera plus faible.

Lisa, 20 ans, Montréal

La pollution de l'air est un grand problème et nous devons tous faire quelque chose de positif. Moi, si j'ai le temps, je me déplacerai en utilisant les transports en commun. Aussi mes parents viennent d'acheter une voiture quasi-électrique .

Karine, 18 ans, Paris

La déforestation m'inquiète et selon mes recherches, c'est surtout pour la production de la viande. Mes copains et moi avons décidé de limiter la viande que nous consommons. Si un plat végétarien est disponible, on le choisit.

Justin, 17 ans, St-Brieuc

Pourquoi économiser l'eau ? Le niveau des nappes phréatiques dans le monde s'épuise à cause de l'irrigation et du réchauffement climatique. Moi je sais que si je prenais des douches rapides au lieu de prendre un bain, j'économiserais de l'eau. Si dans le jardin, je récupérais de l'eau de pluie pour arroser les plantes, j'économiserais plus encore. Mais c'est difficile, hein !

Max, 22 ans, Sarlat

a

b

c

d

e

f

g

h

1, c, v

1 Je ferme le robinet.
2 J'achète du papier recyclé.
3 Je n'achète pas de produits avec trop d'emballages.
4 Je mets un pull.
5 Je trie mes ordures.
6 Je récupère de l'eau de pluie.
7 Je me déplace en vélo.
8 J'achète des produits bio pour le ménage.

i On utilise moins d'énergie pour chauffer la maison.
ii On économise de l'eau en la réutilisant pour autre chose.
iii On évite de déverser des produits chimiques dans la nature.
iv On encourage la limitation de la déforestation.
v On arrête le gaspillage de l'eau.
vi On contribue à la réduction de la propagation des particules fines.
vii On montre qu'on n'achètera pas de produits qui gaspillent des ressources.
viii On évite l'incinération et l'enterrement des ordures qui ne se décomposent pas.

2 **Relisez les idées pour sauver l'environnement. Avec votre partenaire, parlez de ce que...**

- vous faites (et pourquoi)
- vous ne faites pas (et pourquoi)
- vous avez l'intention de faire (et pourquoi)

3 **Choisissez l'une des deux idées et, en petits groupes, écrivez :**

- une liste de ce que vous faites pour aider l'environnement et pourquoi. Essayer d'utiliser des structures avec *si*.
- un journal : écrivez ce que vous avez fait le mois dernier, ce que vous ne faites jamais, et ce que vous allez faire à l'avenir.

4 **Écoutez Xavier, Pauline et Christine. Qui pense que...** 99

1 ses gestes seraient insuffisants ?
2 la planète est en train de changer et personne ne peut l'arrêter ?
3 le réchauffement climatique ne touche pas sa vie ?
4 des questions économiques sont plus urgentes ?
5 la situation pour les prochaines générations pourrait être améliorée ?
6 pour effectuer un changement, ce sont les grandes organisations qui doivent agir ?

5 **Travaillez en groupe de 3 ou 4. Imaginez que vous avez un rendez-vous avec Xavier, Pauline et Christine et que vous allez essayer de les faire changer d'avis.**

- Faites une affiche pour démontrer les causes et les conséquences des problèmes dont ils parlent.
- Préparez des conseils pour eux.

6 **Écrivez un paragraphe et mentionnez :**

- les petits gestes que tout le monde devrait faire pour l'environnement
- les conséquences si on les fait
- les conséquences potentielles planétaires si nous ne changeons pas nos habitudes

Grammaire

You can only use *si* clauses in certain combinations (shown in brackets below). Try translating these sentences from the text into English.

*Si j'**ai** le temps, je **me déplacerai** à pied.* (present + future)

*Si je **fais** tout ça, je **serai** plus efficace.* (present + future)

*Si un plat végétarien **est** disponible, on le **mange**.* (present + present) (needs to be a regular action)

*Si je **prenais** des douches rapides, j'**économiserais** de l'eau.* (imperfect + conditional)

Plus ? → Grammar p. 248

Variez les temps (vous faisiez, vous feriez si, par exemple, vous aviez les moyens)

Faire des progrès

When giving your opinions on issues, try to back them up with developed reasons and examples. Your argument will be much more persuasive.

La destruction des forêts est mauvaise pour l'environnement parce qu'elle détruit l'habitat de certaines espèces et réduit le niveau de photosynthèse dont le produit est l'oxygène. Dans l'Amazonie, des singes disparaissent pour faire plus de place aux fermiers, pour que la viande que nous consommons devienne moins chère.

Vocabulaire

utiliser
réutiliser
économiser
encourager
arrêter (de)
montrer
se déplacer
déverser
limiter
chauffer

Le monde francophone

Aider les refugiés : Guide pratique

Les scènes de réfugiés arrivant dans le pays touchent les cœurs de beaucoup d'entre nous. Nombreux sont ceux qui veulent venir en aide aux réfugiés. Mais il faut éviter de s'engager précipitamment. Prenez le temps d'apprendre comment aider concrètement ces personnes qui fuient les zones de conflit.

- Puisque l'argent est au cœur du problème, faites un don. Plusieurs associations existent qui visent à sauver des vies et à protéger les familles qui ont été forcées de quitter leur pays. Leurs sites web proposent un mécanisme pour faire un don en ligne et ils détaillent comment l'argent est utilisé.
- Ces mêmes associations vous indiqueront comment contribuer au mieux pour améliorer le sort de ces réfugiés. Contactez-les.
- Si vous voulez donner des articles, soyez conscient du fait que vous donnerez directement aux réfugiés. Effectuez un tri et soyez sélectif. Des vêtements pour hommes seront récoltés par les associations car la très grande majorité des réfugiés sont des adultes masculins. Aussi, des sacs de voyage, des tentes, des bougies, des lampes torches et des poêles à frire sont très utiles.
- Si vous n'avez ni argent ni matériel à offrir, votre temps sera également apprécié par les associations. Pas question de compétences ou de diplômes particuliers pour donner un coup de main et devenir bénévole !
- L'hébergement est peut-être quelque chose que vous pouvez offrir ? En France, il y a des associations qui mettent en relation des réfugiés sans domicile et des hébergeurs bénévoles.
- La prise de parole est une autre façon de soutenir la cause des réfugiés. Les réseaux sociaux en particulier peuvent susciter le débat. Si vous voulez faire connaître la question du sort des réfugiés, exprimez-vous !

1 **Avant de commencer, cherchez les mots soulignés dans le dictionnaire.**

précipitamment – hastily
fuir – to escape from
contribuer – to contribute

2 **Mettez les thèmes dans l'ordre du texte.**

1 faire du travail comme volontaire
2 promouvoir les discussions sur les problèmes auxquels les réfugiés doivent faire face
3 considérer des contributions financières
4 offrir un logement
5 prendre contact avec des organisations caritatives
6 trouvez des dons matériels convenables

3 **Vrai (V), faux (F) ou pas mentionné (PM) ?**

1 Les associations vous conseilleront comment aider un refugié.
2 On devrait choisir soigneusement les articles qui contribuent directement à aider les réfugiés.
3 Il n'est pas possible de faire un don avec son chéquier.
4 Si vous voulez offrir un logement, il y a des associations qui l'organiseront pour vous.
5 Il est recommandé d'éviter le sujet sur les sites comme Facebook.
6 Pour devenir bénévole, il n'est pas nécessaire d'être diplômé(e) ni d'avoir des compétences particulières.

Recherche

Est-ce que le travail bénévole est populaire parmi les jeunes ? Choisissez un endroit francophone que vous connaissez et faites des recherches.

Vivre sur « la planète bleue »

Économiser l'eau est bon pour l'environnement. 90 % des Français le savent déjà. Moins nombreux sont ceux qui peuvent expliquer pourquoi c'est important et comment le faire !

Notre planète se compose principalement d'eau (72 %). Pourtant cette ressource si précieuse peut être amenée à disparaître. Moins de 3 % de toute l'eau disponible sur Terre est de l'eau douce et un peu plus de 2 % provient des glaces et des neiges permanentes. Il est important de prendre conscience que la quantité d'eau douce disponible est limitée.

D'où vient l'eau terrestre exploitable par les humains ? Les nappes phréatiques en fournissent la plus grande partie, les cours d'eau aussi. Cette eau est conservée dans les grands lacs et les réservoirs naturels ou artificiels. Mais la population mondiale est en train de s'agrandir rapidement et par conséquent les besoins en eau augmentent plus vite que les ressources peuvent supporter.

Un autre problème est la perte d'une grosse part de notre eau. Pourquoi ce gaspillage ? Surtout à cause de la mauvaise gestion des réseaux et les fuites qui en sont le résultat. En France, on estime que 20 % de l'eau est gaspillée à cause des fuites.

Il est important de considérer l'eau perdue à cause de la pollution. Dans l'agriculture, l'usage de l'eau pour l'irrigation est nécessaire, même si 15 à 30 % de cette eau disparaît avec l'évaporation, problème qui devient de plus en plus sérieux avec le changement climatique.

Est-ce que toute est perdu ? Non, mais il faut agir vite. En France il existe trois usines de dessalement mais ce processus est coûteux. Les usines de traitement traditionelles qui transforment les eaux usées en eau potable sont soumises aux mêmes limitations financières.

Les efforts pour conserver l'eau peuvent et devraient commencer à la maison. Ces petites fuites des robinets, des toilettes et des lavabos sont onéreuses et évitables. D'ailleurs, il y a des solutions moins évidentes. Par exemple, si on privilégie le papier recyclé, ce geste encourage une méthode de fabrication bien plus économique en eau. On peut également éviter de façon simple l'évaporation si on couvre sa piscine extérieure ou si on arrose ses plantes le soir. Limiter les batailles d'eau l'été et prendre une douche au lieu d'un bain ce sont des gestes simples qui contribueront de façon positive au gaspillage de cette précieuse ressource.

4 **Lisez l'article. Choisissez la fin correcte de chaque phrase, selon le sens du texte.**

1. La plus grande proportion de l'eau sur la Terre est **salée/douce**.
2. Moins de 1 % de l'eau sur la Terre est **potable/exploitable**.
3. La population augmente **plus vite/moins vite** que les ressources d'eau.
4. La pollution **contribue/ne contribue pas** à la perte de notre eau.
5. Presque 30 % de l'eau utilisée pour l'irrigation **s'évapore/est réutilisée**.
6. Traiter l'eau et la dessaler est **efficace/cher**.
7. Fabriquer du papier recyclé utilise **plus/moins** d'eau.
8. Couvrir une piscine et arroser les plantes le soir aide à éviter **l'évaporation/les fuites**.

disparaître – to disappear
les nappes phréatiques – groundwater tables
les fuites – leaks
dessalement – desalination
eau potable – drinkable water

Connexions

Faites une liste des choses que vous faites et vous allez faire pour économiser l'eau.

Est-ce important d'économiser l'eau dans votre pays ?

Pareil...

Comparer la hauteur de précipitations dans une variété de différents pays francophones.

mais différent

Révisions

1 **Choisissez la fin correcte de phrase et répondez aux questions.**

Mon travail caritatif

En ce moment, je suis à la fac mais pendant les grandes vacances, je participe à une collecte de fonds pour une association caritative. Je fais ça depuis trois ans parce que c'est une association très importante pour moi puisqu'elle aide les réfugiés. Mes grands-parents ont dû quitter le Rwanda, leur pays d'origine, dans les années 1960. Les difficultés auxquelles ils ont dû faire face étaient énormes.

En plus de ma participation à la collecte d'argent, j'aide avec le triage de dons matériels qui arrivent à l'association destinés à aider les réfugiés qui fuient les guerres civiles et les persécutions. Certains articles comme les lampes, les poêles à frire ou les vêtements pour hommes peuvent être passés directement aux réfugiés. L'association vend les autres articles pour gagner de l'argent pour l'association. L'année prochaine, j'irai en Afrique pour faire du travail bénévole avant de commencer ma carrière comme institutrice.

Honorine, 23 ans

1 Honorine est actuellement... **a** institutrice. **b** employée d'association bénévole. **c** étudiante.

2 L'association est très importante puisqu'elle... **a** aide les réfugiés rwandais. **b** aide les réfugiés comme elle. **c** aide les personnes qui fuient la guerre.

3 Honorine aide à... **a** trier les articles utiles. **b** vendre les articles inutiles. **c** vendre les articles utiles.

4 Elle a l'intention de... **a** travailler comme institutrice en Afrique.
b partir en Afrique avant de devenir institutrice.
c faire une pause dans sa carrière d'institutrice pour aller en Afrique.

5 Que dit Honorine à propos de ses grands-parents ? (2 détails)

6 Selon Honorine, quels articles peuvent être donnés directement aux réfugiés ? (3 détails)

2 **On dit que notre planète est en danger. Qu'en pensez-vous ? Écrivez un paragraphe en vous référant à un ou plusieurs de ces thèmes.**

- le réchauffement de la terre
- la surexploitation de nos mers
- les animaux qui perdent leur environnement
- l'épuisement des ressources naturelles
- la pollution de l'air

3 **Écoutez les interviews. Répondez aux questions en français.** 100

1 Qu'est-ce qu'Arielle fait pour aider l'environnement ?

2 Pourquoi est-ce qu'elle fait ça ?

3 Qu'est-ce que Saïd fait pour aider l'environnement ?

4 Pourquoi est-ce qu'il fait ça ?

5 Qu'est-ce que Mendrika fait pour aider l'environnement ?

6 Pourquoi est-ce qu'il fait ça ?

4 **Préparez des réponses aux questions suivantes.**

- Que faites-vous pour aider l'environnement ?
- Que pourriez-vous faire pour aider encore plus ?
- Laquelle de ces questions vous inquiètent le plus et pourquoi ?
  Les jeunes sans abri dans les grandes villes
  Les animaux en danger à cause de la déforestation

Bilan

Lisez et recopiez les phrases. Vous pensez avoir réussi chaque objectif ? Écrivez oui/un peu/pas du tout. Révisez pour vous améliorer.

Maintenant, je peux :	**oui**	**un peu**	**pas du tout**
• parler des façons de contribuer à sa communauté			
• rendre les affirmations plus complexes en ajoutant des justifications			
• discuter des questions sociales et de la façon d'y répondre			
• parler du travail bénévole			
• comprendre et discuter de grandes questions environnementales			
• comprendre ce qu'on peut faire à la maison pour aider l'environnement			
• utiliser du langage persuasif			
Je peux reconnaître et utiliser :			
• les pronoms			
• l'imparfait (révision)			
• les phrases conditionnelles avec *si*			
• les verbes suivis des prépositions *à* et *de*			

i

When you receive back a piece of written work that has been marked, take time to read the feedback. Pay attention to the difference between *mistakes* and *errors*. *Mistakes* are slipups that occur due to inattention, on a one-off basis, when you do know the correct rules. We all make them! Errors occur on a continual basis, from not knowing something. They show that you have something to learn.

Mots et expressions – Unité 9

Aider les autres	**Helping others**
J'aimerais travailler avec des réfugiés	I'd like to work with refugees
Je trie des dons pour …	I sort donations out for …
les sans-abri	the homeless
passer du temps avec …	spend time with …
les personnes démunies	the poor
les personnes âgées	the elderly
les personnes handicapées	the disabled
assister (quelqu'un)	help/assist (someone)
donner des cours	give lessons
donner un coup de main	give a hand
aider	help
amener,apporter	bring
apparaître	appear, turn up, show up
avoir lieu	take place
croire	believe
se calmer	calm down
diminuer	decrease
sauf/sauve	safe
sec/sèche	dry

Aider votre communauté	**Helping the community**
une association	an association/ organisation
les gens (mpl)	people
une organisation caritative	a charity organisation
(votre, ton, mon) tour	(your, my) turn
le voisin/la voisine	neighbour
s'inscrire	join
appartenir	belong
bouger	move
inviter	invite
nettoyer le parc	clean the park
faire partie d'une équipe de sport	be part of a sports team
organiser des activités pour des enfants	organise children's activities
participer à des spectacles	participate in shows
rendre visite à des personnes âgées	visit the elderly
aider les autres	help others
collecter (de l'argent)	collect (money)
être bénévole	be a volunteer

Problèmes sociaux mondiaux	**Global and social issues**
à mon avis	in my opinion
selon moi	according to me
et toi ?	and you?
Je suis d'accord avec toi.	I agree with you.
Je ne suis pas d'accord avec lui.	I don't agree with him.
moi aussi	me too
moi, non	not me
les malheureux (m pl)	the unfortunate
coin des rues	corners of the streets
la racisme	racism
la discrimination	discrimination
le chômage	unemployment
l'intégration (f)	integration
la pauvreté	poverty
les réfugiés	refugees
fuir la guerre	to flee war
déménager	move
dormir dans la rue	sleeping on the streets
vide	empty

Les problèmes environnementaux	**Environmental problems**
la pollution	pollution
le plastique	plastic
la mer	sea
la disparition	disappearance
les espèces menacées	threatened/endangered species
lutter	fight
éviter	avoid
protéger	protect
nos mers sont polluées	our seas are polluted
des maladies respiratoires	respiratory diseases
polluants (m pl)	pollutants

Sauver la planète	**Saving the planet**
utiliser	use
réutiliser	reuse
encourager	encourage
arrêter (de)	stop
montrer	show
déverser	dump
chauffer	heat up
baisser un peu le chauffage	lower the heating a bit
recycler	recycle
gaspiller	waste
trier les déchets/les ordures	sort out waste/rubbish
acheter bio	buy organic food or goods
éteindre la télévision/la lumière	turn off the TV/lights
se déplacer à vélo/à pied	go by bike/on foot
acheter une voiture électrique/quasi-électrique	buy an electric/a hybrid car
décider de limiter la viande	decide to cut down on meat
économiser l'eau	save water
arrêter le gaspillage de l'eau	stop wasting water
réparer	repair
d'abord	at the start
déjà	already
dernier (-ière)	last
immédiat(e)/immédiatement	immediate/immediately
le moment	moment
soudain	suddenly
positif (-ive)	positive
négatif (-ive)	negative

10 Ma vie dans le monde moderne

À vos marques !

• Discuss your ambitions for the future • Understand phrases related to world problems • Revise the future tense, near future tense and conditional

1 **Reliez les débuts et les fins de phrase.**

1 Je voudrais acheter…
2 Je vais vivre…
3 Je rencontrerai…
4 Je ferais peut-être…
5 J'aiderai en faisant…
6 Si j'économise beaucoup d'argent, je serai…
7 J'aimerais être…
8 Je ne vais pas avoir…

a … d'enfants.
b … riche.
c … heureux.
d … à l'étranger.
e … une belle voiture.
f … le tour du monde.
g … du bénévolat.
h … le/la partenaire de mes rêves.

2 **Relisez les phrases de l'exercice 1. Écrivez à quel temps sont les verbes dans chaque phrase.**

1 – conditional

Vocabulaire

riche
heureux (-euse)
(faire du) bénévolat
vivre
acheter
rencontrer
aider
le tour du monde

3 **Lisez les phrases et décidez si elles sont au futur proche, au futur simple ou au conditionnel.**

1 Il va manquer de nourriture.
2 Verra t-on un jour la fin de la pauvreté ?
3 Les robots prendront le contrôle de nos maisons.
4 La planète ne se réchaufferait pas.
5 L'eau du fleuve va sûrement monter en quelques heures.
6 J'aimerais faire installer des panneaux solaires sur mon toit.
7 Les animaux mourraient de faim en l'absence de forêts.
8 La fusée va bientôt décoller.
9 Je vais recevoir une montre connectée à mon prochain anniversaire. Génial !
10 On pourra conduire une voiture sans regarder la route !

4 **Discutez avec votre partenaire de vos ambitions pour l'avenir. Vous pouvez utiliser le vocabulaire de l'exercice 1 pour vous aider.**

5 **Reliez les phrases (1–8) aux images (a–h).**

1 la disparition des espèces
2 le déboisement
3 la surpopulation
4 les inondations
5 le manque de nourriture
6 la découverte de Mars
7 l'apogée de l'énergie renouvelable

a

b

c

d

e

f

g

6 **Écoutez ces 3 personnes. Quels problèmes mentionnent-elles ? Quelles solutions proposent-elles ? Recopiez et complétez la grille en anglais.** 101

Réécoutez les textes. Écrivez tous les détails que vous comprenez.

name	problem	solution
Noémie		
Nadia		
Christophe		

7 **Répondez à la question : quelles technologies aimeriez-vous utiliser dans le futur ? Écrivez un paragraphe.**

Vocabulaire

la paix (dans le monde)
la (fin de la) pauvreté
l'énergie renouvelable
le déboisement
les inondations
le manque de nourriture
la disparition des espèces
les associations caritatives
le réchauffement de la planète

10.1 La révolution numérique

En quoi la technologie a-t-elle changé notre vie ?

Objectifs

- Describe how technology has changed our lives
- Discuss how we use technology every day
- Revise the present, perfect and imperfect tenses

1 Lisez le texte et finissez les phrases avec les informations du texte.

La technologie a changé notre vie !

1 Le XXIème siècle est synonyme de révolution numérique ; elle a frappé tous les continents avec quatre milliards de personnes qui utilisent Internet quotidiennement ! Les gadgets numériques se vendent comme des petits pains et les gens passent un temps fou sur la toile.

2 Il y a à peine vingt ans, on utilisait encore des disquettes pour sauvegarder notre travail, on écoutait de la musique sur un walkman et on réservait nos billets de train sur le minitel. On regardait des films sur des cassettes vidéo et le jeu principal sur notre téléphone portable était le serpent. On devait tourner les pages d'un livre et notre moyen principal de communication au travail était les fax !

3 Maintenant, tout est plus facile grâce à la technologie : Internet est facile à utiliser et peu cher. Grâce à lui, nous avons énormément d'information à portée de main. Avec WhatsApp ou Facetime par exemple, on peut rester en contact avec notre famille ou nos amis, même si on habite loin l'un de l'autre. C'est tellement pratique… Le cloud, les tablettes, Internet, les smartphones, les sites de streaming, les liseuses numériques, les montres connectées et tant d'autres gadgets et de sites ont révolutionné notre société et nos vies. Il y a beaucoup de personnes qui sont devenues accros à ce monde numérique ; certains ne peuvent pas se passer de leurs téléphones cinq minutes, surtout pour vérifier les réseaux sociaux ou discuter en ligne.

4 Malgré les avantages certains à la technologie, elle peut poser des problèmes à la maison et à l'école. Les enfants et les parents se parlent de moins en moins, la cyber violence touche énormément de jeunes, et nous ne savons pas encore les effets néfastes des écrans sur notre santé.

5 De nos jours, l'information est accessible en permanence et tout est immédiat. Nos cerveaux sont sollicités à tout instant et nous ne savons plus attendre… D'ailleurs, combien de fois avez-vous regardé votre téléphone aujourd'hui ? Apparemment, 85 fois en moyenne !

1. Le nombre de personnes qui utilisent le web tous les jours est de…
2. Avant, on utilisait un walkman pour…
3. Le jeu du serpent était…
4. Les jeunes utilisent surtout la technologie pour…
5. La technologie pose certains problèmes comme…
6. À cause de la technologie, les gens…

+ Traduisez le quatrième paragraphe du texte.

Vocabulaire

la révolution numérique
la disquette
le minitel
la cassette vidéo
la montre connectée
la cyber violence
l'écran
l'effet néfaste
sauvegarder
devenir accro
quotidiennement
sollicité(e)

2 **Relisez le texte et recopiez la grille. Faites la liste des verbes au présent, au passé composé et à l'imparfait.**

verbes au présent	verbes au passé composé	verbes à l'imparfait
est	a frappé	utilisait

3 **Travaillez à deux. Posez et répondez aux questions.**

- Combien d'heures par jour utilises-tu la technologie ?
- Quelle est ta technologie préférée entre un ordinateur, une tablette, un smartphone, une montre connectée et une liseuse numérique ? Pourquoi ?
- Comment accèdes-tu à Internet ?
- Pourquoi utilises-tu principalement Internet ?

+ Notez aussi le sujet de chaque verbe de l'exercice 2.

4 **Internet vous a-t-il facilité la vie ? C'est qui ? Écrivez J (Juliette), L (Loïc), S (Sophie) ou N (Nabil).** 102

1 … pense qu'Internet facilite la communication.
2 … trouve qu'Internet est trop compliqué à utiliser.
3 … pense qu'utiliser Internet est trop dangereux.
4 … dit qu'on reçoit trop d'informations.
5 … trouve qu'Internet aide à trouver du travail.
6 … dit qu'Internet crée des conflits dans la famille.

5 **Conjuguez les verbes au présent, au passé composé ou à l'imparfait.**

D'habitude j'**1** ______ (utiliser) Internet tous les jours et en particulier Instagram. Par contre, la semaine dernière je **2** ______ (se connecter) à Facebook pour la première fois, c'**3** ______ (être) génial. Dans le passé, mes parents n'**4** ______ (avoir) pas accès à Internet et maintenant, ils **5** ______ (trouver) que la vie **6** ______ (être) moins pratique sans Internet !

6 **Travaillez en groupe. Écrivez une conversation entre technophiles et technophobes. Donnez vos opinions et mentionnez les avantages et les inconvénients de la technologie. Préparez-vous à lire votre conversation devant la classe.**

10.2 Jusqu'où irons-nous ?

Objectifs

- Describe the impact of technology on relationships
- Predict and discuss future developments in technology
- Use reflexive verbs in the perfect tense and the future tense

Ma journée connectée

Salut, je m'appelle Adrien et j'ai seize ans. Ce weekend, j'ai eu un nouveau smartphone pour mon anniversaire alors je m'en suis servi pour la première fois hier à l'école. Dans mon collège, les téléphones portables sont autorisés avant et après l'école, pendant la récréation et à la pause déjeuner.

Quand je me suis levé à sept heures, je me suis tout de suite servi de mon portable pour jouer à mon jeu préféré Candy Crush. J'en suis au niveau 570 ! Ensuite, je me suis douché et habillé et je suis descendu prendre mon petit déjeuner. Mes parents étaient dans la cuisine, mais j'ai préféré regarder des vidéos sur YouTube en mangeant mes céréales plutôt que de leur parler. Ça a énervé mon père !

Ensuite, dans le bus, j'ai répondu aux messages Snapchat de mes copains et en arrivant à l'école, j'ai envoyé un texto à mon meilleur ami Vincent pour savoir où il était. On s'est retrouvé devant la cantine et nous sommes allés à notre leçon de maths.

À la récré, tous mes copains ont voulu voir mon nouveau gadget et on a passé du temps à regarder les photos que j'ai prises le weekend dernier. La récré est passée tellement vite, on n'a pas eu le temps de parler ! C'était pareil à midi ; on a vite mangé à la cantine et après on a tous joué à un jeu en ligne. C'était génial mais mon copain Antoine, qui n'a pas de smartphone, s'est vraiment ennuyé.

En rentrant à la maison, j'ai vérifié mes comptes Instagram, Tik Tok et Snapchat – mes parents m'ont posé des questions sur ma journée, mais j'étais trop occupé pour leur répondre. Ma mère a dit à mon père qu'elle n'aurait jamais dû m'acheter ce téléphone…

1 **Lisez le texte. Écrivez vrai (V), faux (F) ou pas mentionné (PM).**

1 La semaine dernière, Adrien avait quinze ans.
2 Il n'a pas le droit d'utiliser son téléphone pendant les leçons.
3 Il n'a pas le droit d'utiliser son téléphone pendant la pause de midi.
4 Il s'est douché à sept heures et demie.
5 Son père est content qu'Adrien ne leur parle pas pendant le petit déjeuner.
6 Son copain Antoine n'a pas pu jouer avec ses copains pendant la pause déjeuner.
7 Adrien est rentré à la maison à dix-sept heures.
8 Adrien a passé sa soirée sur les réseaux sociaux.

Vocabulaire

nouveau/nouvel(le)
autorisé(e)
le jeu en ligne
se servir de
envoyer un texto
répondre aux messages
vérifier

2 **Relisez le texte. Discutez avec votre partenaire : quels sont les effets négatifs du smartphone sur la communication d'Adrien avec ses amis/sa famille ?**

3 **Écrivez ces verbes réfléchis au passé composé.**

1 je me lève
2 elle se douche
3 il s'habille
4 nous nous appelons
5 ils se lavent
6 tu te brosses les dents

Grammaire

In the perfect tense, reflexive verbs are formed with the auxiliary *être* and the past participle agrees with the subject.

Examples: *Il s'est levé. Elle s'est réveillée. Nous nous sommes lavé(e)s.*

Plus ? → Grammar p. 247

4 **Écoutez ces parents. C'est qui ? Écrivez M (Mélanie), R (Robert), N (Nadia) ou F (François).** 103

1 La technologie permet à mes enfants de garder le contact avec leurs cousins.
2 À cause de la technologie, mon enfant et moi ne nous parlons pas assez.
3 La technologie causent des problèmes au collège à mon enfant.
4 À cause de la technologie, les anciens jeux disparaissent.
5 Il faut faire attention à qui on donne ses informations personnelles.
6 Mon enfant a été victime de harcèlement en ligne.

5 **Lisez les prédictions pour l'avenir et répondez aux questions.**

Amanda
Je pense que dans le futur, on utilisera tous des robots : pour nettoyer la maison, pour préparer à manger et pour organiser nos finances. Ils auraient leurs propres personnalités qu'on pourrait programmer ; ils deviendront peut-être nos meilleurs amis…

Victor
Pour moi, dans cinquante ans, on aura tous des machines qui pourront contrôler nos émotions. Nos relations humaines seraient complètement différentes puisqu'on ne se disputerait plus, et ce serait la fin des guerres…

Maxime
Je crois que dans trente ans, on arrivera à envoyer des êtres humains sur la planète Mars. On fera peut-être une expérience où l'on enverrait une famille ou deux sur Mars pour voir s'ils seraient capables d'y vivre. Ce serait tellement incroyable !

Christine
Selon moi, dans vingt ans, les voitures et les camions se conduiront tout seul sur les autoroutes. Ça serait tellement pratique de pouvoir utiliser ce temps perdu à faire la navette. On pourrait avancer dans notre travail ou passer des coups de fil à notre famille et nos amis sans avoir peur de l'accident.

1 Qui prévoit la paix dans le monde ?
2 Selon Amanda, à quoi serviraient les robots ?
3 Pourquoi ferait-on l'expérience d'envoyer une famille sur Mars ?
4 Selon Christine, en quoi les voitures sans conducteurs aideraient nos relations familiales ?
5 Qui pense que les robots deviendront un jour nos copains ?
6 Qu'est-ce-que Victor pense utiliser pour éviter les disputes ?

Laquelle de ces prédictions préférez-vous ? Pourquoi ?

Vocabulaire

le robot
l'être humain
la guerre
la paix
les relations humaines
la planète Mars
programmer
faire la navette
passer des coups de fil
contrôler les émotions

6 **Mettez les phrases suivantes au futur.**

1 Je parle au téléphone.
2 Elle utilise son ordinateur portable.
3 Tu as du mal à communiquer.
4 Nous faisons des achats en ligne.
5 Ils préfèrent communiquer par texto.
7 Vous utilisez des montres connectées.
6 Il ne joue pas aux jeux sur la Xbox.
8 Émilie et Francine ne communiquent que par lettres.

7 **Écrivez un article et imaginez quelles nouvelles technologies seront disponibles dans 50 ans.**

- quelles technologies seront disponibles
- comment ces technologies changeraient nos vies
- l'impact de ces technologies sur la communication avec nos familles et nos amis

Faire des progrès

This exercise gives an opportunity to use a variety of verb forms. You should include at least three: present tense, future tense and conditional.

10.3 Que nous réserve l'avenir ?

Objectifs
- Describe future world problems
- Discuss future hopes for the world
- Use *ce qui, ce que* and *ce dont* correctly

1 **Lisez les textes. 3 problèmes (1–7) ne sont pas mentionnés, lesquels ?**

J'ai bien peur qu'un jour nous manquerons d'eau douce… Il pleut de moins en moins et les nappes phréatiques souffrent. Ce qui m'inquiète vraiment c'est que l'eau douce est une ressource vitale ! **Adélie**

online

Je crois que les conflits internationaux poseront de plus en plus de problèmes à l'avenir. Déjà, nous voyons des milliers de personnes qui doivent fuir leur pays et se réfugier à l'étranger, ce qui est si triste. J'espère que les politiciens réfléchiront bien à la manière de rétablir la paix dans leurs pays. **Aubane**

Ce dont je me préoccupe, c'est le déboisement et la destruction des forêts. Des millions d'hectares disparaissent et nous avons besoin d'arbres pour vivre et respirer. Ma sœur dit que le bois est trop utilisé dans les constructions par exemple, ce qui est bien vrai ! **Asif**

Pour moi, ce qui me tracasse c'est la pollution des mers : il y a trop de déchets jetés dans la mer, et surtout trop de plastique. Beaucoup d'animaux marins meurent à cause de ça. Heureusement que dans beaucoup de pays, les sacs en plastique sont maintenant interdits. **Élise**

1 air pollution
2 lack of drinking water
3 global warming
4 deforestation
5 fires
6 water pollution
7 international conflicts

Vocabulaire

l'eau douce
le réchauffement de la planète
les nappes phréatiques
les ressources
le déboisement
les conflits internationaux
les déchets
interdit
se réfugier

2 **Écoutez Jean-Paul. Mettez les phrases dans l'ordre.** 104

1 There is too much air pollution in big cities.
2 I am worried about the environment.
3 There are laws and treaties to protect the environment.
4 There are lots of problems in the world today.
5 It's down to every person to recycle, car share and limit plastic use.
6 Some countries disregard the environment in favour of their economy.
7 In the future, more people will get ill and there will be more natural disasters.
8 Most countries now realise it's time to protect the environment.

Grammaire

These relative pronouns mean 'what' or 'which'.

- *ce qui* = subject ***Ce qui*** *est vrai, c'est qu'elle est intelligente.* (**What** is true is that she is intelligent.)
- *ce que* = object ***Ce que*** *je demande, c'est la justice.* (**What** I ask for is justice.)
- *ce dont* = object of a verb followed by *de* (e.g. *parler de… , s'agir de…*)
  Ce dont *elle parle n'a pas de sens.* (**What** she is talking about doesn't make sense.)

Plus ? → Grammar p. 242

3 **Remplissez les blancs avec *ce qui*, *ce que* ou *ce dont*.**

1 J'aime tout ______ tu cuisines.
2 ______ m'étonne, c'est que tu n'aimes pas le chocolat.
3 Je ne sais pas ______ te rend si heureux.
4 ______ il a besoin, c'est de beaucoup d'amour.
5 ______ tu fais, c'est vraiment bien.
6 ______ il parle, c'est plutôt intéressant.
7 ______ m'inquiète, c'est la pollution de l'air.

4 **Lisez les tweets et reliez chaque tweet à son hashtag. Attention ! Il y a plus de hashtags que nécessaire.**

1 **Armelle** FOLLOW
J'espère vraiment qu'il y aura une fin à l'illettrisme et que tout le monde pourra, un jour, accéder à une éducation.

2 **Cassandra** FOLLOW
Je suis convaincue que bientôt, on va pouvoir envoyer des êtres humains sur d'autres planètes. Quelle merveilleuse avancée scientifique ce serait !

3 **Houda** FOLLOW
Une cure pour tous les cancers : voilà une découverte qui serait extraordinaire… Moi, j'y crois fermement !

4 **Jules** FOLLOW
Je rêve qu'un jour, il n'y aura plus d'enfants malheureux dans le monde : tous les orphelins seraient adoptés et tous les enfants mangeraient à leur faim. Ce serait un vrai miracle.

5 **Caroline** FOLLOW
Dans quelques années, j'ai l'espoir que chaque personne puisse accéder à de l'eau douce à proximité. Il faut continuer de construire des puits et des systèmes d'assainissement !

6 **Guillaume** FOLLOW
Avec les organisations d'aide aux plus démunis et la gentillesse des gens, je rêve qu'un jour il n'y ait plus de sans-abri dans les rues.

a #fini.les.maladies
b #buvons.propre
c #paix.dans.le.monde
d #sauvons.les.enfants
e #fini.les.catastrophes.naturelles
f #tous.au.chaud
g #education_pourtous
h #solidaire
i #espace

Vocabulaire

la guerre
la couche d'ozone
l'orphelin(e)
le bénévolat
le pays en voie de développement
le système d'assainissement
les plus démunis
le sans-abri

5 **Quels sont vos espoirs pour le futur ? Écrivez des tweets pour ces hashtags.**

1 #fini.la.pollution
2 #sauvons.notre.planète
3 #non.à.la.violence
4 #jamais.plus.de.pauvreté

\+ Traduisez 3 tweets.

6 **Votre partenaire n'est pas d'accord avec vous. Choisissez un des sujets suivants et décidez qui est pour et qui est contre. Faites un débat. Préparez-vous à parler devant la classe.**

la conquête de l'espace | la fin du plastique

Conseil-langue

In a debate, you are putting your own opinion across. To make this clear, use introductory phrases such as *je pense que, je crois que, il me semble que, selon moi, pour moi, à mon avis.*

7 **Écrivez un texte pour répondre à la question : que nous réserve l'avenir ?**

10.4 Si je gouvernais le monde…

Objectifs

- Describe what you would change if you were in charge
- Discuss how to make the world a better place
- Use 'if' sentences and the conditional

1 **Lisez et écoutez l'entretien avec Damien. Trouvez les 3 phrases qui sont vraies.** 105

La politique et moi

Salut, peux-tu te présenter ?

Damien : Bonjour, je m'appelle Damien, j'ai dix-neuf ans et je suis en première année de sciences po sur le campus de Reims ; j'étudie la politique et les relations entre l'Europe et les États-Unis et l'Europe et l'Afrique.

Quelles ambitions as-tu pour l'avenir ?

Damien : Je vais essayer de devenir maire d'une grande ville, mais mon rêve serait de devenir président de la République. Je ne pense pas que j'y arriverai !

Si tu devenais président un jour, que changerais tu ?

Damien : Si je devenais président, je ferais beaucoup de réformes. J'aimerais améliorer la santé des gens en augmentant le prix des boissons gazeuses et de la nourriture grasse ou sucrée. Ainsi, les fruits et légumes seraient peu chers en comparaison et plus de personnes en consommeraient. Il faudrait aussi encourager l'exercice physique.

Et que ferais-tu pour réduire le taux de mortalité ?

Damien : Si j'avais le choix, je ferais tout pour limiter les accidents routiers et les crimes. Par exemple, je limiterais encore plus la vitesse des voitures, et je punirais très sévèrement les crimes en donnant des peines plus lourdes… Je devrais construire plus de prisons !

Ce serait quoi, pour toi, une France idéale ?

Damien : Selon moi, la France

idéale aurait moins d'inégalités, n'aurait plus de pauvreté, et les Français seraient tous unis.

1 Damien n'aimerait pas être président de la République.
2 Il voudrait que les Français mangent plus sainement.
3 Il pense que les limitations de vitesse actuelles sont trop élevées.
4 Il dit qu'il y a assez de prisons en France.
5 Il aimerait voir la fin de la pauvreté en France.
6 Il voudrait qu'il y ait plus d'unité parmi les Français.

+ Corrigez les phrases fausses de l'exercice 1.

Vocabulaire

le maire
le président de la République
la réforme
les accidents routiers
la vitesse
la peine de prison
augmenter
consommer
limiter
punir

2 **Complétez les phrases avec un mot de l'encadré.**

responsable modèle politique encourager réduire augmenter longtemps président

1 Damien fait des études en ______.
2 Il aimerait devenir ______ d'une grande ville.
3 S'il devenait ______, il changerait beaucoup de choses.
4 Il voudrait ______ le prix des bonbons.
5 Il voudrait ______ l'activité sportive.
6 Il est important pour lui de ______ les accidents de la route.
7 Il voudrait voir les criminels rester en prison plus ______.
8 Pour lui, la France idéale serait un ______ pour d'autres pays.

3 **Écoutez ces personnes parler d'un monde idéal. Mettez les images dans le bon ordre.** 106

a

b

c
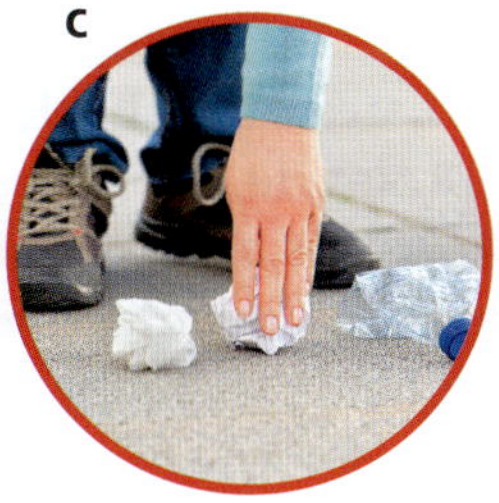
d

e

4 **Conjuguez les verbes entre parenthèses au conditionnel.**

1 Elle ______ (changer) le monde.
2 Mes parents ______ (partir) en Suisse.
3 Je ______ (être) très riche.
4 Nous ______ (faire) du bénévolat.
5 Ils ______ (prendre) des vacances.
6 Vous ______ (habiter) dans une grande maison.

5 **Traduisez ces phrases en français.**

If I were in charge, I would increase the price of sugary drinks.
→ Si j'étais responsable, j'augmenterais le prix des boissons sucrées.

1 If I could, I would stop poverty.
2 If I had money, I would give it to charity.
3 If she were in charge, she would help the elderly.
4 If we won the lottery, we would buy a mansion.
5 If they bought a car, it would be a Citroën.

6 **Faites un sondage. Posez la question suivante à 5 personnes dans votre classe et notez les réponses de vos camarades.**

Comment décrirais-tu un monde idéal ?

7 **Écrivez un paragraphe pour décrire un monde idéal selon vous. Vous pouvez mentionner :**

- ce que vous changeriez pour améliorer notre monde
- ce qui constituerait un monde idéal pour vous
- une ou deux phrases qui commencent par *si*

10.5 Je rêve de…

Objectifs

- Discuss your future ambitions
- Describe your hopes and dreams
- Use phrases in the subjunctive

1 **Lisez les textes et reliez les débuts et les fins de phrase.**

Après avoir fini le bac, j'aimerais travailler dans un restaurant pendant l'été pour pouvoir me faire de l'argent avant de prendre une année sabbatique. J'ai le projet de voyager à travers l'Europe et alors il faut que je sois plus autonome. Après avoir fini mes études à la fac, j'aimerais devenir médecin. Le mariage n'est pas important pour moi mais je voudrais avoir des enfants. **Magali**

Je finis mes études cette année et l'année prochaine, je ferai un apprentissage en plomberie. Tous les hommes de ma famille sont plombiers et ils veulent que je fasse ça aussi. Après avoir fini mon apprentissage, j'ouvrirai ma propre boîte et je pense que j'aurai beaucoup de travail. J'aimerais rencontrer la femme de mes rêves un jour, me marier et avoir des enfants. **Raphaël**

Ma carrière n'est pas importante pour moi, mais j'aimerais trouver un travail qui me donne une bonne qualité de vie. J'adorerais pouvoir m'acheter une petite maison à la campagne. Il faut que je puisse planter un potager et construire un poulailler. Quelle belle vie ! **Matthias**

Mon rêve serait de devenir chanteuse. Après avoir fini mes examens, je vais postuler à l'émission *The Voice* et j'ai bien l'intention de gagner ! Sinon, je devrais trouver une autre voie, peut-être en relation avec les animaux. Il est important pour moi de fonder une famille mais j'aimerais me concentrer sur ma carrière avant tout. **Aurélia**

1 Il est important pour Magali…
2 Pour pouvoir prendre une année sabbatique…
3 Raphaël pense qu'il doit…
4 Il est important pour Raphaël…
5 Aurélia pense qu'elle…
6 Sinon, Aurélia aimerait peut-être…
7 Pour Matthias, il n'est pas important…
8 Matthias aimerait…

a. … de fonder une famille.
b. … d'avoir de l'ambition dans son métier.
c. … gagnera une émission de télé.
d. … d'avoir plus d'indépendance.
e. … faire le même travail que les membres de sa famille.
f. … avoir des poules et faire pousser des légumes.
g. … elle devra travailler comme serveuse.
h. … devenir vétérinaire.

2 **Relisez les textes et trouvez l'équivalent français de ces expressions.**

1 to earn some money
2 they want me to do that
3 my own company
4 I am going to apply
5 to focus on my career
6 a good work-life balance
7 I must be able to

Vocabulaire

une année sabbatique
la femme/l'homme de mes rêves
une autre voie
la carrière
le potager
le poulailler
avoir le projet de
avoir des enfants
se marier

3 **Écoutez ces jeunes parler de leurs ambitions futures. Recopiez et remplissez la grille.** 107

nom	projet de l'été	quel travail dans le futur	quelle famille dans le futur	autres détails
Mohammed				
Patrick				
Hélène				

4 **Choisissez les 4 phrases qui sont au subjonctif.**

1 Avant qu'elle parte, elle doit fermer les fenêtres.
2 On doit manger plus de légumes.
3 Je vais souvent au cinéma.
4 Il s'entraîne jusqu'à ce qu'il puisse marquer trois buts d'affilé.
5 Ils veulent que je les accompagne.
6 Tu pars en ville à 10 heures.
7 Il faut que tu viennes au match.
8 Vous avez joué au tennis.

Grammaire

The subjunctive is a special form of the verb used after certain phrases that finish with *que*. For example:

il faut que (it is necessary that)

il faut qu'il ***parte*** (he has to leave)

jusqu'à ce que (until)

il doit continuer jusqu'à ce qu'il ***réussisse***. (he must keep going until he succeeds.)

vouloir que (to want that)

je veux que tu ***fasses*** *tes devoirs* (I want you to do your homework)

Plus ? → Grammar p. 250

Traduisez les phrases au subjonctif de l'exercice 4.

5 **Quels sont les projets futurs de vos camarades de classe ? Faites un sondage et posez cette question à 5 personnes ou plus. Notez les réponses et discutez des résultats en classe.**

Quels sont tes projets, tes ambitions, tes rêves futurs ?

6 **Imaginez que vous écrivez une lettre à ouvrir dans dix ans. Donnez-vous des conseils et essayez d'utiliser des phrases au subjonctif. Vous pouvez mentionner :**

- vos ambitions de travail
- vos projets de famille
- des conseils sur la santé (voir Unité 3)

Conseil-langue

You can use the subjunctive in this exercise, for example:
Il faut que je sois… (I have to be…)
Il faut que je fasse… (I have to do…)
Il faut que je puisse… (I have to be able to…)
Ils veulent que je devienne… (They want me to become…).

Le monde francophone

Les enfants de la terre

1 **Lisez la lettre.**

Mes chers enfants,

Voilà 4,5 milliards d'années que j'existe. Je ne suis même pas à la moitié de ma vie, et pourtant, depuis une centaine d'années, je me sens si vieille. Chaque seconde, on m'abîme, on m'écrase, on m'étouffe, on me perce… je souffre mais je suis toujours là : majestueuse, battante, inégalable. Je vous écris cette lettre pour vous demander de prendre soin de moi ; car vous et moi, nous sommes presque pareils. Moi aussi je respire grâce à mes arbres, moi aussi je bois grâce à ma pluie, moi aussi je prends des bains dans mes mers et mes océans, moi aussi j'ai le cœur chaud et battant grâce à mes volcans. Hélas, certaines grandes personnes m'ont abandonnée. Elles ont oublié que sans moi, vous n'êtes rien. Mais je vous fais confiance ; je sais que vous, vous n'oublierez pas. Vous ne couperez plus mes arbres, vous ne polluerez plus mes mers et mes océans, vous ne ferez plus de trous dans mon manteau protecteur. Pourquoi ferions-nous ça, me demandez-vous ? Et bien la réponse est très simple : pour que je puisse continuer à vous faire rire, danser, chanter, jouer… pour que je puisse continuer à vous faire vivre.

Votre amie, la Terre.

2 **Répondez aux questions.**

1 Trouvez cinq verbes au présent, deux verbes au passé composé, quatre verbes au futur et une phrase au subjonctif.

2 'on m'abîme, on m'écrase, on m'étouffe, on me perce' – donnez deux exemples pour illustrer cette phrase.

3 Relisez la phrase soulignée. Donnez un autre exemple d'une similarité entre la Terre et l'être humain.

4 Qui sont 'les grandes personnes' qui ont 'abandonné' la Terre selon vous ?

5 Quel est le message principal de cette lettre ? Écrivez une réponse en utilisant vos propres mots.

Recherche

Quelle est l'espérance de vie actuelle de la Terre ?

Troisième humanité

3 **Lisez cet extrait du roman de science-fiction *Troisième Humanité* de Bernard Werber et répondez aux questions.**

Terre.

Gaïa.

Ou même : le Monde.

Ils me prennent juste pour une sphère minérale. C'est leur conception du mot planète.

Un objet inerte dans lequel on peut faire des trous, pour soutirer les minerais, les liquides, les gaz sans même dire le moindre « S'il vous plaît » ou « merci ».

Ils ne se sont jamais demandé pourquoi j'étais tiède.

Ils ne se sont jamais demandé pourquoi je tournais.

Ils ne se sont jamais demandé pourquoi il y avait de la vie à ma surface plutôt que rien.

Ils n'ont jamais imaginé que j'étais vivante et, surtout, capable de penser.

1 Quel est le mot grec pour 'Terre' ?
2 À qui se réfère le pronom 'ils' utilisé dans ce texte ?
3 Comment abîment-'ils' la planète Terre ?
4 Pourquoi abîment-'ils' la planète Terre ?
5 Quel reproche le texte fait-il ?

inerte – motionless
des trous – holes
tiède – warm
vivant(e) – alive

Connexions

Que pensez-vous des romans de science-fiction ?

Pareil…

Quelles mesures prend le gouvernement du pays où vous habitez pour protéger l'environnement ?

mais différent

Révisions

1 **Lisez le texte d'Élodie. Choisissez a, b ou c pour compléter chaque phrase.**

La semaine dernière j'ai fait un questionnaire dans un magazine au sujet de mes plans futurs et cela m'a beaucoup fait réfléchir.

Mes résultats ont dit que je devrais me marier, avoir des enfants et faire une carrière dans le journalisme. Je suis encore trop jeune pour penser au mariage mais c'est vrai que j'aimerais trouver le partenaire de mes rêves et avoir au moins trois enfants. Bien que je sois fille unique, il est important pour moi d'avoir plusieurs enfants.

Je ne voudrais pas devenir journaliste, plutôt, j'aimerais faire carrière dans l'énergie renouvelable car je pense qu'il faut protéger la planète de la pollution. Je commencerai mes études à l'université l'année prochaine. Dans le futur, je vivrai sûrement à l'étranger car j'aime découvrir de nouvelles cultures.

1 Le questionnaire qu'a fait Élodie…
- **a** l'a énervée.
- **b** lui a fait penser à l'avenir.
- **c** l'a fait douter à propos de son futur.

2 Ses résultats ont dit qu'elle ne devrait pas…
- **a** rester célibataire.
- **b** se marier.
- **c** avoir d'enfants.

3 Élodie ne pense pas encore au mariage car…
- **a** elle est encore adolescente.
- **b** elle n'a pas d'argent.
- **c** elle n'a pas de petit copain.

4 Élodie…
- **a** a trois frères.
- **b** a une sœur.
- **c** n'a pas de frères et sœurs.

5 Élodie aimerait travailler en relation avec…
- **a** le journalisme.
- **b** l'environnement.
- **c** le tourisme.

6 Élodie pense qu'elle vivra…
- **a** dans son pays actuel.
- **b** dans un autre pays.
- **c** avec de nouvelles personnes.

2 **Écoutez ces jeunes parler des nouvelles technologies. C'est qui ? Écrivez M (Muriel), N (Nathalie), E (Émile) ou P (Patrick).** 108

1 Ma mère me soutient dans l'utilisation des nouvelles technologies.
2 Les nouvelles technologies, ce n'est pas mon truc.
3 Ma mère limite le temps que je passe sur mon téléphone le soir.
4 Je vais m'offrir un cadeau.
5 Je voudrais que mon collège soit plus en avance sur les technologies.
6 Je préfère parler avec mes copains.
7 Je laisse souvent sonner mon téléphone.

3 **Posez et répondez à ces questions avec votre partenaire.**

1 Quelles technologies utilises-tu ?
2 En quoi la technologie a-t-elle changé tes relations familiales ?
3 Comment les technologies vont-elles se développer dans le futur ?
4 À quels problèmes devra-t-on faire face à l'avenir ?
5 Quelles sont tes ambitions futures ?
6 Quels rêves voudrais-tu réaliser ?
7 Quels espoirs as-tu pour notre monde ?
8 Si ça ne tenait qu'à toi, que changerais-tu dans le monde ?
9 Ça serait quoi pour toi, un monde idéal ?

4 **Imaginez que vous êtes un(e) jeune politicien(ne) francophone. Écrivez un article de journal pour *Métro* pour parler de vos prédictions pour le futur. Vous pouvez mentionner :**

- votre nom, votre âge, votre position (étudiant(e) ? maire ? ministre ?)
- vos ambitions pour votre futur et celui de votre pays
- le futur des technologies
- les problèmes du futur dans votre pays
- les solutions aux problèmes futurs

Bilan

Lisez et recopiez les phrases. Vous pensez avoir réussi chaque objectif ? Écrivez oui/un peu/pas du tout. Révisez pour vous améliorer.

Maintenant, je peux :	**oui**	**un peu**	**pas du tout**
• parler de mes ambitions			
• décrire comment nous utilisons la technologie et en quoi elle a changé notre vie			
• prédire les technologies du futur			
• décrire les aspects positifs et négatifs de notre monde futur			
• décrire en quoi j'améliorerais notre monde si ça ne tenait qu'à moi			
• parler de mes ambitions, rêves et espoirs futurs			
Je peux reconnaître et utiliser :			
• le présent			
• le passé composé			
• l'imparfait			
• le futur			
• le futur proche			
• le conditionnel			
• les verbes réfléchis au passé composé			
• les pronoms relatifs indéfinis			
• les phrases commençant par *si*			
• le subjonctif			

i

When you are asked a question, don't just give a short answer. To make your responses more interesting:
- Use conjunctions like *pourtant*, *cependant*, *mais* or *néanmoins*
- Add descriptions using adjectives (which must agree with the word they describe) and adverbs
- Use intensifiers like *très*, *moins* and *vraiment* and explain reasons using *parce que*, *vu que*, *puisque* or *car*

Mots et expressions – Unité 10

Les ordinateurs	Computers
un clavier	a keyboard
un chargeur	a charger
une clé USB	a memory stick
une disquette	a diskette
un document	a document
un dossier	a folder
un écran	a screen
un fichier	a file
une imprimante	a printer
Internet (m)	Internet
un jeu en ligne	online game
un logiciel	a software
un mode d'emploi	instructions, manual
une pile	a battery
une prise	a plug
le stockage cloud/le cloud	cloud storage/the cloud
la touche	key
la sécurité	security
en ligne	online
trouver	look/search
télécharger de la musique	download music
éviter	avoid
enregistrer (des vidéos)	record (videos)
cliquez (sur)	click (on)
faire des courses	shop
imprimer	print
envoyer	send
oublier	forget
perdre	lose
programmer	to programme
publier	publish
recevoir (des e-mails)	receive (emails)
prendre des photos	take photos

L'évolution de la technologie digitale	The digital evolution
un article	an article
une cassette vidéo	a video tape
la cyberviolence	cyber violence
un effet néfaste	a harmful effect
un être humain	a human being
un écran tactile	a touch-screen
les informations (f pl)	news
le minitel	minitel
une montre connectée	a smartwatch
le mot de passe	password
un ordinateur portable	a laptop
la planète Mars	planet Mars
les relations humaines	human relations
un renseignement	information about
les réseaux sociaux (m pl)	social networks
la révolution numérique	digital revolution
un robot	a robot
un selfie	a selfie
une tablette	a tablet /iPad
le wifi	WiFi
autorisé(e)	authorised
interdit(e)	not allowed
nouveau/nouvel(le)	new
numérique	digital
sollicité(e)	sought
aller sur Internet/avoir accès (à) Internet	access the Internet
se connecter sur (à) Internet	connect to the Internet
contrôler les émotions	control emotions
consommer	consume
devenir accro	become addicted
envoyer un texto	send a text message
faire la navette	commute
participer à une téléconférence	make a conference call
passer un coup de fils	make a call
poster	post online
répondre aux messages	reply to messages
sauvegarder	save
surfer sur Internet	surf the Internet
la toile	the net/the web
vérifier	check

Problèmes mondiaux	World problems
Ce qui m'inquiète vraiment …	What really worries me …
Ce qui me préoccupe …	What I'm concerned about …
Ce qui me tracasse …	What bothers me …
les animaux marins meurent	marine animals are dying
le climat	climate
les conflits internationaux	international conflicts
la couche d'ozone	ozone layer
le déboisement	deforestation
les déchets (mpl)	waste
la disparition des espèces	animal extinction
la guerre	war
les inondations	flooding
le manque de nourriture	lack of food
l'illettrisme (m)	illiteracy
les plus démunis	the poorest
la pollution	pollution
le réchauffement climatique/de la planète	global warming
les ressources (f pl) naturelles	natural resources

Un monde idéal	An ideal world
Si je devenais Président …	If I became President …
Si j'étais le maire …	If I were the mayor …
Si j'avais le choix …	If I had the choice …
Si j'étais riche …	If I were rich …
Si j'avais le pouvoir …	If I had the power …

je ferais beaucoup de réformes	I would make a lot of reforms
j'aimerais améliorer …	I would like to improve …
j'achèterais …	I would buy …
j'augmenterais …	I would increase …
j'encouragerais le bénévolat	I would encourage volunteering
je limiterais la vitesse de voitures	I would limit speed of cars
l'aide monétaire	monetary aid
l'agriculture (f)	agriculture
les associations caritatives	charities
l'eau douce	fresh water
l'énergie renouvelable	renewable energy
la fin du plastique	the end of plastic
les nappes phréatiques (f pl)	groundwater
la paix	peace
un pays en voie de développement	a developing country
une peine de prison	a prison sentence
une réforme	a reform
un système d'assainissement	a sanitation system
rencontrer	meet
retirer	remove
punir	punish
se réfugier	take refuge
vivre	live
nous avons besoin de	we need (to)
J'espère vraiment qu'il y aura une fin proche à …	I really hope that there will be an end to …
Je serais si heureux (-euse) de voir la fin des …	I would be really happy to see the end of …
on va pouvoir	one will be able
Je rêve qu'un jour tous les orphelins soient adoptés.	I dream that one day all the orphans will be adopted.

Mes projets futurs, rêves et espoirs futurs — My future projects, dreams and future hopes

Après avoir fini le bac …	After having finished my A-levels …
Après avoir fini mes études …	After having completed my studies …
j'aimerais travailler dans …	I would like to work in …
j'ai le projet de faire le tour du monde	I intend on travelling round the world
j'aimerais devenir médecin	I would like to become a doctor
je voudrais avoir des enfants	I would like to have kids
J'aimerais rencontrer la femme/l'homme de mes rêves un jour.	I would like to meet the woman/man of my dreams one day.
quand je gagnerai assez d'argent	When I earn enough money
quand je serai plus âgé(e)	When I am older
être enceinte	be pregnant
élever	raise /bring up
grandir	grow
mourir	die
naître	(to be) born
réussir	achieve
rire	laugh
sourire	smile
choisir	choose
finir	finish
pleurer	cry
un(e) célibataire	a single person
marié(e)	married
divorcé(e)	divorced
un fiancé/une fiancée	fiancé
un(e) partenaire	partner
un(e) petit(e) ami(e)	boyfriend/girlfriend

Lire

1 **Lisez le texte. Pour chaque question, cochez (✓) la case qui correspond à la bonne réponse.**

> Les Français produisent en moyenne plus de 350 kilos de déchets par an. La France est en retard de dix à vingt ans sur le recyclage par rapport à l'Allemagne ou à certains pays de l'Europe du Nord. Mais, depuis la charte de l'environnement en 2005, les pays européens ont des lois strictes sur le recyclage. Le tri sélectif est obligatoire et les Français ont maintenant pris l'habitude d'utiliser au moins deux poubelles. En général, selon les régions en France, les éboueurs vident les ordures ménagères entre deux et cinq fois par semaine et les poubelles des cartons et plastiques une fois par semaine.
>
> En outre, les supermarchés et magasins ne donnent plus de sacs plastiques, ce qui a nettement réduit le taux de déchets plastiques, et ce qui va à terme, réduire la pollution des mers. Élise travaille à Véolia, entreprise d'assainissement des eaux et de traitement des déchets. Elle insiste : « Nous avons fait beaucoup de progrès ces dernières années en matière de tri des déchets et de réduction du plastique mais nous devons encore faire plus pour protéger l'environnement. J'ai travaillé sur le projet Gouel'net, un bateau destiné à nettoyer les bords de mer sans causer de problèmes aux baigneurs et poissons. Dans quelques années, j'espère que nous verrons de moins en moins de pollution marine grâce aux différents projets de Véolia. »

a En quoi la charte de l'environnement a-t-elle amélioré le recyclage en France ?

- **A** La France produit 350 kilos de détritus annuellement. ☐
- **B** La France recycle de façon aussi efficace que l'Allemagne. ☐
- **C** Le recyclage est une option pour tous les français. ☐
- **D** Les français trient leurs déchets. ☐ [1]

b Combien de fois par semaine les déchets sont-ils ramassés en France ?

- **A** Ça dépend de la nature des ordures. ☐
- **B** 3 fois par semaine dans toutes les régions. ☐
- **C** Les déchets ménagers ne sont collectés qu'une fois chaque semaine. ☐
- **D** Les camions-poubelles ne passent pas régulièrement. ☐ [1]

c Pourquoi la pollution des mers sera-t-elle réduite ?

- **A** Le gouvernement a interdit les sacs plastiques. ☐
- **B** Les commerces ne distribuent pas de sacs plastiques. ☐
- **C** Les magasins ne donnent que des sacs en papier. ☐
- **D** Les supermarchés maintenant vendent les sacs plastiques. ☐ [1]

d Qu'est ce que Véolia ?

A Une entreprise qui aide à protéger l'environnement. ☐

B Un nouveau projet qui vise à eliminer tout le plastique dans les mers. ☐

C Un nouveau magasin dans lequel Élise travaille. ☐

D Un centre de recyclage pour les déchets. ☐ [1]

e Selon Élise, quelle est la position actuelle de la France par rapport au recyclage ?

A Les changements ne sont pas encore assez visibles. ☐

B Les gens ne recyclent pas encore assez. ☐

C Le pays s'est beaucoup amélioré. ☐

D Le pays n'a pas encore fait assez de progrès pour voir une vraie différence. ☐ [1]

f Qu'est-ce que le Gouel'net ?

A Une nouvelle plage pour les nageurs. ☐

B Une initiative qui assainit les bords de plages sans trop de dérangement. ☐

C Le nouveau bateau d'Élise. ☐

D Le nom d'une nouvelle espèce de poisson. ☐ [1]

g Dans quel domaine Élise espère que Véolia va faire une grande différence ?

A Sur les bords de rivières. ☐

B Sur la pollution de l'air. ☐

C Dans les poissonneries. ☐

D Dans la mer. ☐ [1]

[Total : 7]

2 **Lisez le texte. Pour chaque question, cochez (✓) la case qui correspond à la bonne réponse (A–D).**

Mes rêves et ambitions

Salut !

Merci pour ton e-mail. À mon tour de te parler de mes projets pour l'avenir. J'en ai beaucoup. Tout d'abord, j'aimerais voyager et j'ai plusieurs pays sur ma liste ! Je suis déjà allée en Australie, aux États-Unis et au Canada et cette année nous allons en Inde avec mes parents. Je voudrais tellement visiter l'Amérique du Sud et la Scandinavie un jour. Je pense que la Norvège doit être magnifique et je voudrais faire une croisière sur les Fjords et voir le « soleil de minuit ».

Avant cela, je dois gagner de l'argent ! En ce moment je suis à l'université et j'étudie les sciences. Mes parents veulent que je devienne chercheuse pour un grand laboratoire mais je trouve que c'est plutôt mal payé. Je préférerais devenir chirurgienne, c'est ce qui m'intéresse vraiment.

L'année dernière, j'ai fait un stage d'un mois à l'hôpital de Genève et j'ai observé plusieurs opérations, c'était passionnant ! J'ai encore beaucoup d'années d'études pour y arriver mais je suis studieuse donc ça devrait aller.

J'ai un petit copain en ce moment, il s'appelle Marc et il a dix-neuf ans comme moi. Il étudie les maths et il aimerait devenir professeur à l'université un jour. Nous aimerions pouvoir nous marier et acheter une grande maison dans quelques années. Nous voudrions avoir trois enfants car nous adorons les petits.

Sarah

a Sarah aimerait aller…

- **A** au Canada. ☐
- **B** en Norvège. ☐
- **C** en Inde. ☐
- **D** aux États-Unis. ☐ [1]

b Elle souhaiterait…

- **A** voir le soleil la nuit. ☐
- **B** voir un lever de soleil. ☐
- **C** voir un coucher de soleil. ☐
- **D** nager dans les lacs. ☐ [1]

c Sa mère aimerait qu'elle soit…

- **A** chirurgienne. ☐
- **B** docteur. ☐
- **C** chercheuse. ☐
- **D** professeure d'université. ☐ [1]

d Elle ne veut pas travailler dans un laboratoire car…

- **A** les horaires sont trop longs. ☐
- **B** la paie n'est pas assez bonne. ☐
- **C** c'est trop dur. ☐
- **D** ce n'est pas intéressant. ☐ [1]

e Pendant son stage elle a…

- **A** vu des opérations. ☐
- **B** fait des opérations. ☐
- **C** eu des opérations. ☐
- **D** participé à des opérations. ☐ [1]

f Son petit ami voudrait travailler…

- **A** dans des écoles. ☐
- **B** à la fac. ☐
- **C** dans un lycée. ☐
- **D** comme instituteur. ☐ [1]

g Pour eux, il est important…

A d'avoir des enfants. ☐

B d'acheter un appartement. ☐

C de voyager ensemble. ☐

D d'avoir chacun un bon métier. ☐ [1]

[Total : 7]

Écouter

3 **Vous allez entendre une interview avec Alexandre sur la politique. Vous allez entendre l'interview deux fois. Il y a une pause dans l'interview.**
Pour chaque question, cochez [✓] la bonne réponse (A–D).
Vous avez d'abord un peu de temps pour lire les questions. 109

1 Quel travail fait Alexandre ?

A Il est ministre de l'Intérieur. ☐

B Il est ministre de la Défense. ☐

C Il est ministre des Affaires étrangères. ☐

D Il est premier ministre. ☐ [1]

2 En particulier, dans quel secteur travaille-t-il le plus ?

A L'Asie centrale. ☐

B L'Asie occidentale. ☐

C L'Asie orientale. ☐

D L'Eurasie. ☐ [1]

3 Que trouve-t-il le plus difficile dans son métier ?

A De travailler en équipe. ☐

B Les longs horaires. ☐

C Les relations avec les autres ministres. ☐

D De travailler seul. ☐ [1]

[PAUSE]

4 Qu'aimerait-il avoir éliminé à la fin de sa carrière ?

A Les communautés cosmopolites. ☐

B La délinquance. ☐

C La pauvreté. ☐

D Le racisme. ☐ [1]

5 Quel espoir a-t-il pour le futur ?

A Qu'il n'y aura plus de pauvreté. ☐

B Qu'il aura plus de travail. ☐

C Qu'il n'y aura plus de guerres. ☐

D Qu'il n'y aura plus de crimes. ☐ [1]

6 Ce serait quoi un monde idéal pour lui ?

A Un monde sans faim. ☐

B Un monde sans conflits. ☐

C La fin des plus démunis. ☐

D La fin de la pollution. ☐ [1]

[Total : 6]

4 **Vous allez entendre une interview avec Pascale sur le bénévolat. Vous allez entendre l'interview deux fois. Il y a deux pauses dans l'interview.**
Pour chaque question, cochez [✓] les deux bonnes cases (A–E).
Vous avez d'abord un peu de temps pour lire les questions. 110

1 A Pascale est allée plusieurs fois en Inde. ☐

B Pascale n'a pas aimé travailler dans des maisons de retraite. ☐

C Il y a de plus en plus de personnes qui veulent aider les autres. ☐

D Il faut payer pour s'inscrire à Suisse Bénévole. ☐

E Pascale emploie trois personnes pour l'aider. ☐ [2]

[PAUSE]

2 A L'association propose d'aider à construire des écoles en Suisse. ☐

B L'association propose d'aider les enfants en Afrique. ☐

C L'association propose d'aider les personnes qui dorment dans les rues en Suisse. ☐

D L'association propose de donner des cours à l'étranger. ☐

E L'association propose d'aider les réfugiés d'Europe centrale. ☐ [2]

[PAUSE]

3 **A** Pascale recherche des personnes gentilles. ☐

B Pascale a déjà des personnes à placer. ☐

C Pascale recherche des personnes entre 18 et 82 ans. ☐

D À l'avenir, les bénévoles seront formés par une entreprise spécialisée. ☐

E Il n'est pas possible de faire un don par Internet. ☐ [2]

[Total : 6]

Parler

5 **Conversation**

Le/la professeur va commencer la conversation.

Répondez à toutes les questions.

[Total : 15]

Conseil-langue

You are allowed to make notes during the preparation time, but you will not be able to refer to these notes during the conversation.

Écrire

6 **La technologie**

Écrivez un blog sur la technologie dans la société aujourd'hui.

- Est-ce que la technologie est importante dans votre vie et pourquoi?
- Comment avez-vous utilisé la technologie récemment?
- Quels sont les avantages et les inconvénients d'Internet ?
- Que pensez-vous des réseaux sociaux ? Expliquez votre opinion.
- Comment les jeunes utiliseront la technologie à l'avenir ?

Écrivez 130–140 mots **en français.**

____

____

[Total : 25]

Grammar

Contents

Articles

The definite article

All nouns in French are either masculine or feminine.

The French equivalent of *the* (the definite article) must agree with the noun, depending on whether it is masculine or feminine, singular or plural.

	Masculine	Feminine
Singular	**le (l')**	**la (l')**
Plural	**les**	**les**

le jardin – the garden **la maison** – the house
les chambres – the bedrooms

Le and **la** change to **l'** before a word starting with a vowel or silent *h*.

l'ami – the friend **l'hôpital** – the hospital

The indefinite article

In English, the indefinite article is *a* (or *an* before a word starting with a vowel). In the plural, it is *some*. In French, use **un**, **une** or **des**, depending on whether the noun is masculine or feminine, singular or plural.

	Masculine	Feminine
Singular	**un**	**une**
Plural	**des**	**des**

un chien – a dog **une souris** – a mouse
des chats – some cats

The partitive article

The French partitive article, equivalent to *some* or *any*, is **du**, **de la**, **de l'** and **des**, depending on whether the noun is masculine or feminine, singular or plural.

Masculine	Feminine	Singular starting with a vowel or silent *h*	Plural
du	**de la**	**de l'**	**des**

du beurre – some butter
de la viande – some meat
de l'eau – some water
des gâteaux – some cakes

After a negative, **du**, **de la**, **de l'** and **des** all change to **de** (or **d'** before a vowel or silent *h*).

Je n'ai pas de timbres. I don't have any stamps.

Je n'ai pas d'argent. I don't have any money.

This also happens in expressions of quantity and before a plural adjective.

Il y a beaucoup de circulation.
(**beaucoup** = expression of quantity)

J'ai de bonnes notes en anglais.
(**bonnes** = plural adjective)

Adjectives

Adjectives are used to describe nouns and in French, they usually need to agree with the word they describe. This means that their endings change depending on whether the person or thing they describe is masculine or feminine, singular or plural.

In English, adjectives go before the noun they describe but in French, they usually go after the noun.

un chat noir – a black cat

However, some common adjectives come before the noun, including **grand** (*big*), **petit** (*small*), **joli** (*pretty*), **beau** (*beautiful*), **vieux** (*old*), **jeune** (*young*) and **nouveau** (*new*).

un jeune homme – a young man

Regular adjectives

All regular adjectives add **-e** to make the feminine form, **-s** for the masculine plural and **-es** for the feminine plural.

un chat noir – a black cat
une chemise noire – a black shirt
des chats noirs – black cats
des chemises noires – black shirts

If an adjective ends in **-e**, do not add another **-e**.

un sac jaune – a yellow bag
une chemise jaune – a yellow shirt

To make some adjectives feminine, double the final consonant and add **-e**. Other adjectives follow slightly different patterns.

Masculine ending	Feminine ending	Example	Meaning
-f	**-ve**	**neuf/neuve**	new
-x	**-se**	**heureux/heureuse**	happy
-er	**-ère**	**cher/chère**	dear, expensive
-an **-en** **-on**	**-anne** **-enne** **-onne**	**paysan/paysanne** **européen/ européenne** **bon/bonne**	farming, country European good, right
-el	**-elle**	**cruel/cruelle**	cruel
-eil	**-eille**	**pareil/pareille**	similar
-et	**-ette** **-ète**	**net/nette** **complet/complète**	clear complete, full

Irregular adjectives

Some adjectives have irregular feminine forms.

Masculine	Feminine	Meaning
blanc	**blanche**	white
doux	**douce**	soft, sweet, mild, gentle
faux	**fausse**	false
favori	**favorite**	favourite
frais	**fraîche**	fresh, chilly, cool
gentil	**gentille**	nice, kind
grec	**grecque**	Greek
gros	**grosse**	big, fat
long	**longue**	long
nul	**nulle**	useless
roux	**rousse**	red, red-haired
sec	**sèche**	dry, dried
turc	**turque**	Turkish

A few French adjectives have an extra masculine form, used before words starting with a vowel or silent *h*. The feminine form is similar.

Masculine form in front of a word beginning with a consonant	Masculine form in front of a word beginning with a vowel or a silent *h*	Feminine form	Meaning
beau	**bel**	**belle**	beautiful, handsome
fou	**fol**	**folle**	mad
nouveau	**nouvel**	**nouvelle**	new
vieux	**vieil**	**vieille**	old

un bel appartement – a beautiful flat

Adjectives that already end in **-s** do not add another **-s** to make them masculine plural.

un lapin gris – a grey rabbit
des lapins gris – grey rabbits

Similarly, adjectives ending in **-x** do not change in the masculine plural.

un homme dangereux – a dangerous man
des hommes dangereux – dangerous men

If the masculine adjective ends in **-eau** or **-al**, the masculine plural is usually **-eaux** or **-aux**.

le nouveau professeur – the new teacher
les nouveaux professeurs – the new teachers

Invariable adjectives

A small number of adjectives, for example, **marron** (*brown, chestnut*) and **orange** (*orange*) never change their spelling in French.

des chaussures marron – brown shoes

Possessive adjectives

In English, the possessive adjectives are *my, your, his, her, its, our* and *their*. In French, possessive adjectives come before the noun and agree with it, not with the person who owns it.

Masculine	Feminine	Plural	Meaning
mon	**ma**	**mes**	my
ton	**ta**	**tes**	your
son	**sa**	**ses**	his/her/its/one's
notre	**notre**	**nos**	our
votre	**votre**	**vos**	your
leur	**leur**	**leurs**	their

mon frère – my brother **ma mère** – my mother
mes parents – my parents

But use **mon**, **ton** and **son** with feminine nouns that begin with a vowel or silent *h*, not **ma**, **ta** or **sa**.

mon erreur – my mistake

Demonstrative adjectives

In English, the demonstrative adjectives are *this, that, these* and *those* and they are used with a noun. In French, the demonstrative adjectives are as follows:

	Masculine	Feminine	Meaning
Singular	**ce**	**cette**	this, that
Plural	**ces**	**ces**	these, those

ce chien – this/that dog
cette maison – this/that house
ces hommes – these/those men

However, use **cet** instead of **ce** before a masculine singular noun beginning with a vowel or silent *h*.

cet homme – this/that man

If you want to stress the difference between this and that item, add **-ci** or **-là** to the noun.

cette valise-ci – this suitcase
ce livre-là – that book

Interrogative adjectives

To ask *which...?* in French, use the interrogative adjective **quel...?** This comes before the noun and agrees with it.

Masculine singular	Feminine singular	Masculine plural	Feminine plural
quel	**quelle**	**quels**	**quelles**

Quel garçon ? Which boy?

Quelles filles ? Which girls?

Indefinite adjectives

Indefinite adjectives are used to talk about people or things in a general way. They usually come before the noun and agree in the usual manner. Examples include **autre** (*other*), **chaque** (*every, each*), **même** (*same*), **quelques** (*some, a few*), **tout/toute/tous/toutes** (*all, every*), **plusieurs** (*several*) and **n'importe quel** (*any*).

J'y vais chaque année. I go there every year.

J'ai quelques amis à Paris. I have some friends in Paris.

Elle y va tous les jours. She goes there every day.

Comparatives and superlatives of adjectives

In English, to compare people or things, the comparative form adds *-er* to the adjective, for example, *older*, or puts *more* or *less* in front of it, for example, *more beautiful*.

In French, we form the comparative by putting **plus** (*more*) or **moins** (*less*) in front of the adjective. The adjectives still need to agree with the noun they describe.

Cette veste est plus chère.
This jacket is more expensive.

C'est un projet moins compliqué.
It's a less complicated plan.

To introduce the person or thing you are making the comparison with, use **que** (*than*).

Elle est plus petite que moi.
She is smaller than me.

To say that something or someone is *as … as* someone or something else, use **aussi… que**.

Il est aussi grand que moi. He is as tall as me.

In English, a superlative adjective is formed by adding *-est*, for example, *thinnest*, or by putting *most* or *least* in front of the adjective, for example, *most beautiful*.

In French, to say that something or someone is the easiest, prettiest, most expensive, and so on, use **le plus**, **la plus**, or **les plus** and the adjective. If the adjective comes after the noun, repeat **le**, **la** or **les**.

la question la plus facile – the easiest question
les plus petites voitures – the smallest cars

To say that something or someone is the least easy, the least pretty, the least expensive, and so on, use **le moins**, **la moins** or **les moins** and the adjective.

le guide le moins utile – the least useful guidebook
la question la moins facile – the least easy question
les mois les moins agréables – the least pleasant months

In phrases such as *the biggest hotel in Paris*, in is translated as **de**.

le plus grand hôtel de Paris

Irregular comparatives and superlatives

Note the following:

Adjective	Meaning	Comparative	Meaning	Superlative	Meaning
bon	good	**meilleur**	better	**le meilleur**	the best
mauvais	bad	**pire**	worse	**le pire**	the worst
petit	small	**moindre**	lesser	**le moindre**	the least

une meilleure idée – a better idea
le moindre effort – the least effort

Adverbs

An adverb is a word that qualifies a verb and says how, where, when or in which circumstances something is done or happens. In French, adverbs are usually formed by adding **-ment** to the feminine form of the adjective.

heureusement – fortunately, happily

However, if the adjective ends in **-e**, **-i** or **-u**, add **-ment** to the masculine form of the adjective.

désespérément – desperately **vraiment** – truly
absolument – absolutely

If the adjective ends in **-ant**, the adverb ends in **-amment**. If the adjective ends in **-ent**, the adverb ends in **-emment**.

courant → couramment – fluently
recent → récemment – recently

However, **lent** (*slow*) is an exception and becomes **lentement** (*slowly*).

Irregular adverbs

In French, there are a number of common irregular adverbs.

Adjective	Meaning	Adverb	Meaning
bon	good	**bien**	well
gentil	nice, kind	**gentiment**	nicely, kindly
mauvais	bad	**mal**	badly
meilleur	better, best	**mieux**	better
petit	small	**peu**	little
pire	worse	**pis**	worse

Elle travaille bien.
She works well.

Comparatives and superlatives of adverbs

Adverbs can be used to make comparisons and this is done by adding **plus … que** (*more … than*), **moins … que** (*less … than*) or **aussi … que** (*as … as*).

Tu marches plus vite que moi.
You walk faster than me.

Nous nous voyons moins souvent qu'avant.
We see each other less often than before.

Je parle français aussi bien que toi.
I speak French as well as you.

The superlative of adverbs is formed by using **le plus/moins ... que**. Note that **le** never changes to **la** or **les** as it does with adjectives.

Marc parle le plus vite. Marc speaks the fastest.

Adverbs with irregular comparatives and superlatives

Some very common adverbs have irregular comparative and superlative forms.

Adverb	Meaning	Comparative	Meaning	Superlative	Meaning
beaucoup	a lot	**plus**	more	**le plus**	(the) most
bien	well	**mieux**	better	**le mieux**	(the) best
mal	badly	**pis** **plus mal**	worse	**le pis** **le plus mal**	(the) worst
peu	little	**moins**	less	**le moins**	(the) least

C'est lui qui danse le mieux. He dances the best.

Adverbs of time and place

Some adverbs are useful when narrating sequences of events or for saying where things take place.

d'abord/au début – at the beginning

puis/ensuite/alors – then, next

maintenant – now

à l'avenir – in the future

aujourd'hui – today

hier – yesterday

demain – tomorrow

au-dessus – above

en-dessous – below

dehors – outside

dedans – inside

derrière – behind

en bas – down

en haut – up

ici – here

là-bas – there

Other uses of adverbs

Some adverbs can be used as interrogatives, for example, **combien** (*how much/many*), **comment** (*how*), **où** (*where*), **quand** (*when*), **depuis quand** (*how long*).

Combien coûte cet ordinateur ?
How much does this computer cost?

Some adverbs can be used as quantifiers, for example, **assez** (*enough*), **beaucoup** (*a lot*), **plus/moins** (*more/less*), **bien** (*well*), **peu** (*not much/not very*), **un peu** (*a little*), **très** (*very*), **trop** (*too much*).

Il roule trop vite. He drives too fast.

They can also form adverbial phrases such as **bien sûr** (*of course*), **c'est-à-dire** (*that is*), **d'habitude** (*usually*), **de temps en temps** (*from time to time*), **tout de suite** (*straight away*), **de nos jours** (*nowadays*).

Je la vois de temps en temps. I see her from time to time.

Position of adverbs

Adverbs go after the verb when the verb is one word, for example, in a present or an imperfect tense.

Il neige souvent en janvier. It often snows in January.

However, when the verb is made up of more than one word, for example, in a perfect tense, the adverb usually comes between the part of the verb that comes from **avoir** or **être** and the past participle.

Il a trop mangé. He has eaten too much.

Adverbs that refer to how or when something is done go after the past participle.

Elle est revenue hier. She came back yesterday.

Pronouns

Subject pronouns

In French, the subject pronouns are **je** (*I*), **tu/vous** (*you*), **il** (*he/it*), **elle** (*she/it*), **on** (*one/we/you/they*), **ils** (*they, masculine*) and **elles** (*they, feminine*).

Je vais en ville. I am going to town.

Ils habitent à Paris. They live in Paris.

Tu or vous?

In French there are two ways to say *you*: **tu** and **vous**.

Use **tu** when talking to a person you know well, such as a friend or family member, or a young person. It is a friendly way of addressing someone.

Use **vous** when talking to more than one person, or to someone you do not know well. It is a polite way of addressing someone.

Il or elle? Ils or elles?

Use **il** for masculine singular nouns and **elle** for feminine singular nouns.

Ils (*they*) is used for masculine plural nouns and **elles** is used for feminine plural nouns. To refer to a combination of masculine and feminine nouns, for example, boys and girls, use **ils**.

Où vont ton père et ta mère quand ils partent en vacances ?
Where do your father and mother go when they go on holiday?

On

In French, *on* is frequently used to mean we. It can also be used to mean *someone*, *they* or *you* (when *you* refers to people in general).

On va à la plage. We are going to the beach.

On dit que je suis timide. They say I am shy.

On peut visiter le musée. You can visit the museum.

Reflexive pronouns

These pronouns form part of reflexive verbs.

Singular	Meaning	Plural	Meaning
me (m')	myself	**nous**	ourselves
te (t')	yourself	**vous**	yourselves
se (s')	himself/herself/itself	**se (s')**	themselves

Je m'appelle Marie. I am called/I call myself Marie.

Object pronouns

Direct object pronouns

A direct object pronoun stands in for a noun that is directly affected by the action expressed by the verb, such as *I see him*.

In French, the direct object pronouns are:

Singular	Meaning	Plural	Meaning
me (m')	me	**nous**	us
te (t')	you	**vous**	you
le (l')	him/it	**les**	them
la (l')	her/it	**les**	them

Me, **te**, **le** and **la** change to **m'**, **t'** or **l'** before a vowel or silent *h*.

In orders and instructions, **moi** is used instead of **me** and **toi** instead of **te**. They are separated from the verb by a hyphen.

Aidez-moi ! Help me!

Word order

The direct object pronoun comes before the verb except in commands.

Je les aime. I like them.

When a verb is followed by an infinitive, the pronoun goes before the infinitive as it is more closely related to that verb.

Il voudrait la voir. He'd like to see her.

In compound tenses like the perfect or pluperfect, the direct object pronoun goes before the auxiliary verb.

Je l'ai vu. I saw him.

In these situations, the past participle has to agree with the direct object pronoun so there may be an additional **-e**, **-s** or **-es**. In such cases we have a PDO (preceding direct object).

Il les a vus. He saw them. (masculine plural)

Nous l'avons vue. We saw her. (feminine singular)

Ils les ont vues. They saw them. (feminine plural)

Indirect object pronouns

Indirect pronouns replace *to/for* and a noun. Take care when deciding whether a noun is a direct or indirect object of the verb. For example, in the phrase, *I gave him the book*, the meaning is *I gave the book to him.*

In French, the indirect object pronouns are:

Singular	Meaning	Plural	Meaning
me (m')	me, to me, for me	**nous**	us, to us, for us
te (t')	you, to you, for you	**vous**	you, to you, for you
lui	him, to him, for him her, to her, for her it, to it, for it	**leur**	them, to them, for them (masculine and feminine)

Il nous écrit. He is writing to us.

Take care in French; some verbs, for example, **téléphoner** (*to telephone*) and **demander** (*to ask*) need an indirect object as they are followed by **à** and a person.

Il téléphone à ses parents chaque jour. He telephones his parents every day.

Il leur téléphone chaque jour.
He telephones them every day.

On the other hand, some French verbs like **attendre** (*to wait for*), **regarder** (*to look at*) and **chercher** (*to look for*) take a direct object.

Je les attends. I'm waiting for them.

The word order for indirect object pronouns is the same as that for direct object pronouns. They usually come before the verb or before the auxiliary verb in compound tenses like the perfect. In commands, they come after the verb and are separated from it by a hyphen.

Je lui ai donné un livre. I gave a book to him.

Donnez-moi ça ! Give me that!

Emphatic, disjunctive or stressed pronouns

In French, there is another set of pronouns that is used after prepositions, for emphasis, to stand alone or to form double subjects.

Singular	Meaning	Plural	Meaning
moi	I, me	**nous**	we, us
toi	you	**vous**	you
lui	he, him	**eux**	they, them (*masculine*)
elle	she, her	**elles**	they, them (*feminine*)
soi	oneself (yourself, ourselves)		

Moi, j'adore le foot. I love football.

C'est pour moi. It's for me.

Qui a cassé la fenêtre ? Lui.
Who broke the window? Him.

Paul et lui sont en France.
Paul and he are in France.

Possessive pronouns

These translate the English words mine, yours, his, hers, ours and theirs.

Masculine singular	Feminine singular	Masculine plural	Feminine plural	Meaning
le mien	**la mienne**	**les miens**	**les miennes**	mine
le tien	**la tienne**	**les tiens**	**les tiennes**	yours
le sien	**la sienne**	**les siens**	**les siennes**	his/hers
le nôtre	**la nôtre**	**les nôtres**	**les nôtres**	ours
le vôtre	**la vôtre**	**les vôtres**	**les vôtres**	yours
le leur	**la leur**	**les leurs**	**les leurs**	theirs

Tu as tes clés ? J'ai oublié les miennes. Do you have your keys? I've forgotten mine.

Indefinite pronouns

Indefinite pronouns are used to refer to people or things in general.

- **chacun/chacune** – each, every
  Nous avons donné dix euros chacun.
  We each gave ten euros.
- **personne** – nobody
  Il n'y a personne à la maison.
  There is nobody at home.
- **quelque chose** – something
  J'ai quelque chose pour vous.
  I have something for you.
- **quelqu'un** – somebody
  Il y a quelqu'un à la porte.
  There is somebody at the door.

Relative pronouns

These translate the English words *who*, *that*, *which* and the more formal *whom*.

In French, the relative pronouns **qui** and **que** can refer to both people and things.

Qui is used to replace the subject in a relative clause and can mean *who*, *which* or *that*.

Que is used to replace the direct object in a relative clause and can mean *whom*, *which* or *that*.

Mon frère, qui a vingt ans, est à l'université.
My brother, who is twenty, is at university.

Voilà la maison que nous voulons acheter.
There is the house that we want to buy.

Be careful: in English, it is possible to leave out *who*, *which* and *that* when these are direct objects, but we cannot leave out **qui** or **que** in the same way in French.

Lequel, **laquelle**, **lesquels** and **lesquelles** all mean *which* and are used after prepositions like **à**, **de** and **pour**.

	Masculine	Feminine	Meaning
Singular	**lequel**	**laquelle**	which
Plural	**lesquels**	**lesquelles**	which

C'est la table sur laquelle j'ai mis mon sac.
It's the table on which I put my bag.

Remember that **à** and **de** combine with the definite article **le** to become **au** and **du**, and with **les** to become **aux** and **des**.

	+ lequel	**+ laquelle**	**+ lesquels**	**+ lesquelles**	Meaning
à	**auquel**	**à laquelle**	**auxquels**	**auxquelles**	to which
de	**duquel**	**de laquelle**	**desquels**	**desquelles**	of which

Dont means *whose*, *of whom*, *of which*, *about which*, and so on. It can refer to people or things but its form never changes.

la femme dont la voiture est en panne – the woman whose car has broken down

les films dont tu parles – the films you are talking about

Demonstrative pronouns

These translate the English words *this*, *that*, *these* and *those*.

Ce is usually used with the verb **être** in expressions like **c'est** (*it's*), **c'était** (*it was*) or with a noun or question word to identify a person or thing.

Qui est-ce ? Who is it?

Ce sont des profs. They are teachers.

Cela and **ça** mean *it*, *this* or *that*. Both refer to a statement, an idea or an object. **Ça** is used instead of **cela** in everyday French.

Ça ne fait rien.	It doesn't matter.
Je n'aime pas cela.	I don't like that.

Ceci means *this* and is not as common. It is used to talk about something which has not yet been mentioned or is not hand or show something to someone.

Prends ceci.	Take this.

Celui and **celle** mean *the one*; **ceux** and **celles** mean *the ones*.

	Masculine	Feminine	Meaning
Singular	**celui**	**celle**	the one
Plural	**ceux**	**celles**	the ones

They are used before **qui**, **que** and **dont**.

Quelle robe préférez-vous ? Celle qui est en vitrine.
Which dress do you prefer? The one in the window.

They can be used with **de** to show possession.

Comparez vos réponses à celles de votre voisin.
Compare your answers with those of your neighbour.

We can add **-ci** and **-là** to **celui** and its other forms to emphasise the contrast between this one and that one, or something close and something further away.

On prend quel fromage ? Celui-ci ou celui-là ?
Which cheese shall we get? This one or that one?

Interrogative pronouns

The pronouns **qui ?** (*who?* or *whom?*), **que ?** (*what?*), **quoi ?** (*what?*) and **lequel ?** (*which one?*) are used to ask questions.

The pronouns *y* and *en*

Y

This word is used with verbs and phrases normally followed by **à** to avoid repeating a word. It can also mean *there*.

Je ne m'attendais pas à ça. Moi, je m'y attendais.
I wasn't expecting that. I was expecting it.

Elle y passe tout l'été.
She is spending the whole summer there.

En

This word can mean *of it*, *of them*, *some or any* and is used with verbs or phrases normally followed by **de** to avoid repeating a word.

Si tu as un problème, tu peux m'en parler.
If you have a problem, you can talk to me about it.

It can also replace the partitive article + noun.

Je n'ai pas d'argent. Tu en as ?
I don't have any money? Have you got any?

Word order with *en* and *y*

They both usually come before the verb. However, in a direct command, they come after the verb and are separated from it by a hyphen.

J'en veux.	I want some
J'y vais.	I'm going there.
Prenez-en.	Take some
Restez-y.	Stay there.

Using different types of pronoun together

When there is more than one pronoun in a sentence, they come in a certain order.

Indirect	**Direct**	**Indirect**	
me	le	lui	en
te	la	leur	y
nous	les		
vous			

Je les lui ai lus.	I read them to her/him.

Verbs

A verb is a doing or being word and is usually used with a noun or pronoun. French verbs in the infinitive always end in **-er**, **-ir** or **-re**. There are regular and irregular verbs.

The present tense

This is used to talk about what is happening now or what happens regularly or is true. English has two present tenses to say what someone does or what someone is doing. In French, one present tense covers both purposes.

je joue – I play/I am playing
il joue – he plays/he is playing

Regular verbs

1 -er verbs

To form the present tense of these verbs, drop the **-er** ending of the infinitive and add the correct ending for each person.

jouer – to play

Subject pronoun	Ending	Add to stem, for example, **jou-**	Meanings
je (j')	**-e**	**je joue**	I play I am playing
tu	**-es**	**tu joues**	you play you are playing

il/elle/on	-e	il/elle/on joue	he/she/it/one plays he/she/it/one is playing
nous	-ons	nous jouons	we play we are playing
vous	-ez	vous jouez	you play you are playing
ils/elles	-ent	ils/elles jouent	they play they are playing

Some **-er** verbs have slight spelling changes.

- Verbs ending in **-cer**: the **c** changes to **ç** in the nous form, for example, **nous lançons** (*we throw*)
- Verbs ending in **-ger**: the **nous** form keeps the **e**, for example, **nous mangeons** (*we eat*)
- Verbs ending in **-eler**: the **l** doubles in the **je**, **tu**, **il/elle/on** and **ils/elles** forms, for example, **il appelle** (*he calls*)
- Verbs ending in **-eter**: the **t** doubles in the **je**, **tu**, **il/elle/on** and **ils/elles** forms, for example, **je jette** (*I throw*)
- Verbs ending in **-yer**: the **y** changes to **i** in the **je**, **tu**, **il/elle/on** and **ils/elles** forms, for example, **ils nettoient** (*they clean*)
- In some verbs, such as **lever** (*to raise*), **peser** (*to weigh*) and **acheter** (*to buy*), the **e** changes to **è** in the **je**, **tu**, **il/elle/on** and **ils/elles** forms, for example, **elle achète** (*she buys*)
- In some verbs, such as **espérer** (*to hope*) and **préférer** (*to prefer*), the **é** changes to **è** in the **je**, **tu**, **il/elle/on** and **ils/elles** forms, for example, **je préfère** (*I prefer*)

2 -ir verbs

To form the present tense of these verbs, drop the **-ir** ending of the infinitive and add the correct ending for each person.

finir – to finish

Subject pronoun	Ending	Add to stem: **fin-**	Meanings
je (j')	-is	**je finis**	I finish I am finishing
tu	-is	**tu finis**	you finish you are finishing
il/elle/on	-it	**il/elle/on finit**	he/she/it/one finishes he/she/it/one is finishing
nous	-issons	**nous finissons**	we finish we are finishing
vous	-issez	**vous finissez**	you finish you are finishing
ils/elles	-issent	**ils/elles finissent**	they finish they are finishing

3 -re verbs

To form the present tense of these verbs, drop the **-re** ending of the infinitive and add the correct ending for each person.

attendre – to wait

Subject pronoun	Ending	Add to stem: **attend-**	Meanings
je (j')	-s	**J'attends**	I wait I am waiting
tu	-s	**tu attends**	you wait you are waiting
il/elle/on	–	**il/elle/on attend**	he/she/it/one waits he/she/it/one is waiting
nous	-ons	**nous attendons**	we wait we are waiting
vous	-ez	**vous attendez**	you wait you are waiting
ils/elles	-ent	**ils/elles attendent**	they wait they are waiting

Irregular verbs

Some verbs, many of them very common verbs in French, do not follow the rules and are irregular.

Some of the most common irregular verbs are:

- **avoir** (*to have*)
  j'ai, tu as, il/elle/on a,
  nous avons, vous avez, ils/elles ont
- **être** (*to be*)
  je suis, tu es, il/elle/on est,
  nous sommes, vous êtes, ils/elles sont
- **faire** (*to do/make)*
  je fais, tu fais, il/elle/on fait,
  nous faisons, vous faites, ils/elles font
- **aller** (*to go*)
  je vais, tu vas, il/elle/on va,
  nous allons, vous allez, ils/elles vont
- **boire** (*to drink*)
  je bois, tu bois, il/elle/on boit,
  nous buvons, vous buvez, ils/elles boivent
- **connaître** (*to know (a person)*)
  je connais, tu connais, il/elle/on connaît,
  nous connaissons, vous connaissez, ils/elles connaissent
- **courir** (*to run*)
  je cours, tu cours, il/elle/on court,
  nous courons, vous courez, ils/elles courent
- **croire** (*to believe*)
  je crois, tu crois, il/elle/on croit,
  nous croyons, vous croyez, ils/elles croient

- **descendre** (*to go down*)
  je descends, tu descends, il/elle/on descend, nous descendons, vous descendez, ils/elles descendent
- **devoir** (*to have to*)
  je dois, tu dois, il/elle/on doit, nous devons, vous devez, ils/elles doivent
- **dire** (*to say*)
  je dis, tu dis, il/elle/on dit, nous disons, vous dites, ils/elles disent
- **dormir** (*to sleep*)
  je dors, tu dors, il/elle/on dort, nous dormons, vous dormez, ils/elles dorment
- **écrire** (*to write*)
  j'écris, tu écris, il/elle/on écrit, nous écrivons, vous écrivez, ils/elles écrivent
- **lire** (*to read*)
  je lis, tu lis, il/elle/on lit, nous lisons, vous lisez, ils/elles lisent
- **mettre** (*to put*)
  je mets, tu mets, il/elle/on met, nous mettons, vous mettez, ils/elles mettent
- **offrir** (*to offer*)
  j'offre, tu offres, il/elle/on offre, nous offrons, vous offrez, ils/elles offrent
- **ouvrir** (*to open*)
  j'ouvre, tu ouvres, il/elle/on ouvre, nous ouvrons, vous ouvrez, ils/elles ouvrent
- **partir** (*to leave*)
  je pars, tu pars, il/elle/on part, nous partons, vous partez, ils/elles partent
- **pouvoir** (*to be able (to do something)*)
  je peux, tu peux, il/elle/on peut, nous pouvons, vous pouvez, ils/elles peuvent
- **prendre** (*to take*)
  je prends, tu prends, il/elle/on prend, nous prenons, vous prenez, ils/elles prennent
- **recevoir** (*to receive*)
  je reçois, tu reçois, il/elle/on reçoit, nous recevons, vous recevez, ils/elles reçoivent
- **rire** (*to laugh*)
  je ris, tu ris, il/elle/on rit, nous rions, vous riez, ils/elles rient
- **savoir** (*to know (a fact)*)
  je sais, tu sais, il/elle/on sait, nous savons, vous savez, ils/elles savent
- **sortir** (*to go out*)
  je sors, tu sors, il/elle/on sort, nous sortons, vous sortez, ils/elles sortent
- **venir** (*to come*)
  je viens, tu viens, il/elle/on vient, nous venons, vous venez, ils/elles viennent
- **voir** (*to see*)
  je vois, tu vois, il/elle voit, nous voyons, vous voyez, ils/elles voient
- **vouloir** (*to want*)
  je veux, tu veux, il/elle/on veut, nous voulons, vous voulez, ils/elles veulent

Use of *avoir*

Avoir is often used to mean *I am* rather than *I have* in phrases such as **j'ai soif/faim** (*I'm thirty/hungry*) or **j'ai froid/chaud** (*I'm cold/hot*). It is also used in the phrase **j'ai mal …** to say that you have an injury.

J'ai mal à la jambe. I've got a sore leg.

The imperative

In French, there are two forms of the imperative that are used to give instructions. They correspond to the **tu** and **vous** forms of verbs. There is also a third form of the imperative that corresponds to the **nous** form of the verb, and is used to mean *let's … .*

For regular verbs, the imperative is the same as the **tu**, **nous** and **vous** forms of the verb in the present tense but without the pronouns. In the **tu** form of **-er** verbs, the final **-s** is dropped in the imperative form.

Pronoun	**-er** verb	Meaning	**-ir** verb	Meaning	**-re** verb	Meaning
tu	**joue**	play	**finis**	finish	**attends**	wait
nous	**jouons**	let's play	**finissons**	let's finish	**attendons**	let's wait
vous	**jouez**	play	**finissez**	finish	**attendez**	wait

Joue au foot. Play football.

Finissons les devoirs. Let's finish the homework.

Attendez un moment. Wait a moment.

Imperative forms of some irregular verbs are:

- **avoir: aie, ayons, ayez**
  N'ayez pas peur ! Don't be afraid!
- **être: sois, soyons, soyez**
  Sois sage ! Be good!
- **vouloir: veuille, veuillons, veuillez**
  Veuillez fermer la porte ! Please shut the door!

Negatives

In the present tense, the two parts of the negative, usually **ne … pas** go around the verb. **Ne** changes to **n'** before a vowel or silent *h*.

je n'aime pas – I don't like
nous ne jouons pas – we are not playing

Other common negative forms include:

ne … rien – nothing **ne … jamais** – never
ne … personne – nobody **ne … plus** – no longer

Je ne fais rien.	I'm doing nothing.
Il ne va jamais en ville.	He never goes to town.
Il n'y a personne ici.	There's nobody here.
Nous ne jouons plus.	We are no longer playing.

Interrogative forms

To make question forms in the present tense, you can:

- invert the subject and verb.
  sais-tu ? – do you know?
  aimez-vous ? – do you like?
- make a statement sound like a question by raising the pitch of your voice at the end.
  tu sais ? vous aimez ?
- begin the question with **est-ce que**.
  est-ce que tu sais ? est-ce que vous aimez ?

Reflexive verbs in the present tense

A reflexive verb is one for which the subject and object are the same, for example, *I wash myself*. Reflexive verbs are shown in dictionaries as **se** (or **s'**) as part of the infinitive of the verb. **Se** is the reflexive pronoun that changes according to the subject of the verb.

Reflexive forms	Meaning
je me lave	I wash myself
tu te laves	you wash yourself
il se lave **elle se lave** **on se lave**	he/it washes himself she/it washes herself one washes oneself
nous nous lavons	we wash ourselves
vous vous lavez	you wash yourselves
ils/elles se lavent	they wash themselves

To make a reflexive verb negative, we put **ne** before the reflexive pronoun and **pas** after the verb.

Je ne me lave pas. I don't wash myself.

With the imperative, we put the reflexive pronoun after the verb and join the two with a hyphen.

Lève-toi.	Get up.
Dépêchez-vous.	Hurry up.
Habillons-nous.	Let's get dressed.

The imperfect tense

This is one of the tenses used to talk about the past. It is used:

- to describe what things were like and how people felt in the past.
- to say what used to happen or what we used to do regularly in the past.
- to indicate things that were happening or something that was true when something else took place.

Il portait toujours un grand chapeau noir.
He always wore a big black hat.

Nous habitions à Paris à cette époque. We were living in Paris at that time.

Ma ville était plus industrielle il y a cinquante ans.
My town was very industrial 50 years ago.

Elle travaillait dur quand elle était plus jeune.
She worked hard when she was younger.

Je lisais un roman quand le facteur est arrivé.
I was reading a novel when the postman arrived.

Formation

To form the imperfect, take the present form of the verb that goes with **nous**, drop the **-ons** ending and add the appropriate endings.

Pronoun	Ending	Add to nous stem, for example, **all-**	Meanings
je (j')	**-ais**	**j' allais**	I went/was going/ used to go
tu	**-ais**	**tu allais**	you went/were going/ used to go
il/elle/on	**-ait**	**il/elle/on allait**	he/she/it/one went/ was going/ used to go
nous	**-ions**	**nous allions**	we went/were going/ used to go
vous	**-iez**	**vous alliez**	you went/were going/ used to go
ils/elles	**-aient**	**ils/elles allaient**	they went/were going/used to go

This works for all verbs except **être**, whose **nous** form in the present tense (**nous sommes**) does not end in **-ons**.

j'étais – I was **tu étais** – you were
il/elle/on était – he/she/it/one was
nous étions – we were **vous étiez** – you were
ils/elles étaient – they were

The perfect tense

This is another verb tense used to talk about the past, especially about completed actions in the past, for example, *I gave, I have finished, he has gone*.

In French, all perfect tenses are made up of two parts:

1 the auxiliary verb (the present tense of either **avoir** or **être**)

2 the past participle (the part of the main verb)

Forming the past participle

1 **-er** verbs: take the infinitive, drop the **-er** and add **-é**, for example, **joué**

2 **-ir** verbs: take the infinitive, drop the **-ir** and add **-i**, for example, **fini**

3 **-re** verbs: take the infinitive, drop the **-re** and add **-u**, for example, **attendu**

Most verbs (including all regular verbs) form the perfect tense with **avoir** as the auxiliary verb, for example, **jouer**.

Pronoun	avoir	Past participle	Meaning
j'	**ai**	**joué**	I played I have played
tu	**as**	**joué**	you played you have played
il/elle/on	**a**	**joué**	he/she/it/one played he/she/it/one has played
nous	**avons**	**joué**	we played we have played
vous	**avez**	**joué**	you played you have played
ils/elles	**ont**	**joué**	they played they have played

Some verbs that use **avoir** have irregular past participles that need to be learned separately.

Here are some common verbs in this category:

avoir – eu
boire – bu
connaître – connu
courir – couru
craindre – craint
croire – cru
devoir – dû
dire – dit
écrire – écrit
être – été
faire – fait
joindre – joint
lire – lu
mettre – mis
offrir – offert
ouvrir – ouvert
paraître – paru
pouvoir – pu
prendre – pris
recevoir – reçu
rire – ri
savoir – su
voir – vu
vouloir – voulu

A small group of verbs use **être** as the auxiliary verb in the perfect tense. They are mainly associated with movement or change of some kind.

Infinitive	Meaning	Past participle
aller	to go	**allé**
venir	to come	**venu**
arriver	to arrive	**arrivé**
partir	to leave	**parti**
descendre	to go down	**descendu**
monter	to go up	**monté**
entrer	to enter	**entré**
sortir	to go out	**sorti**
mourir	to die	**mort**
naître	to be born	**né**
devenir	to become	**devenu**
rester	to stay	**resté**
tomber	to fall	**tombé**

When a verb uses **être** as the auxiliary, the past participle must agree with the subject of the verb, adding **-e** for feminine, **-s** for masculine plural and **-es** for feminine plural.

je suis allé(e) – I went/have gone

tu es allé(e) – you went/have gone

il est allé – he/it went/has gone

elle est allée – she/it went/has gone

nous sommes allé(e)s – we went/have gone

vous êtes allé(e)s – you went/have gone

ils sont allés – they went/have gone (*masculine*)

elles sont allées – they went/have gone (*feminine*)

The perfect tense of reflexive verbs

These verbs also use **être** as the auxiliary, so the past participle usually agrees with the subject. They have the extra reflexive pronoun.

Je me suis lavé(e). I washed myself.

Negatives and the perfect tense

With verbs in the perfect tense, the negative pair of words (for example, **ne... pas**) goes around the auxiliary verb.

Je <u>ne</u> suis <u>pas</u> allé(e). I didn't go/have not gone.

Je <u>n'</u>ai <u>rien</u> fait. I did nothing.

However, with **ne ... personne**, the second word of the negative word pair comes <u>after</u> the past participle.

Je <u>n'</u>ai vu <u>personne</u>. I saw nobody.

For reflexive verbs in the negative, **ne** comes <u>before</u> the reflexive pronoun.

Je <u>ne</u> me suis <u>pas</u> lavé. I didn't wash myself.

The pluperfect tense

This tense describes something that had happened or had been true at a point in the past.

Elle avait essayé plusieurs pulls.
She had tried on several jumpers.

Forming the pluperfect tense

Like the perfect tense, the pluperfect has two parts:

1 the auxiliary verb, which in this case is the imperfect tense of **avoir** or **être**

2 the past participle

If a verb takes **avoir** in the perfect tense, then it takes **avoir** in the pluperfect.

If a verb takes **être** in the perfect tense, then it takes **être** in the pluperfect.

All the rules about agreements and position of negative word pairs that apply to the perfect apply to the pluperfect too.

j'avais joué/fini/attendu/fait – I had played/ finished/waited/done

elle était allée – she had gone

ils s'étaient lavés – they had washed themselves

The immediate future tense

This is formed with the present tense of **aller** and an infinitive. The meaning is *to be going to do something*.

Je vais manger. I'm going to eat.

Elle va jouer au foot. She is going to play football.

Nous allons faire du shopping.
We are going to go shopping.

Ils vont nager. They are going to swim.

The future tense

This is used to talk about something that will happen.

Formation

With **-er** and **-ir** verbs, add the future tense endings to the infinitive.

Pronoun	Ending	Add to infinitive, e.g. **jouer, finir**	Meanings
je (j')	**-ai**	**je jouerai**	I will play
tu	**-as**	**tu joueras**	you will play
il/elle/on	**-a**	**ils/elles/on jouera**	he/she/it/one will play
nous	**-ons**	**nous jouerons**	we will play
vous	**-ez**	**vous jouerez**	you will play
ils/elles	**-ont**	**ils/elles joueront**	they will play

For **-re** verbs, add the same endings but drop the final **-e** from the infinitive first.

j'attendrai – I will wait

Spelling changes in some -er verbs

- Verbs ending in **-eler**, such as **appeler**, double the consonant, for example, **j'appellerai**
- Verbs ending in **-eter**, such as **jeter**, double the consonant, for example, **je jetterai**
- Verbs ending in **-yer**, such as **nettoyer**, change the **y** to **i**, for example, **je nettoierai**
- Verbs ending in **-ayer** such as payer, can change the **y** to **i** or keep the **y**, for example, **je payerai** or **je paierai**
- Verbs such as lever and **acheter** change the **e** to **è**, for example, **j'achèterai**

Irregular verbs in the future tense

There are some verbs which do not use their infinitive as the stem in the future tense.

Verb	Meaning	je / j'	tu	il/elle/on	nous	vous	ils/elles
aller	to go	irai	iras	ira	irons	irez	iront
avoir	to have	aurai	auras	aura	aurons	aurez	auront
être	to be	serai	seras	sera	serons	serez	seront
devoir	to have to	devrai	devras	devra	devrons	devrez	devront
faire	to do/ make	ferai	feras	fera	ferons	ferez	feront
pouvoir	to be able to	pourrai	pourras	pourra	pourrons	pourrez	pourront
savoir	to know	saurai	sauras	saura	saurons	saurez	sauront
tenir	to hold	tiendrai	tiendras	tiendra	tiendrons	tiendrez	tiendront
venir	to come	viendrai	viendras	viendra	viendrons	viendrez	viendront
voir	to see	verrai	verras	verra	verrons	verrez	verront
vouloir	to want	voudrai	voudras	voudra	voudrons	voudrez	voudront

The conditional

The conditional expresses *would do something* and is used for formal requests, saying what we would like, making a suggestion and giving advice.

The conditional is formed with the stem of the future tense and the endings of the imperfect tense. There are no exceptions to this rule, so the tense is easy, as long as you know the future stems and the imperfect endings.

Pronoun	Ending	Add to stem, for example, **ir-** (future stem of **aller**)	Meanings
je (j')	**-ais**	**j'irais**	I would go
tu	**-ais**	**tu irais**	you would go
il/elle/on	**-ait**	**ils/elle/on irait**	he/she/it/one would go
nous	**-ions**	**nous irions**	we would go
vous	**-iez**	**vous iriez**	you would go
ils/elles	**-aient**	**ils/elles iraient**	they would go

J'irais en Italie. I would go to Italy.

Elle achèterait une grande maison.
She would buy a big house.

Si clauses

Si (meaning *if*) is used with three sets of tenses :

- *Si* + the present + the future
  Si je travaille dur, je réussirai.
  If I work hard, I will succeed.
- *Si* + the imperfect + the conditional
  Si j'étais riche, j'irais en Australie.
  If I were rich, I'd go to Australia.

- *Si* + the pluperfect + the conditional perfect
  Si j'avais eu de la chance, j'aurais visité la Chine.
  If I had been lucky, I would have visited China.

Impersonal verbs

These verbs have **il** as their subject.

Il pleut. It is raining.

Il y a un problème. There's a problem.

Infinitive	Expression	Meaning
avoir + noun	**il y a**	there is/are
être + time	**il est**	it is
faire	**il fait beau/du vent/du soleil/ chaud/froid**	it is fine/windy/sunny/ hot/cold
falloir	**il faut**	we need/you need/it is necessary
manquer	**il manque**	there is/are … missing
paraître	**il paraît que**	it appears that
rester + noun	**il reste**	there is/are … left
valoir mieux + infinitive	**il vaut mieux**	it would be better to
geler	**il gèle**	it's freezing
neiger	**il neige**	it's snowing
pleuvoir	**il pleut**	it's raining

Il y a quelqu'un à la porte.
There is somebody at the door.

Il est deux heures. It is two o'clock.

Il reste du pain. There is some bread left.

Il vaut mieux ne rien dire.
It would be better to say nothing.

The perfect infinitive

The perfect infinitive expresses *after doing something* or *having done something*. It is formed with the infinitive of **avoir** (for verbs that use **avoir** as the auxiliary) or **être** (for verbs that use **être** as the auxiliary) and the past participle of the verb.

après avoir joué au tennis – after playing tennis

après être arrivé(e)(s) – after arriving

après m'être lavé(e) – after washing myself

If the verb uses **être**, the past participle needs to agree with the subject of the verb.

Après être arrivés, les garçons ont joué au tennis.
After arriving, the boys played tennis.

The present participle

Present participles are verb forms that end in **-ant** and are equivalent to English verbs that end in *-ing*.

Formation

Take the **nous** form of the present tense of the verb, drop the **-ons** and add **-ant**.

jouons → jou- + -ant → jouant – playing

The only exceptions are:

avoir → ayant – having

être → étant – being

savoir → sachant – knowing

They are not as common in French as they are in English. Be careful: in French an infinitive is often used to express an *-ing* word in English.

J'aime chanter. I like singing.

Very often, a present or an imperfect tense in French expresses an *-ing* word.

je vais (present tense) – I am going

il mangeait (imperfect tense) – he was eating

The main uses of the present participle are:

- as a verb, on its own. It does not agree with its subject.
  Habitant près de Paris, elle va souvent en ville.
  Living close to Paris, she often goes into town.
- as a verb after the preposition **en** to mean *while*, *by*, *in* or *on doing something*.
  En attendant son frère, Louise s'est endormie.
  While waiting for her brother, Louise fell asleep.

Verbs governing infinitives

Many verbs in French can be followed by another verb in the infinitive. The link can be just the infinitive or **à** or **de** followed by the infinitive.

1 Verbs followed by an infinitive with no preposition

- **devoir** – to have to
  Tu dois partir. You must leave.
- **pouvoir** – to be able to
  Je peux voir. I can see.
- **savoir** – to know how to, can
  Tu sais conduire ? Can you drive?
- **vouloir** – to want
  Je veux sortir. I want to go out.

Others include:

- **adorer** – to love
- **aimer** – to like
- **détester** – to hate
- **préférer** – to prefer
- **espérer** – to hope
- **sembler** – to seem
- **aller** – to be going to

2 Verbs followed by *à* + an infinitive

- **s'amuser** – to have fun
- **apprendre** – to learn
- **commencer** – to start
- **continuer** – to continue
- **réussir** – to succeed

Il a commencé à pleuvoir. It started to rain.

Some verbs can be followed by a person or a noun and then by **à** + an infinitive. Sometimes you need **à** before the person too.

aider quelqu'un à faire quelque chose – to help someone do something

apprendre à quelqu'un à faire quelque chose – to teach someone to do something

inviter quelqu'un à faire quelque chose – to invite someone to do something

3 Verbs followed by *de* + an infinitive

- **arrêter** – to stop
- **décider** – to decide
- **essayer** – to try
- **finir** – to finish
- **oublier** – to forget
- **proposer** – to suggest
- **refuser** – to refuse

J'ai décidé de lui écrire. I decided to write to him.

The following verbs are also followed by **de** + an infinitive but they sometimes need **à** in front of the person.

- **commander à quelqu'un de faire quelque chose** – to order someone to do something
- **demander à quelqu'un de faire quelque chose** – to ask someone to do something
- **dire à quelqu'un de faire quelque chose** – to tell someone to do something
- **interdire à quelqu'un de faire quelque chose** – to forbid someone from doing something

Note also:

être en train de + an infinitive – to be in the act of doing something

être sur le point de + an infinitive – to be about to do something

Il était sur le point de partir. He was about to leave.

Depuis

Depuis means *for* when it is used to say how long something has or had been going on.

To express *have/has been*, the verb with **depuis** is in the present tense.

J'habite à Paris depuis deux ans.
I have been living in Paris for two years.

Elle travaille ici depuis six mois.
She has been working here for six months.

To express *had been*, the verb with **depuis** is in the imperfect tense.

Nous étions là depuis une heure.
We had been there for an hour.

Venir de + infinitive

This expresses *to have just done something*. It can be used in two tenses.

The present tense is used to express *have/has just done*.

Je viens de rentrer. I've just got home.

Ils viennent de jouer au foot.
They have just played football.

The imperfect tense is used to express *had just done*.

Je venais de manger. I had just eaten.

The passive voice

This is when the subject of the verb is the person or thing affected by the action, for example, *the text is written by a student;* the active form would be: *a student writes the text.* It is important to recognise this verb form for comprehension purposes.

In French, the passive is formed with **être** + the past participle. The past participle agrees with the subject of the passive verb.

Elle est encouragée par ses parents. She is encouraged by her parents.

Les portes ont été fermées. The doors have been closed.

The subjunctive mood

The subjunctive is used in certain circumstances to express feelings, show doubt and question whether something will happen. In French, it is used after certain verbs and conjunctions, often when there is a change of the verb subject. You need to recognise the form for comprehension purposes.

Here are some common subjunctive forms:

aller –	**que j'aille**	**qu'on aille**
avoir –	**que j'aie**	**qu'on ait**
être –	**que je sois**	**qu'on soit**
faire –	**que je fasse**	**qu'on fasse**
pouvoir –	**que je puisse**	**qu'on puisse**

The subjunctive is used:

- after certain expressions such as **il faut que** (*it is necessary that*), **il vaut mieux que** (*it is better that*).
- after certain expressions such as **bien que/ quoique** (*although*), **avant que** (*before*), **à condition que/pourvu que** (*provided that*), **pour que/afin que** (*in order that*).
- after certain verbs that you use when you are wishing something, such as **vouloir que** (*to wish that/to want*), **aimer que** (*to like that*) and **préférer que** (*to prefer that*).
- when there is a sense of doubt or fear, for example **je ne crois pas que** (*I don't think that*), **j'ai peur que** (*I'm afraid that*).
- to say how you feel, for example, **regretter que** (*to be sorry that*), **être surprise(e) que** (*to be surprised that*).

Conjunctions

These are words that link two words or phrases of a similar type or two parts of a sentence. They can make your French more fluent.

Here are some common conjunctions:

car – because, for

cependant, pourtant – however

donc, alors – so, therefore

et – and

mais – but

néanmoins – nevertheless

ou – or

où – where

parce que – because

puisque – since, seeing that

quand, lorsque – when

si – if

C'est cher mais de très bonne qualité.
It's expensive, but very good quality.

J'ai raté le train, donc je serai en retard.
I missed the train, so I'll be late.

Prepositions

Prepositions are words such as *at, for, with, into* or *from*, and are usually followed by a noun or pronoun.

Prepositions of place

Prepositions of place give information about the place or position someone or something occupies.

- **à côté de** – next to
  à côté de la gare – next to the railway station
- **chez** – at the house of
  chez moi – at my house
- **dans** – in
  dans la rue – in the street
- **derrière** – behind
  derrière la piscine – behind the swimming pool
- **devant** – in front of
  devant la maison – in front of the house
- **entre** – between
  entre la gare et le supermarché – between the station and the supermarket
- **sous** – under
  sous le pont – under the bridge
- **sur** – on
  sur la table – on the table

Prepositions of time

- **après** – after
  après le match – after the match
- **avant** – before
  avant le début du film – before the start of the film
- **pendant** – during
  pendant l'été – during the summer
- **pour** – for
  pour le déjeuner – for lunch

Other prepositions

- **avec** – with
  avec ma famille – with my family
- **contre** – against
  contre le mur – against the wall
- **malgré** – in spite of, despite
  malgré son importance – despite its importance
- **sans** – without
  un café sans lait – a coffee without milk
- **sauf** – except
  Tout le monde vient sauf lui. – Everyone is coming except him.
- **selon** – according to
  selon elle – according to her
- **vers** – towards
  vers la gare – towards the station

Numbers

Cardinal numbers

1	un	9	neuf
2	deux	10	dix
3	trois	11	onze
4	quatre	12	douze
5	cinq	13	treize
6	six	14	quatorze
7	sept	15	quinze
8	huit	16	seize

17	dix-sept	72	soixante-douze
18	dix-huit	80	quatre-vingts
19	dix-neuf	81	quatre-vingt-un
20	vingt	90	quatre-vingt-dix
21	vingt et un	91	quatre-vingt-onze
22	vingt-deux	100	cent
30	trente	101	cent un
40	quarante	300	trois cents
50	cinquante	302	trois cent deux
60	soixante	1 000	mille
70	soixante-dix	2 000	deux mille
71	soixante et onze	1 000 000	un million

Ordinal numbers

1st	premier/première	14th	quatrième
2nd	deuxième	15th	quinzième
3rd	troisième	16th	seizième
4th	quatrième	17th	dix-septième
5th	cinquième	18th	dix-huitième
6th	sixième	19th	dix-neuvième
7th	septième	20th	vingtième
8th	huitième	21st	vingt et unième
9th	neuvième	22nd	vingt-deuxième
10th	dixième	30th	trentième
11th	onzième	100th	centième
12th	douzième	101st	cent unième
13th	treizième	1 000th	millième

Fractions

$\frac{1}{2}$ un demi

$\frac{1}{3}$ un tiers

$\frac{1}{4}$ un quart

Quantities

In French, these are often followed by **de**.

- **assez** – enough
  Il y a assez de temps. – There is enough time.
- **beaucoup** – a lot
  Elle fait beaucoup de fautes. – She makes a lot of mistakes.
- **trop** – too much/too many
  J'ai mangé trop de fromage. – I ate too much cheese.
- **un peu** – a little
  J'ai un peu d'argent. – I have a little money.
- **peu** – little
  Il y a peu de temps. – There's little time.
- **tant** – so much
  Il y a tant de problèmes. – There are so many problems.

Time

Telling the time in French

Quelle heure est-il ? What time is it?

une heure – 1:00 **deux heures** – 2:00
treize heures – 13:00 or 1 p.m **midi** – midday
minuit – midnight

To talk about minutes past the hour, just add the number of minutes.

2.05: **deux heures cinq**

2.20: **deux heures vingt**

But note:

2.15: **deux heures et quart**

2.30: **deux heures et demie**

To talk about minutes to the hour, we use **moins** (*minus*).

2.35: **trois heures moins vingt-cinq** (3 hours minus 25)

But note:

2.45: **trois heures moins le quart**

The French often use the 24-hour clock, so they might say **vingt heures** (20:00) instead of **huit heures du soir** (8.00 p.m.).

Dates

In + a month is **en ...**, for example, **en avril** (*in April*).

To give a date, use **le** + number + month, for example, **le cinq mai** (*5th May*). However, say **le premier** for the 1st, for example, **le premier janvier** (*1st January*).

To include a day, say **le lundi 26 mars** (*Monday, 26th March*).

To say the year, use for example, **deux mille dix-huit** (2018) or **dix-neuf cent quatre-vingt-douze** (1992).

Acknowledgements

p.113brc Sport In Pictures/Alamy Stock Photo; p.118 photo of William Lebghil: Julie Edwards/Alamy Live News; p.119(3) ZUMA Press, Inc./Alamy Stock Photo; p.119(6) photo of Odile Latortue courtesy of Frédéric Dupoux; p.122 AF archive/Alamy Stock Photo; p.139 robertharding/Alamy Stock Photo; p.225tr Jean-Marc ZAORSKI/GAMMA-RAPHO/GettyImages

All other photos courtesy of Shutterstock.